Dominic Musa Schmitz
Ich war ein Salafist

Dominic Musa Schmitz

Ich war ein Salafist
Meine Zeit in der islamistischen Parallelwelt

Aufgeschrieben
von Axel Spilcker

Econ

Um die Persönlichkeitsrechte einiger Akteure zu wahren, wurden Namen und Details verändert. Alle in diesem Buch dargestellten Ereignisse, Szenen und Dialoge haben sich aber wie beschrieben so oder in sehr ähnlicher Weise abgespielt.

Econ ist ein Verlag
der Ullstein Buchverlage GmbH

ISBN: 978-3-430-20213-8

2. Auflage 2016

© der deutschsprachigen Ausgabe
Ullstein Buchverlage GmbH, Berlin 2016
Alle Rechte vorbehalten
Gesetzt aus der Caslon Pro
Satz: Pinkuin Satz und Datentechnik, Berlin
Druck und Bindearbeiten: CPI books GmbH, Leck
Printed in Germany

Inhalt

Prolog	7
Vom Kiffer zum strenggläubigen Konvertiten	16
Rebellischer Eiferer	36
Engel und Dämonen	44
Musa, der Deutsche	58
Der digitale Brandstifter	67
Hochzeit binnen einer Woche	77
Die große Wallfahrt mit Pierre Vogel	91
Freund, Salafist, Terrorist	116
New Muslim Army	135
Meine dritte Pilgerfahrt	144
Der Zerfall der Sunnah-Moschee	160
Leben in zwei Welten	183
Schlüsselerlebnisse zum Ausstieg	208
Frag den Musa	232
Danksagung	251

Prolog

Da steht er unten vor der Haustür und krakeelt zu mir hoch in den dritten Stock.

»Dominic, komm runter«, brüllt der ungebetene Besucher durch die Sprechanlage.

»Warum?«, frage ich gereizt.

»Los, komm aus deiner Wohnung!«

Die Stimme nimmt einen bedrohlichen Unterton an: »Dominic, komm jetzt runter und sag mir das mal alles ins Gesicht«, schreit der Mann.

Ich gehe zum Fenster und betrachte mir den Wüterich unten auf dem Bordstein eine Weile. Er trägt einen Vollbart, ist Anfang 30, mittelgroß und trommelt permanent gegen die Haustür. Ein diffuses Gefühl der Angst beschleicht mich. Ismail, so wollen wir ihn nennen, führt sich auf wie ein Wahnsinniger.

Wohlweislich spricht er mich nicht mit meinem muslimischen Namen Musa an, so wie er mich früher genannt hat, als wir noch Freunde waren.

In seinen Augen bin ich ein Verräter, ein Aussteiger, kein wahrer Muslim mehr. Einer, der sich in seinem Videoblog sowie in Interviews mit TV- und Printmedien gegen das radikal-islamische Gedankengut der hiesigen Salafisten-Szene wendet. Einer jener vermeintlich weichgespülten Muslime, die dem wahren Glauben den Rücken gekehrt haben. Für ihn bin ich ein Abtrünniger, kein Bruder mehr.

In meinen YouTube-Clips wende ich mich offen gegen die

Propaganda führender Hassprediger wie Pierre Vogel, Sven Lau oder Ibrahim Abou Nagie. Sie treiben Hunderte junger sinnsuchender Menschen mit falschen Dogmen über den Islam den Terrormilizen »Islamischer Staat« (IS) oder »Dschunud asch-Scham« in Syrien und im Irak in die Arme.

Drei meiner Weggefährten folgten dem Lockruf in den »Heiligen Krieg« gegen die Ungläubigen, die *Kuffar*. Einer dieser Dschihadisten kommandiert inzwischen eine »deutsche Einheit« einer tschetschenischen IS-Truppe. Dabei war Daniel früher ein eher scheuer, friedfertiger Mensch gewesen. Im Laufe der letzten Jahre wandelte er sich zu einem Hardcore-Salafisten.

Unten beginnt Ismail an meiner Haustür zu rütteln: »Komm jetzt runter und zeig, dass du so cool bist wie auf den Videos.«

So wie er reagieren viele meiner ehemaligen Mitstreiter, wenn sie mich auf der Straße in Mönchengladbach sehen. Die Brüder von einst wenden das Prinzip des *Takfir* gegen mich an: Ihrer Meinung nach bin ich ein Ausgestoßener aus der Gemeinschaft der wahren Gläubigen, weil ich mich von ihrer kruden salafistischen Lehre abgewandt habe.

Für sie gibt es keine Freundschaft zwischen Christen und Muslimen, keinen Frieden, sondern nur die islamische Mission (*Da'wa*). Wer sich weigert, den Glauben Allahs anzunehmen, wird auf ewig in der Hölle bestraft. So einfach, so unsinnig sind die Regeln.

Leute wie der Schreihals Ismail da unten sagen: »Du bist ein Heuchler, deswegen bist du raus.« Andere wiederum argumentieren: »Du bist sowieso raus, weil du nicht mehr unserem Weg folgst.« So oder so ist für mich das Leben nach meinem Ausstieg nicht leichter geworden.

Im Gegenteil. In Mönchengladbach geht es zu wie in einem großen Dorf. Zwangsläufig läuft man sich hier immer wieder über den Weg. Das gilt auch für ehemalige Freunde, die heute meine Feinde sind. Deshalb schaue ich mich immer wieder um, wer kommt aus welcher Richtung? Sobald ich meine Wohnung verlasse, schaltet mein Gehirn in eine Art Alarmmodus um. Automatisch scanne ich mein Umfeld, ein normales Leben ist längst nicht mehr möglich. Dreimal stand ich kurz vor einer Schlägerei. Im Internet und in den Kommentaren zu meinem Videoblog häufen sich die Drohungen.

Wenn ich etwa über die Kirmes in meinem Heimatviertel laufe, werfen mir viele junge Muslime böse Blicke zu. Oft sind es Jugendliche, die alles andere als einen gottgefälligen Lebenswandel betreiben. Sie kiffen, klauen, zocken Handys ab – und doch fühlen sie sich als die wahren Anhänger Allahs.

Ich aber gelte als der Heuchler (*Munafiq*), als ungläubiger Hund. Für salafistische Hardliner gibt es da nur ein Urteil: den Tod, weil ich ein sogenannter Abtrünniger bin (*Murtad*). Eine abstruse Weltsicht – gewiss, aber dennoch real und gefährlich.

Bis vor wenigen Jahren habe ich in vielen Aspekten genauso eindimensional gedacht, genauso gefühlt wie meine Gegner heute. Musa al-Almani haben sie mich damals genannt. Musa, der Deutsche. Musa, der Salafist. Ich war ein fanatischer Jünger Allahs.

Mit 17 Jahren bin ich zum Islam konvertiert, abgetaucht in eine fundamentalistische Parallelwelt voller Hass gegen alle Andersdenkenden, gegen die »ungläubigen« Christen und Juden. Vollgepumpt mit einer unbändigen Wut auf die normalen Bürger in meiner Heimatstadt Mönchengladbach, die nichts mit dem Koran am Hut hatten.

Ich war Musa, der Konvertit, ein Feind westlicher Werte, ein Gegner moderner Kleidung. Für mich gab es keine Musik mehr, kein Fernsehen, keine Frauen, keine Party, kein Spaß – keine Hobbys, keine Diskussion mehr, kein Nachdenken, kein kritisches Hinterfragen. Mein Leben orientierte sich an der *Sunna*, der Handlungsweise des Propheten Mohammed aus dem Frühmittelalter. Weltliche Gesetze kümmerten mich nicht. Als einzige Richtschnur folgte ich der *Scharia*, der islamischen Gesetzessammlung, die untreue Eheleute steinigen lässt und Dieben die rechte Hand abtrennt.

Doch das ist jetzt vorbei.

»Hör auf, über die Leute Lügen zu verbreiten«, schallt es zu mir herauf. Ismail redet sich weiter in Rage.

»Ich habe es nicht nötig, mich mit dir auseinanderzusetzen«, sage ich in die Sprechanlage. »Ich habe auch keine Angst vor dir.«

»Das ist mir egal«, erwidert Ismail, »die Zeit des Streichelns ist vorbei«, droht er in seiner sonderbar blumigen Sprache, die so typisch ist für Salafisten.

Lange Zeit dachte ich genauso wie der Randalierer an meiner Haustür, verblendet von der Idee, dass im Islam nur ein Gut oder Böse existiert. Wer nicht richtig glaubt, wer am Tag nicht fünf Mal die Gebete spricht und sich an die archaisch-salafistische Auslegung der Gebote des Propheten hält, der war in meinen Augen kein richtiger Muslim.

Ich folgte den Hasspredigern Pierre Vogel und Sven Lau, inzwischen Stars der stetig wachsenden Islamisten-Szene hierzulande. Vogel, ein Ex-Boxer aus Köln, gab mir im Jahr 2006 kurz nach meinem Übertritt zum Islam den Namen Musa, arabisch für Moses.

Schon damals erkannten beide die Bedeutung der Propaganda via Internet. Sven Lau machte mich zu seinem Videoproduzenten, der seine Botschaften über eigene YouTube-Kanäle ins World Wide Web einspeiste.

Ich gehörte zum engsten Kreis, als die salafistischen Ideologen in Mönchengladbach die Organisation »Einladung zum Paradies« (EZP) gründeten, die vom Verfassungsschutz beobachtet wurde, und eine ganze Stadt gegen sich aufbrachten.

Ich war Zeuge, wie Vogel und Lau über die Jahre hinweg

ihre Anhänger radikalisierten, und bekam hautnah mit, wie sie ihre ursprünglichen Werte verrieten.

Durch die Werbung im Netz erfuhr das Projekt EZP weit über die niederrheinischen Grenzen hinaus ein Riesenecho. Pierre Vogel avancierte zu einem der führenden Web-Imame der Republik. Im Netz erreichte die Salafisten-PR schnell die Resonanz, die die alte Predigergarde um den Leipziger Vorbeter Hassan Dabbagh mit ihren Islam-Seminaren nie erreicht hatte.

EZP schien der Schlüssel für *Da'wa* zu sein, für die Mission, für den Siegeszug der Salafisten in Deutschland. Ein islamischer Gottesstaat zwischen Schleswig-Holstein und Bayern? Nicht lachen bitte. Es gibt Eiferer, die von so etwas träumen. Diese Menschen wollen keine Wahlen, kein Grundgesetz, kein Parlament, keine Toleranz, kein Miteinander der Religionen. Ginge es nach ihnen, herrschte fortan eine dumpfe islamisch-religiöse Diktatur, gälten *Scharia* und Todesstrafe.

Davon will ich in diesem Buch erzählen – von der geistigen Brandstiftung, die eine friedliche Religion wie den Islam für ihre militanten Zwecke pervertiert. Ich will von meinem Leben unter radikalen Salafisten berichten, von einem Dasein in einer Sekte, von der schleichenden Gehirnwäsche, an deren Ende ein junger Mann namens Dominic sein ganzes früheres Ich, sein kritisches Denken, sein Selbst ausgeknipst hatte, als würde er seine Seele verkaufen.

Ich erging mich in hohlen Phrasen. Schnell verfestigte sich bei mir das Bild der unterdrückten Muslime durch den Westen, angeführt durch die USA. Unsere Religion macht uns stark, hieß es. Wir weichen keinen Millimeter zurück, lautete die Devise.

Von diesem Standpunkt aus war der Weg nicht mehr weit zur späteren Dschihad-Ideologie. Der Heilige Krieg gegen die Ungläubigen, ausgetragen anfangs in Afghanistan nach den

Anschlägen vom 11. September 2001 in New York, fortgesetzt in Somalia, im Jemen, im nordafrikanischen Maghreb, im Irak und in Syrien – stets erzählte man uns, diese kriegerischen Auseinandersetzungen seien einzig die Schuld des Westens.

Die Flugzeugattacken in die zwei Türme des World Trade Center werteten wir als Fake. Nicht Osama Bin-Laden und sein Terrornetzwerk Al-Qaida standen hinter dem Massenmord. In unserem Kreis kursierten absurde Verschwörungstheorien: Entweder fungierten die Israelis als Drahtzieher oder gar die US-Amerikaner. Wir glaubten, die damalige republikanische Regierung Bush wolle auf diese Weise ihren imperialistischen Feldzug gegen die Muslime legitimieren.

Ich glaubte jedes Wort, jeden Satz der Tiraden der Salafisten-Prediger. Und zwar so sehr, dass ich alle meine Freunde, Bekannten, meine Eltern, mein ganzes früheres Umfeld hinter mir ließ.

Meine Schilderungen beginnen mit einem orientierungslosen Gesamtschüler, der keinen Bock mehr auf die Penne hat. Ich bin ein Scheidungskind. Kiffen, Saufen, Mädels, Rap-Songs bestimmen meinen Alltag – bis ich durch einen marokkanischen Freund den Koran entdecke.

Ich schließe Freundschaften, lerne das Leben in einer islamischen Gemeinschaft, in der Moschee, kennen. Die Menschen sind freundlich. Sie nennen dich *Achi* (Bruder), sie beten mit dir, sie essen mit dir, sie hören dir zu – du fühlst dich plötzlich ernst genommen, wie befreit. Dein früheres Leben erscheint dir sinnlos, du hast plötzlich deinen Platz gefunden, du willst nur noch eines: Allah dienen.

Du konvertierst, pilgerst nach Mekka, tauschst deine Jeans gegen einen langen Kaftan. Musik ist plötzlich *haram* (Tabu), keine Frauen, keine durchsoffenen Nächte mehr. Du lässt dir einen Bart wachsen, kürzt die Hosen unten auf die Länge, die schon der Prophet Mohammed getragen haben soll. Auf den

Straßen Mönchengladbachs erregt dein orientalischer Aufzug großes Aufsehen – oft auch Kopfschütteln. Die Reaktionen machen dich stolz und wütend zugleich. Du fühlst dich wohl in der Rolle des Außenseiters. Ein Rebell.

Du schottest dich völlig ab. Was zählt, sind nur noch deine täglichen Gebete, die Moschee, deine Brüder, die Mission für die salafistische Bewegung um Sven Lau und Pierre Vogel.

Anfangs hast du noch das Gefühl, selbst entscheiden zu können. Du glaubst, auf dem Weg Gottes zu sein. Du denkst, du tust das einzig Richtige. Allahs Wohlgefallen zu erlangen. Dabei folgst du in Wahrheit nur islamistischen Gelehrten und ihrer radikalen Interpretation des Koran. In der Szene kursieren diese Werke als Leitfaden für das gesamte Leben. Tatsächlich propagieren solche Bücher einzig den Hass auf alles Westliche.

Für mich aber war es die unumstößliche Wahrheit, der wahre Islam. Widerspruch dagegen wäre einem Sakrileg gleichgekommen. Salafismus und Islam waren in meinen Augen eins. In unseren Kreisen gab es nur diese eine Sicht der Dinge, alles andere wäre Verrat gewesen. Nur zu gut ist mir folgender Satz in Erinnerung geblieben: »Du darfst doch selber denken, solange du nicht dem Islam widersprichst.«

Ich habe lange gebraucht, um aus dem Alptraum aufzuwachen. Aber ich habe es geschafft – trotz aller Anfeindungen. Wie ich das erreicht habe und warum, das will ich hier erzählen.

Heute schimpfen mich meine ehemaligen Brüder einen »Wischi-waschi-Muslim«. Sie werfen mir vor, ich würde den Islam verbiegen und wenden, um den Ungläubigen zu gefallen.

Ein friedliches Miteinander kommt für diese Typen nicht in Frage. Einmal sagte mir einer: »Musa, du weißt ja, wir nutzen die Meinungsfreiheit hier, aber in unseren Ländern gibt es die natürlich nicht für Christen.« Es waren Momente, die mich aufhorchen ließen, die mich nachdenklich machten. Heute ist mir klar, dass genau dieser Fakt das Fundament dafür bildet, dass unterschiedliche Religionen friedlich zusammenleben könnten. Ohne die Freiheit im Denken und im Glauben ernte ich nur Hass und Zerstörung. Ich habe lange gebraucht, um mir das bewusst zu machen.

Dennoch bin ich Muslim geblieben. Ich habe meinen Glauben an Allah nicht aufgegeben. Der Islam leitet mich. Die Nähe zu Gott, dem Allmächtigen, ist nach meiner Auffassung nirgends so perfekt, so direkt, so allumfassend wie gerade in dieser Religion. Es gibt keine Engel, keine Heiligen, keine Kirchenväter, die zwischen mir und dem Herrn stehen.

Lässt man die falschen salafistischen Lehren hinter sich, so eröffnet sich ein offener Glauben an den einzigen Gott, der da wohnt im Himmel. Das mag für Atheisten banal klingen, aber mir ist es ein wichtiger Baustein meines täglichen Lebens.

Das heißt nicht, dass ich andere Religionen verabscheue. Ganz im Gegenteil. Ich bin einen langen Weg zurück aus der »Hölle« gegangen, um zu begreifen, dass jeder religiöse Mensch seinen Glauben leben soll, ja leben muss! Nur so, kann Frieden herrschen – in Deutschland, im Nahen Osten, auf allen Kontinenten. Und nur, wenn wir für diese Idee aufstehen und kämpfen, werden wir die Hetzer des IS und deren salafistische Wegbereiter hierzulande stoppen können.

Leider gibt es in Deutschland noch viel zu wenige Prediger oder Moscheevereine, die offensiv gegen die intoleranten Protagonisten der Salafisten-Szene vorgehen. Internet, Facebook, Twitter oder YouTube sind für viele Imame, die solche Umtriebe ablehnen, immer noch Fremdworte.

Bislang beherrschen einzig die radikalen Brandstifter die sozialen Medien. Diese Leute haben im Netz mit ihren Lügen über den Koran die Meinungshoheit erobert. Genau dort aber fangen sie ebenjene jungen Leute ein, die wie ich auf der Suche waren. Auf der Suche nach einem Halt, nach einem Sinn, nach einem Anker in einer säkularen Welt, mit all ihren Verlockungen, wo gutes Aussehen und Kohle eine viel wichtigere Rolle spielen als Empathie für den Nächsten.

Jeder versucht sein eigenes Ding zu machen. In einer freien Gesellschaft zählt das Individuum, der Leistungsstarke. Dann bist du angesagt, dann bist du man of the match. Mir fehlten Gemeinschaft, Wertschätzung, Liebe und Zuneigung. Das sind genau die Schwachpunkte, die den salafistischen Bauernfängern nach wie vor Tausende junger Menschen in die Arme treiben.

Auf meinem YouTube-Kanal »MusaAlmani«, findet sich die Rubrik »Frag den Musa«, in der ich auf die Fragen meiner Zuschauer eingehe. Inzwischen klicken 4000 Zuschauer meine Seite an – täglich werden es mehr. Wir disputieren, ich kommentiere und hake nach. Es gibt natürlich auch üble Einträge, Beschimpfungen und Drohungen. Das ist mein neues Leben.

Und deshalb schreibe ich dieses Buch. Es soll aufrütteln. Ich will vor jenen falschen Predigern warnen, die das Denken junger, sinnsuchender Menschen mit ihren Hasstiraden vergiften. Ich möchte über Salafistenführer berichten, die ihre eigenen Werte verraten, über üble Streitereien wegen Spendengeldern, Ehebruch, über interne Machtkämpfe, die so gar nichts mit dem Image eines gütigen Predigers gemein haben. Dies ist der Report eines Insiders: einmal Salafismus hin und zurück.

Vom Kiffer zum strenggläubigen Konvertiten

Mensch, Bruder. Das war hart, mehr als hart. Eigentlich unbegreiflich.

Mona stand vor mir und erklärte, dass sie nun weg sei. Einfach weg. Ihr Lächeln wirkte verkrampft, ihr Blick war nervös. Einzig ihre Worte kamen klar herüber: »Ich will kein Kopftuch mehr tragen«, bekannte meine Freundin, die von einem Moment zum anderen meine Ex wurde.

Sie war meine erste große Liebe gewesen, das erste Mädchen, für das ich wirklich etwas empfunden habe. Wir waren bereits einige Monate zusammen gewesen, als ich mit 17 Jahren zum Islam konvertierte. Zu den Hardcore-Muslimen. Zu den Brüdern, die heute noch so leben wollen wie seinerzeit der Prophet Mohammed vor 1400 Jahren. Männer mit langen Bärten und Hosen, die über dem Knöchel enden. Salafisten, die einem archaischen Frauenbild aus dem Frühmittelalter nachhängen, das modernen Frauen die Haare zu Berge stehen lässt.

Außer Haus ist das Kopftuch Pflicht, der weibliche Körper muss so verhüllt sein, dass sich unter dem Kleid keine Konturen abzeichnen. Ein Mann gibt Frauen nie die Hand zur Begrüßung. Das Weib hat sittsam zu sein, hat die Hausarbeit zu verrichten, die Kinder aufzuziehen und keusch ihrem Gebieter zu folgen. Kontakte oder gar Gespräche mit fremden Männern kommen einem Sakrileg gleich. Derlei ist *haram* (verboten).

Das war die Welt, die ich für mich als Teenager entdeckt

hatte. Ein engstirniger Kosmos, der sich einzig daran orientierte, ein gottgefälliges Leben zu führen und Allah mit jeder Faser seines Lebens zu dienen, so wie es salafistische Gelehrte vorschreiben.

Binnen Monaten mutierte mein ganzes Ich von Dominic zu Musa Schmitz, einem blonden, jungen Mann, gewandet in einen langen Kaftan, der sein Dasein nur noch auf eine erzreaktionäre Form des Islam ausgerichtet hatte.

Ein Konvertit, der nun selbst versuchte, die Ungläubigen (*Kuffar*) zu missionieren, und beim ersten Versuch gleich scheiterte – bei Mona.

Sie stammte noch aus meiner wilden Zeit, dem Leben vor meinem Wechsel zum Islam. Aus einer Phase mit Drogen, Chillen, Rap-Musik und dem Slogan »Schule – nein, danke«.

Nach der mittleren Reife auf der Gesamtschule wollte ich nicht mehr weitermachen. Klar hätte ich das Abitur schaffen können, aber dazu hatte ich keinen Bock. Mir war damals alles scheißegal, was kümmerte mich meine Zukunft. Das Hier und Jetzt schien entscheidend.

Mich beschäftigten nur noch Markenklamotten, Joints, mit der Clique in den Tag hineinleben, die angesagten Hip-Hop-Buddys und sogenannte Chattertreffs, bei denen sich beispielsweise 50 Jugendliche via Internet zum Saufen verabredeten.

Eine Lebensperspektive interessierte mich nicht. Ich hatte keine und wollte auch keine. Mein damaliges Leben erinnert mich aus heutiger Sicht stark an einen typischen Versager: faul, egoistisch und labil.

Meine Vita passte eins zu eins in das Profil, das hessische Verfassungsschützer 2013 in einer Analyse der Lebensläufe von 23 ausgereisten islamistischen Syrienkämpfern geschrieben hatten. Etliche dieser Dschihadisten wiesen ebenfalls schlechte Schulleistungen und »lange Fehlzeiten« auf. So war es auch bei mir: Spätestens seit der achten Klasse stand ich erst um zehn Uhr auf. Ich machte mich fertig, schmierte mir Gel ins Haar und riss zwei Stunden Unterricht ab, um dann mit den Kumpels in irgendeinen Park kiffen zu gehen.

Zwar habe ich den Pfad in den Heiligen Krieg nie beschritten, so wie einige meiner Brüder. Dennoch befand ich mich lange Zeit auf demselben Weg wie diese Jungs. Zum Glück habe ich ihn rechtzeitig verlassen.

Eines ist mir heute klar: Die salafistischen Bauernfänger begeistern vor allem junge Menschen in Deutschland, die einen Anker suchen, die perspektivlos sind und auf Identitätssuche. Oft kommen die Teenies aus einem kaputten Elternhaus, scheitern in der Schule, stehen sich selbst im Weg, sind unreif, finden nur schwer aus ihrem pubertären Gehabe heraus. Und dann kommt einer zu ihnen und sagt: »Bruder (*Achi*), hör auf, dir Sorgen zu machen! Ab sofort nimmt Gott deine Geschicke in die Hand. Er denkt für dich, du musst nichts anderes mehr tun, als seine Gebote zu befolgen und fünf Mal am Tage die Gebete zu sprechen.« Solche Sätze wirken recht trivial, beinahe einfältig. Und doch bin ich wie Tausende anderer junger Menschen darauf hereingefallen.

Vermutlich hängt vieles mit meiner Kindheit zusammen. Anfangs wuchs ich wohlbehütet in einer schönen großen Wohnung in Mönchengladbach-Rheydt auf. Mein Vater war damals noch Streifenpolizist, später wechselte er zur Kripo, meine Mutter arbeitete Ende der 80er Jahre als Apothekenhelferin.

Mit fünf Jahren endete für mich die heile Welt, meine Eltern trennten sich. Der Schlussakt vollzog sich quasi von heute auf morgen. Meine Mutter stand eines Tages vor mir und sagte: »Heute ziehen wir aus.« Kein Wieso, kein Warum? Es war einfach so.

Es ging in ein Dorf mitten auf dem platten Land, in dem

zahlreiche Verwandte meiner Mutter lebten. Dort wimmelte es nur so von Tanten, Großonkeln etc. Für mich war es die Hölle. Aus der Stadt zogen wir in ein Kaff, in dem der Hund begraben lag. Ein Platz, an dem der Niederrhein noch echt der Niederrhein ist. Flach, öde und langweilig.

Ich reagierte verstört, zog mich zurück. Dieser plötzliche Wechsel löste einen Knacks in mir aus. Das weiß ich aber erst heute. Damals fraß ich buchstäblich vieles in mich rein: Die Fotoaufnahmen aus jener Zeit zeigen einen Jungen, der ein richtiger Pummel wurde. In der neuen Schule war ich ein Außenseiter, sehr schüchtern, zurückhaltend – ganz das Gegenteil zu meiner Kindergartenzeit.

Ich war zwar nicht das typische Mobbingopfer, aber auch nicht sonderlich beliebt. Kein Held in der Klasse, sondern ein geduldeter Mitläufer, ein Niemand halt.

Dabei wünschte ich mir allzu gerne, jemand zu sein, geachtet von den anderen: »Everybody's darling«. Vielleicht auch aus dem Grund, dass doch jeder anerkannt sein will, geliebt, bewundert. Seinerzeit habe ich davon geträumt, stark zu sein, aber das schaffte ich nicht.

Das lag wohl auch daran, dass ich nach der Scheidung bei meiner Mutter, deren Freundinnen, meinen Großtanten und meiner Oma groß geworden bin. Es gab keine Männer in meiner Welt. Das klingt zwar etwas komisch: Aber mir hat seinerzeit die Stärke gefehlt, der maskuline Einschlag.

Der Kontakt zu meinem Vater verlief nur sehr oberflächlich. Für uns beide war es sehr schwer, miteinander umzugehen. Wahrscheinlich lag es eher an mir, weil ich immer das Gefühl hatte, dass er die Familie kaputtgemacht hatte. Was mir auch immer von meiner Mutter so eingetrichtert worden war. Heute überwiegen bei mir die Zweifel. Ich weiß nicht, ob es tatsächlich stimmt.

In der Grundschule versuchte ich meine Schwächen durch aggressives Verhalten auszugleichen. Es gab häufig Streit und Kloppereien mit anderen Jungs. Der Schulleiter zitierte meine Mutter ins Büro. Besorgt empfahl er ihr, mich in einem Karatekurs anzumelden. Damit ich dort Dampf ablassen könne.

Gleichwohl änderte sich nichts an meinem Verhalten: Schnell war ich auf 180. Ich wurde schon wütend, wenn mich einer schief anguckte. Da habe ich rot gesehen, stets begleitet von dem Gedanken, »der hat was gegen mich«. Ich war sehr sensibel, geradezu empfindlich ob jedweder Verletzung – sei es ein blöder Spruch oder ein Witz auf meine Kosten. Dann flogen die Fäuste. Es war meine Art, nach außen hin Stärke zu zeigen.

Wenn ich allein war, war ich oft traurig und fühlte mich ohnmächtig. Ich wusste nicht wohin mit mir, mit dem Moppel-Ich, mit all jenen seelischen Schwankungen. Es waren sicher Anzeichen einer Depression: Plötzlich bist du von 0 auf 100, wirst schnell aggressiv und empfindlich zugleich. Dann bist du wieder down, begibst dich in eine selbstgewählte Opferrolle hinein, versinkst in Selbstmitleid. Tenor: Allen anderen geht's besser als dir selbst.

Mit zwölf Jahren riss der Kontakt zu meinem Vater weitgehend ab. Auf der Gesamtschule lebte ich regelrecht auf. Plötzlich stand Sport im Mittelpunkt. Ich spielte Basketball, ging in die Mucki-Bude.

Je mehr meine Kilos purzelten, desto höher stieg mein Status in der Klasse. Ich fing an, mir Markenklamotten zuzulegen, mit 13 rauchte ich meinen ersten Joint. Geld war kein Problem. Mein Großonkel oder meine Tanten steckten mir immer was zu. Es war wie in einem dieser zweitklassigen Hollywood-Highschool-Streifen: vom Loser zum Winner. Mein Freundeskreis wuchs, wir hörten die angesagten Hip-Hop-Performer wie Samy Deluxe oder Wu Tang Clan. Ich gehörte nun zu den coolen Jungs. Mein Selbstbewusstsein nahm genauso Form an wie mein Äußeres.

Klar gab es in jener Zeit Stress mit meinen Eltern. Die Fehlzeiten in der Schule häuften sich, die Noten waren nicht gerade der Hit, die Sache mit dem Haschisch – alles keine Dinge, worüber meine Erzeuger wirklich erfreut sein konnten. Im Unterricht fiel ich mehr durch dumme Sprüche und Stören auf als durch gute Leistungen.

Immer wenn es in der Schule kritisch wurde, musste mein Vater zu den Elternsprechtagen. Das war das übliche Rollenspiel: Danach sollte er dann auf den Tisch hauen, um mich zur Raison zu bringen. Ich hab nur gedacht: »Okay, lass den mal labern, in einer Stunde ist der wieder weg. Dann bin ich wieder bei meiner Mutter und dann mach ich wieder, was ich will.« Nicht dass Mutter nicht auch versucht hätte, auf mich Einfluss zu nehmen: »Hör auf mit der Scheiße«, hat sie immer wieder gesagt. Aber das ging in das eine Ohr hinein und beim anderen wieder hinaus.

Das Bemerkenswerte daran ist, dass ich meine mittlere Reife trotzdem recht leicht geschafft habe. Allerdings hatten mich die Lehrer längst auf dem Kieker. Sie machten meiner Mutter klar: »Der Dominic macht hier kein Abitur« und gaben mir in dem entscheidenden Fach dann die Note Vier, so dass ich die Qualifikation für die Oberstufe gar nicht erst schaffte.

Danach war Feierabend. Zwar habe ich auf einer Berufsschule noch mal die kaufmännische Fachhochschulreife in Angriff genommen, bin aber bald ausgestiegen. Nach ein paar Monaten wurde mir klar, dass Rechnungswesen und Bankwirtschaftslehre nichts für mich waren.

Danach folgte dann das Übliche: chillen, kiffen, Musik hören, zuweilen mit Mädels rummachen.

Und dann klopfte eines Tages Rachid an mein Fenster. Er war Marokkaner, etwa vier Jahre älter als ich. Früher hatten wir häufiger zusammen einen durchgezogen und Hip-Hop gehört. Ab und zu kreierte er auch eigene Rap-Songs, so wie ich auch. Das war ganz nach meinem Geschmack, wir haben uns gut verstanden.

Rachid galt im Dorf als eine Art Schlawiner. Mit seinen warmen, braunen Augen konnte ihm kaum jemand etwas abschlagen. Mit seiner besonderen Überredungsgabe schwätzte er vielen Leute alle möglichen Dinge ab – auf diese Weise verschwand schon mal eine Jacke auf Nimmerwiedersehen oder ein Handy. Doch niemand konnte ihm wirklich böse sein.

Im Jahr 2004 verabschiedete Rachid sich in seine Heimat. Dort entdeckte er seine Religion wieder: den Islam.

Ein Jahr später stand mein verschollener Freund plötzlich an meinem Fenster im Erdgeschoss. Mit einladender Geste bat ich ihn hereinzukommen. Kaum hatte er sich auf die Couch gesetzt, machte ich die Musik an.

»Dieser Song ist der Wahnsinn, oder?«

Rashid reagierte ganz trocken: »Ich kenne den Track ehrlich gesagt nicht, aber er klingt nicht schlecht.«

Ganz irritiert entgegnete ich: »Wie, den kennst du nicht? Was geht denn bei dir ab?«

Auch die ganzen darauffolgenden Lieder kannte Rachid nicht, und den angebotenen Joint lehnte er ebenfalls ab.

»Jetzt musst du mir aber erklären, was mit dir los ist«, forderte ich ihn auf.

»Ich habe in dem letzten Jahr nicht viel mitbekommen, da ich mich sehr mit meiner Religion, dem Islam, beschäftigt habe und versuche, mit ihrer Hilfe ein gottgefälliges Leben zu führen«, erklärte er mir.

In meinen Augen wirkte er ein wenig wie Robinson Crusoe, an dem die Ereignisse der vergangenen zwölf Monate spurlos vorbeigegangen waren, weil er auf einer einsamen Insel gelebt hatte. Seine Religion war ihm zum Lebensinhalt geworden.

Zunächst dachte ich mir nichts dabei: Klar beschlich mich die Neugier. Warum? Wieso? Weshalb? Aha, cool. Respekt. Für mich aber erschien so eine persönliche Kehrtwende um 180 Grad undenkbar. Während wir sprachen, rauchte ich denn auch demonstrativ einen Joint.

Und dennoch hatte Rachid etwas an sich, das mich nicht mehr losließ. In unserem Gespräch kam er immer wieder auf Gott und solche Sachen zurück. Und dass er sich unendlich glücklich fühle, den einzig wahren Herrn gefunden zu haben.

»Respekt«, habe ich ihm beim Abschied mit auf den Weg gegeben. »Respekt, dass du weg bist von den Drogen, vom Alkohol, vom Partyleben, von der Abzieherei hin zum gottgefälligen Leben.«

Was sollte ich auch anderes sagen? Das war fremdes Terrain für mich. Vom Islam hatte ich keine Ahnung. Mir war einzig bekannt, dass Muslime kein Schweinefleisch essen dürfen.

Mit Religion hatte ich ohnehin nicht viel am Hut. Von daher habe ich mir auch keine großen Gedanken gemacht.

Rachid aber ließ nicht locker. Er klopfte immer öfter an mein Fenster, immer regelmäßiger. Unsere Gespräche verliefen intensiver und tiefgründiger. Wir debattierten, dozierten, verglichen später dann den Islam mit dem Christentum. Obschon ich als Katholik seit der Erstkommunion keine Kirche mehr besucht hatte, wägten wir Für und Wider ab, erörterten teils sehr kontrovers Vor- und Nachteile beider Glaubensrichtungen.

Geschickt setzte Rachid sein Redetalent ein. Meist ging es los mit Smalltalk. Was macht der Kumpel? Wie geht's dem?

Bald aber kam er auf Allah zu sprechen. Allzu gern bediente er sich einfacher Vergleiche: »Guck mal die Bäume, soll das durch Zufall erschaffen worden sein?«, fragte Rachid. »Da steckt ein Plan hinter. Die Bäume nehmen unseren dreckigen Sauerstoff in Form von Kohlendioxid auf und filtern wieder sauberen Sauerstoff heraus, so dass die Menschen wieder atmen können.«

Beredt referierte er über das System im Universum, in der Welt, das einzig und allein auf Gottes Wille basiere.

Häufig sprach er auch über das Schicksal. Solche Themen sind unter Salafisten gängiger Gesprächsstoff.

»Es ist Schicksal, dass wir uns hier getroffen haben. Allah wollte das so. Er wollte, dass du so eine Botschaft bekommst.«

Diese Worte hinterließen bei mir Wirkung. Sie rüttelten an mir, zerrten an meinem labilen Seelen-Gerüst.

Anfangs ging es nur um Gott, die Natur, das Leben. Später begann Rachid um mich zu werben: »Wenn du konvertierst, dann werden dir alle Sünden vergeben«, gab er zu bedenken. »Dann hat Allah dich von allen Menschen hier in Mönchengladbach auserwählt, die wahre Religion anzunehmen. Das heißt, Gott liebt dich, Gott hat dein Herz geöffnet.«

Beim ersten Mal habe ich innerlich gelacht: »Wie, konvertieren? Was laberst du denn?«

Ich fand das Thema interessant, aber konvertieren? Gewiss nicht.

Trotz aller Zweifel verfing der gelegte Virus schnell: Ich begann mich in die islamische Literatur auf deutscher Sprache einzulesen. Zum Beispiel: »Allahs letzte Botschaft«, das sich vielen Streitfragen zwischen dem Islam und dem Christentum widmet und die Thesen des Christentums aus islamischer Sicht beleuchtet. Oder: »Das Leben des Propheten Mohammed«.

Jede Seite mehr weckte mein Interesse, stachelte mich an, weiter zu forschen, mich hineinzuvertiefen in eine mir völlig fremd anmutende Welt des Glaubens.

Wahrscheinlich habe ich damals zum ersten Mal einen Ausweg gesehen, einen Lichtblick am Ende des Tunnels. Der da hieß: raus aus dem Lotterleben.

Es war ja nicht so, dass ich stets glücklich über mein Dasein war. Oft genug übertünchte der nächste Marihuana-Rausch mein schlechtes Gewissen. Ich dröhnte mich einfach zu. Tags darauf kehrten die Zweifel allerdings wieder zurück. Unterschwellig nagten die Ängste vor der ungewissen Zukunft weiter an meinem Nervenkostüm.

Mir war schon klar, dass ich irgendwann auf die Schnauze fallen würde. Ich bin ja kein Trottel. »Mit einem Realschulabschluss kommst du nicht weit«, hatte mir meine Mutter immer wieder eingebläut. Sie hatte recht, da machte ich mir nichts vor.

Und dann diese Begegnung mit Rachid, dieses selige Lächeln. Er hatte anscheinend gefunden, wonach ich immer noch suchte.

Zum ersten Mal hatte ich das Gefühl, dass es auch anders gehen könnte. Wie ein Ertrinkender verschlang ich die Gelehrtenbücher über den Islam, begann den Koran zu studieren, befasste mich mit *Hadithen*, den Überlieferungen über das Leben des Propheten Mohammed.

Und dann klopfte es wieder. Rachid erschien am Fenster und lud mich glücksstrahlend im Sommer 2005 ein, ihn in die Moschee in Rheydt zu begleiten. Einerseits war ich froh, andererseits sträubte sich alles in mir gegen diesen Schritt.

Tagelang dachte ich darüber nach. Das Thema beschäftigte mich beinahe pausenlos. Meine Kiffer-Freunde verstanden die Welt nicht mehr. Ich redete in einem fort über Allah, über den Besuch in der Moschee, über den Übertritt zum Islam. Manche diskutierten anfangs noch mit, die meisten aber meinten nur: »Du nervst.«

Du nervst. Ja, sicher, klar. Ich schwankte hin und her wie ein brüchiger Baum im Sturm. Unablässig wälzte ich islamische Bücher, zugleich aber bestürmten mich die Zweifel an meinem Tun. Hilferingend suchte ich Rat bei meinen Kumpels: Sollte ich, sollte ich nicht? Aber da kam nichts. Die Clique wusste keine Antwort.

An einem Sommertag folgte ich Rachid schließlich in die Moschee. Der Marokkaner stellte mir vor allem Konvertiten vor. So als wolle er sagen: »Hey, das sind auch Deutsche, das sind auch Leute, die früher im Fitness-Studio waren, die auch gekifft oder Freundinnen vor der Ehe gehabt haben, und nun haben sie ihr sündiges Leben eingetauscht gegen den wahren Glauben.«

Verschüchtert drückte ich mich in eine Ecke, als das Freitagsgebet begann. Ich wusste nicht, was die anderen beteten oder was als Nächstes passieren würde. Dennoch faszinierte mich die gesamte Zeremonie – das Drumherum mit den Waschungen, wildfremde Menschen, die mich freundlich begrüßten.

Gleich beim ersten Besuch lernte ich Sven Lau kennen. Damals war der spätere salafistische Prediger und Aktivist noch völlig unbekannt. Ein ehemaliger Feuerwehrmann, der zum Islam übergetreten war. Einer der wenigen Konvertiten der Moscheegemeinde. Sein Aufstieg zum radikalen Salafistenführer in Deutschland sollte erst drei Jahre später beginnen. Zum Zeitpunkt unserer ersten Begegnung ragte er nur durch seine Erscheinung und sein Auftreten aus der Schar heraus.

Mich hat damals seine Art angezogen. Er strahlte eine beeindruckende Ruhe aus. Als ich zum ersten Mal den Gebetsraum betrat, fiel mir Lau sofort auf. Inmitten vieler schwarzhaariger, meist arabischstämmiger Gläubigen stach der blonde Mann mit seinem weißen Gewand und dem langen blonden Bart sofort heraus. Diese Erscheinung hat mich irgendwie angesprochen.

Lau gehörte auch zu jenen, die mich fortan drängten, endlich den Schritt zu wagen – den Wechsel zum Islam.

»Worauf wartest du noch, *Achi*?«, fragte er mich. »Du weißt doch, dass das die Wahrheit ist. Wenn du stirbst, dann kommst du in die Hölle. Warum nimmst du den Islam nicht an? Was hindert dich daran? Das Einzige, was dich hindert, ist der Teufel. Und selbst wenn du wieder kiffst, aber Allah um Verzeihung bittest, dann vergibt er dir«, referierte Lau. Des Weiteren brachte er mir gleich zu Anfang bei: »Der schlechteste Muslim ist immer noch besser als der beste *Kafir* (Ungläubige), also trau dich!«

Allein, mir war noch nicht danach. Irgendetwas hinderte mich, ein Zweifel, der Mut, was weiß ich. Andererseits begann ich, Feuer zu fangen: Fast jeden Tag ging ich nun in die Moschee.

Manchmal saß ich stundenlang im Gebetshaus, saß nur da und nahm alles in mich auf, die Worte der Gläubigen, die Predigten, muslimische Schriften, die Gespräche in den langen Sommer-Pausen zwischen den Gebeten.

Es war schön, mit den Leuten Zeit zu verbringen. Diese Menschen erschienen mir so ganz anders als meine alte Clique mit ihrem sinnentleerten Getue. Dagegen kamen mir die Muslime so sauber vor. Das hört sich doof an, aber allein schon das Äußerliche hat mir gefallen: die weißen Gewänder, all die Düfte. Dazu muss man wissen, dass auch sehr gläubige Brüder großen Wert darauf legen, gut zu riechen. Manche von ihnen bevorzugen ganz exquisite Parfüms.

Ein Punkt beeindruckte mich ganz besonders: Diese Männer nahmen mich ernst, hörten mir zu, luden mich zu sich nach Hause ein. Dort zündete der Gastgeber direkt Räucherstäbchen an, reichte Tee und wir diskutierten über alle möglichen Glaubensfragen. Kein böses Wort, nur ein leichtes, aber beharrliches Drängen in eine Richtung: endlich zu konvertieren. All das imponierte mir, es war klasse. In diesen Momenten habe ich mich sauber gefühlt – als würde all der Dreck meines früheren Lebens von mir abfallen.

Manche Moscheebesucher steckten mir vor dem Gebet etwas zu: »Hier Bruder, für dich.« Auf meine Frage nach dem Grund für dieses Geschenk erhielt ich zur Antwort: »Für Allah mache ich das.« Solche Sätze haben eine ganz neue Saite in mir zum Klingen gebracht, diese Art des brüderlichen Teilens faszinierte mich. Von Gebet zu Gebet lebten die Menschen nur für Gott. Ein wohlriechendes Heim, in dem es keine Drogen mehr gibt – das hat mich sehr angesprochen. So wollte ich auch leben, so wollte ich sein.

Unwillkürlich kam ich mir in jener »Erweckungsphase« schmutzig vor, wenn ich nach Hause ging und kiffte. Obwohl mich früher dabei nie ein schlechtes Gewissen geplagt hatte.

In jenen Sommertagen begann sich auch mein Wertesystem zu verändern. Alles, was vorher Gültigkeit besaß, schien mir nun nichtig zu sein. Schon bald avancierten Koran und *Sunna* (Handlungsanleitungen des Propheten) zum Maß aller Dinge. Und zwar so, wie die salafistischen Brüder ihn interpretierten.

Ohne es wirklich zu realisieren, begann ich viele Dinge in ein einfaches Gut-und-böse-Raster einzuordnen: Frauen, die sich nicht bedecken, sind ehrlos. Menschen, die nicht beten, sind schmutzig. Rauchen, Musik, Party – all dies ist *haram*.

Mein Fernseher wanderte in den Keller, weil das TV-Programm auch Musik und Frauen zeigte. Meine ganze Hip-Hop-CD-Sammlung landete im Müll. Schweinefleisch ließ ich links liegen, rasierte mich nicht mehr. Bilder von nackten Frauen verschwanden aus meinem Zimmer.

Als wäre es heute, kann ich mich noch gut an mein erstes Gebet erinnern: Zwar stand mein offizieller Religionswechsel noch aus. Einer plötzlichen Eingebung folgend habe ich mich zu Hause gewaschen und ganz aufgeregt meine Zimmertür verschlossen. Dann warf ich mich betend nieder: »Oh Gott, gib mir all das Gute und bring mich von all dem Schlechten weg.« In diesem Moment umfing ein unglaubliches Gefühl mein Herz. Eine nie zuvor empfundene Mischung aus Wärme, Glück und Ruhe. Ab dem folgenden Tag schaffte ich sogar den Absprung von meinem Kiffer-Leben, zumindest fürs Erste.

Im August 2005 war es dann so weit: Abends im Bett kreisten meine Gedanken unablässig nur um das eine Thema: »Was hält dich ab zu konvertieren?« Immer wieder hatten die Brüder mir vorgehalten: »*Achi*, wenn du jetzt als Ungläubiger stirbst, kommst du für ewig in die Hölle!« Dieser Satz ging mir nicht mehr aus dem Sinn, er quälte mich, machte mir Angst, spornte mich zugleich aber auch an. An jenem Abend im August habe ich dann die entscheidenden Worte gesprochen. Das Glaubensbekenntnis – und zwar auf Arabisch und Deutsch: »Ich glaube, dass Allah der einzige Gott ist und Mohammed sein Gesandter ist. Ich bezeuge, dass niemand das Recht hat, angebetet zu werden außer Allah, und ich bezeuge, dass Mohammed sein Diener und Gesandter ist.« Der Übertritt zum Islam muss nicht in einer aufwendigen Zeremonie in der Moschee erfolgen. In erster Linie ist es eine Sache zwischen dem Gläubigen und Gott.

Sogleich fiel eine große Last von mir ab. In den Wochen zuvor hatte ich ständig über jene folgenschwere Gleichung nachgegrübelt: Tod = Hölle. Aus heutiger Sicht mag es einem wie völliger Nonsens erscheinen, aber als 17-jähriger Spund mit null Lebenserfahrung, auf der Suche nach einem Halt, nach Ruhe, nach dem Sinn des Lebens, geblendet durch die Fiktion einer heilen, religiösen Welt, verfingen bei mir solche Sprüche. Eine große Erleichterung machte sich in mir breit. »Nun kommst du schon mal nicht in die Hölle«, so mein Gedankenschluss.

Kurioserweise fiel mein Religionswechsel mit der Wahl des deutschen Kardinals Josef Ratzinger zu Papst Benedikt XVI. in Rom zusammen. Während ein Deutscher zum Oberhaupt aller Katholiken aufstieg und die »Bild-Zeitung« »Wir sind Papst« jubelte, verließ ein anderer Deutscher die Christen-Herde, um künftig »*Allahu akbar*« auszurufen.

Zwei Tage später bin ich zu den Brüdern in die Moschee gelaufen. Rachid sollte als Erster die Nachricht erfahren: Freudig umarmte er mich. Schließlich trug er den Hauptanteil an meiner Missionierung. Im Islam kommt diesem Umstand ein großes Gewicht zu: Die Salafisten glauben, dass derjenige, der einen Ungläubigen vom Konfessionswechsel zum Islam überzeugt, alle guten Taten des Konvertiten auf seinem eigenen Lebenskonto gutschreiben lassen kann. Das ist so wie bei einem Schneeballsystem. Der Erste kriegt von allen alles. Das ist der Prophet Mohammed. Und Missionare werden entsprechend der Zahl der neu rekrutierten Gläubigen entlohnt.

In der Moschee häuften sich die Glückwünsche. Rachid schenkte mir eine *Dschalabia*, einen langen Kaftan. Viele haben mir zu meinem Entschluss gratuliert: »Jetzt bist du sauber, jetzt bist du sündenfrei.« Ein paar ältere Marokkaner wollten gar ein Fest für mich zelebrieren und ein Schaf schlachten.

Doch da lernte ich zum ersten Mal die unbarmherzige Seite der Salafisten kennen: Die Gruppe um Sven Lau lehnte den Vorschlag ab. Dies sei »*Bid'a*«, quasi ein neuer religiöser Akt, der in den Überlieferungen über das Leben Mohammeds nicht vorkomme. Und da die Leute um Lau und zwei aufstrebende Prediger genau denselben Riten und Vorgaben des Propheten aus dem Frühmittelalter nacheiferten, wurde das Fest verhindert. Begründung: Dies habe es früher nicht gegeben und sei somit nicht erlaubt.

Bid'a zählte gleich zu Anfang von Laus Karriere zu seinen Lieblingswörtern. Alles, was nicht im Koran und in der *Sunna* stand, war *Bid'a* – ein verbotener Eingriff in die Religion. Und der führe in die Hölle, so Laus Fazit.

Dabei besaß er gar kein übermäßig großes Wissen über den Islam. Er gab eher den Gefühlstypen ab, den Ruhigen. Den Gelehrten konnte er nicht das Wasser reichen. Dennoch hatte sein Wort in der Gruppe der erzkonservativen Muslime in der Gemeinde Gewicht. Schon an diesem Punkt bahnte sich jene Spaltung ab, die kurz darauf auch eintrat. Die archaische Sicht der Lau-Truppe führte zu ständigen Konflikten mit dem Imam und der Mehrheit der Moscheegemeinde in Rheydt. Hinzu kam, dass Lau sich in jener Zeit von seiner ersten Frau hatte scheiden lassen.

Kurz nach meiner Konversion habe ich meine Mutter über meinen Schritt informiert: Sie reagierte alles andere als begeistert.

»Was machst du denn da? Wirst aber keiner, der sich in die Luft sprengen soll, oder?«

Lachend habe ich abgewunken: »Nein Mama, mach dir mal keine Sorgen.«

Davon war ich fest überzeugt. Zumal die Brüder sich anfangs noch sehr friedlich verhielten. Die Anschläge des Terrornetzwerks Al-Qaida vom 11. September 2001 auf die Twin Towers des New Yorker World Trade Centers lagen gerade einmal vier Jahre zurück.

Seinerzeit verurteilten Lau & Co. Selbstmordattentate. Der Tod von Unschuldigen galt als Sakrileg. Das war auch meine Überzeugung. Ich dachte, dass ich die wahren Muslime gefunden hätte, die keiner Fliege was zuleide tun würden. Im Laufe der Zeit kamen mir daran Zweifel.

Ein paar Wochen später besuchte ich meine Tante und meinen Großonkel. Wie immer bot er mir Mettbrötchen mit Zwiebeln und Kartoffelsalat an. Eins meiner Lieblingsgerichte. Doch an jenem Tag habe ich dankend abgewunken: »Ich esse kein Schwein mehr.«

Mein Großonkel schaute mich mit großen Augen an: »Du bist doch jetzt nicht bei den Moslems?«

Mein Nicken war Antwort genug: »Doch, bin ich.«

Daraufhin machte er sich erst einmal ein Bier auf und sang dann ein Spottlied auf den Propheten Mohammed. Er gehörte zu den Schlosssängern aus dem Landkreis und versuchte mich auf diese Art zu beleidigen. Da bin ich einfach aufgestanden und gegangen. Daraufhin hat er mich enterbt. Rückwirkend gesehen, habe ich seine Reaktion wirklich bedauert. Ich habe die beiden alten Leute sehr geliebt – und sie mich auch. Mein Onkel ist vor ein paar Jahren gestorben. Eine richtige Versöhnung kam nie mehr zustande.

Besonders schwierig gestaltete sich nach der Konversion meine Beziehung zu Mona. Misstrauisch hatte sie meinen Wandel hin zur Religion beäugt. Nicht, dass wir vorher jeden Tag zusammen gewesen wären, es konnten auch schon mal ein bis zwei Wochen vergehen, bis wir uns wiedersahen. Diese Begegnungen verliefen dann jedoch so intensiv wie nie zuvor in meinem Leben.

Die Beziehung ging mit meiner Hinwendung zum Islam schnell in die Brüche. Völlig verblendet bat ich sie, mir nachzueifern. Um des lieben Friedens willen gab Mona anfangs nach und konvertierte. Mir wurde erst später klar, dass sie nur aus Liebe zu mir diesen Akt vollzogen hatte. Weder hatte sie etwas mit Allah oder dem Koran am Hut, noch verstand sie meinen plötzlichen religiösen Spleen, der teilweise im völligen Wahn mündete.

Von nun an durfte Mona keine Musik mehr hören und nicht mehr mit Jungs reden. Auf meinen Wunsch trug dieses schöne Mädchen ein Kopftuch.

Die Situation erschwerte sich zusehends, weil Sex vor der Ehe bei Salafisten ein Tabu ist. Wieder einmal sah ich mich in einer Zwickmühle. Einerseits wollte ich ein guter Muslim sein und den Kontakt zu Frauen abbrechen. Andererseits konnte ich von Mona nicht lassen: Natürlich wurden wir immer wieder intim. Es war toll, es war großartig – und es war *haram*.

Jedes Mal danach beschimpfte ich mich wegen meiner Schwäche. Wie ein reuiger Sünder bin ich unter die Dusche gerannt, danach warf ich mich betend auf den Teppich: »Oh Allah, vergib mir, ich werde es nie wieder machen«, lautete mein Versprechen, um es dann nach zwei Wochen wieder zu brechen.

Was für ein Irrsinn. Zum einen versuchte ich zu leben wie ein Mönch. Schließlich wollte ich alles richtig machen, um aus Salafisten-Sicht ein gottgefälliges Dasein führen zu können. Andererseits gab es da ja auch Mona.

In der Moschee hieß es nur: »Besser wäre es, wenn du das beendest.« Oder: »Bruder, such dir eine neue Frau.«

Diese Option schied aber aus: »Ich will aber die, ich will keine andere«, beharrte ich auf meinem Standpunkt.

»Ja, aber wir finden eine Hübschere und Bessere für dich«, konterten meine neuen Freunde.

Zornig rief ich aus: »Ich will aber keine Hübschere, ich will die!«

Die Geschichte klingt möglicherweise nach einem Melodram aus einem Trivialroman, für mich aber war es real. Ein grausamer Gefühlsspalt zwischen salafistischen Dogmen und einer verbotenen Liebe.

Das Dilemma löste Mona nach wenigen Monaten: Zuerst versuchte sie sich noch irgendwie anzupassen – aus Liebe zu mir. Ich dagegen hatte sie nur getriezt, hatte ihr immer mit Trennung gedroht, wenn sie kein Kopftuch trug.

»Ich geb mir Mühe«, gab sie zu Beginn noch eingeschüchtert zur Antwort. Bald aber hatte meine Freundin genug. Sie sagte dann nur noch: »Ich bin jetzt weg.« Und das war's.

Mich stürzte die Trennung in ein tiefes Loch. Mitunter machte ich meine neue Religion für den Trennungsschmerz verantwortlich. Wo waren denn jetzt die Brüder, die sich sonst immer so rührend um mich gekümmert hatten? Die kehrten nach den Gebeten in der Moschee wieder zurück zu ihren Familien. Und ich? Ich versank in Selbstmitleid. Meine Mutter verstand mich nicht mehr, meine Familie auch nicht. Eigentlich niemand. Ich war ganz allein.

Gewiss machte ich meinen neuen Glauben für das Beziehungsende verantwortlich. Dennoch nahm ich es in Kauf: Denn für solche Fälle halten Salafisten allzeit einsetzbare Floskeln in petto. Frei nach dem Motto: »Ich habe es für Gott getan, und Gott wird mir im Gegenzug etwas Besseres geben.«

Das ist natürlich Unsinn, aber damals erschien mir dieser Spruch plausibel und ein wenig tröstlich. Heute weiß ich es besser: Die Ideologie des Salafismus trennt ganz klar die Menschen voneinander, die Religionen, ja oft auch Mann und Frau. Diese Doktrin ordnet alles nur einer pervertierten Auslegung des Koran und der *Sunna* unter. Damals aber war ich fest davon überzeugt, das Richtige zu tun. Viel wichtiger als Mona schien mir mein Glaube zu sein.

Es gab kaum einen Tag, an dem ich das Trennungs-Thema nicht mit anderen Glaubensbrüdern erörtert habe. Die Prediger beruhigten mich stets mit dem Hinweis: Lass sie gehen, *Achi*! Gott wird dir etwas Besseres geben. Gefolgt von dem Spruch: »*Sabr Achi*«. Das heißt: »Übe dich in Geduld!« Nach der Erschwernis kommt die Erleichterung. Und zwar bei allen Schicksalsschlägen – sei es, man verliert seinen Job, sein Geld oder seine Frau. Jedes Mal heißt es: *Sabr Achi*. Gemeint ist die »Erleichterung«. Ähnlich dem Sprichwort: »Nach Regen kommt Sonnenschein.«

Dahinter steckt eine simple salafistische Devise: »Wenn du das für Gott sein lässt, dann wird Gott dir für deine Stärke etwas Besseres geben.« Alles, was mit der Religion nicht konform geht, muss der Gläubige aufgeben. Für dieses Opfer wird der Allmächtige dem Gläubigen etwas weitaus Schöneres schenken.

Ich habe dennoch gut ein Jahr gebraucht, um über die Trennung von Mona hinwegzukommen. Bereut habe ich es nie. Aber irgendwie machte es mich einsam. Mein Problem war dieses Selbstmitleid. Nachdem mir klarwurde, dass ich selbst eigentlich das Problem war, änderte sich alles zum Guten – oder, wie ich heute weiß, zum weitaus Schlechteren: Losgelöst von allen Zweifeln begann ich ein strenggläubiger Salafist zu werden: Musa, der Deutsche, der Konvertit.

Rebellischer Eiferer

Das neue Leben berauschte mich zusehends. Je tiefer ich mich in den Glauben stürzte, desto mehr ging es mir darum, alle Regeln zu beachten. Ich hatte nun ein Ziel vor Augen: dem Propheten Mohammed und seinen Geboten nachzueifern.

Schon bald verschenkte oder verkaufte ich alle meine Rapper-Hosen, meine Hemden, meine Schuhe. Anfangs hatte ich meine *Dschalabia* noch heimlich kurz vor der Moschee angezogen, nur wenige Wochen später aber lief ich mit rot-weißem Turban oder Gebetsmütze nebst Kaftan oder weiten arabischen Pumphosen durch die Straßen Mönchengladbachs. Meine Mutter protestierte zwar, nahm aber meinen Beduinen-Aufzug letztlich hin. In der Fußgängerzone gab's schon mal abschätzige Kommentare: »Hey, Mufti, geh doch dorthin zurück, wo du herkommst!«, schrie mir eine ältere Frau hinterher. Auf meinen Hinweis, ich sei ein deutscher Moslem, raunzte sie nur mit einer wegwerfenden Handbewegung: »Lächerlich«.

Anfangs reagierte ich verärgert, dann aber gewannen andere Gefühle die Oberhand. Eine seltsame Mischung aus Stolz und Erhabenheit. Bewusst hatte ich die Rolle des Außenseiters gewählt.

In Mönchengladbach gab es zu jener Zeit nur wenige Konvertiten. Nun war ich der Rebell. Einer, der den *Kuffar* gezeigt hatte, dass nicht jeder Muslim mit einem Turban gleich zum Terrornetzwerk Al-Qaida gehörte und eine Bombe hochgehen ließ.

In jener Zeit kochte das Thema wieder hoch. Die Anschläge in Madrid lagen gerade mal ein Jahr zurück, die Attentate in London im Juli 2005 hielten die Republik in Atem. Nicht zu vergessen das Massaker vom 11. September 2001 durch Al-Qaida in New York.

Natürlich sorgten diese Terrorattacken für reichlich Gesprächsstoff unter den Brüdern. Wir glaubten allerdings an die damals schon gängigen Verschwörungstheorien: In unseren Augen hatten die Amis die Anschläge selbst inszeniert, vielleicht waren es auch die Israelis gewesen – ganz egal.

Diesen Nonsens habe ich lange geglaubt. Ja, manche in der Gemeinde verbreiteten gar die krude These, der inzwischen getötete Al-Qaida-Führer Osama Bin Laden sei in Wahrheit ein Agent der USA gewesen. Nur eines erschien mir völlig abwegig: Kein wahrer Muslim sprengt Unschuldige in die Luft.

Mein rotweißer Turban gab mir etwas Martialisches, Fremdländisches, Aufregendes – und das fand ich cool.

»Was sollen denn die Leute im Dorf denken?«, klagte mitunter meine Mutter.

»Ist mir doch egal«, antwortete ich in herausforderndem Ton. Mir konnte doch keiner etwas. Gerade jetzt hatte ich doch mein Heil gefunden.

Und zwar über die religiös-extreme Schiene: Durch meine schrille Aufmachung wollte ich mich offen von allen Ungläubigen in Mönchengladbach abgrenzen. All diesen armen Seelen, die nicht den Weg zum wahren Glauben gefunden hatten, drohte die ewige Hölle. So wurde es in der Moschee gelehrt, somit gab es für mich keinen Anlass, daran zu zweifeln.

Plötzlich leiteten andere meine Geschicke. Es gab eine klare Richtschnur, beinahe jede alltägliche Handlung war vorgegeben durch Koran und *Sunna*. Und natürlich durch die Interpretation der salafistischen Gelehrten. Du konntest selbständiges Denken quasi ausschalten. Weil immer irgendjemand sagte:

Achi, mach es so, oder *Achi*, das darfst du so nicht machen, weil die Überlieferung des Propheten etwas anderes sagt.

Kompromisse gehören nicht in das Repertoire eines Salafisten. Hundert Prozent – oder gar nicht. Dazwischen ging nichts. Alle Abweichungen von der Doktrin der Altvorderen sind *Bid'a* und *haram*.

Mein Wissensdurst kannte keine Grenzen. Ich begann die Suren des Koran auswendig zu lernen, vertiefte mich in die *Hadithe* (Berichte über den Propheten) der *Sunna*, beschäftigte mich intensiv mit der Frage: Was ist erlaubt und was nicht?

Die *Sunna* berichtet zum Beispiel, dass der Prophet bei einer Gelegenheit gebückt unter einem Ast durchgegangen sei. Woraufhin ihm alle seine Gefährten in derselben Haltung gefolgt seien – ganz gleich, ob sie sich hätten bücken müssen oder nicht. Es ging ihnen einzig und allein darum, Mohammed nachzuahmen. Dies sind noch heute die Beweggründe, die den wahren Salafisten antreiben: Alles dreht sich darum, den Propheten eins zu eins in all seinen Handlungen zu kopieren.

Die Lehre der *Salafiyya* gilt frei übersetzt als »die Orientierung an den frommen Altvorderen«. Das heißt: Die Anhänger dieser ultrakonservativen Strömung folgen ihrer Auffassung nach dem ursprünglichen, dem unverfälschten Islam. Sie versuchen die Sitten und Gebräuche des 7. Jahrhunderts in die heutige industrialisierte und digitalisierte Moderne zu überführen. Eine Art »Ur-Islam«, in dem Koran, *Sunna* und *Scharia* alles sind – und das Deutsche Grundgesetz etwa als Werk Ungläubiger keine Bedeutung besitzt.

Gelehrte wie etwa Ibn Taimiya im 14. Jahrhundert firmieren als Wegbereiter der Salaf-Bewegung. In diesem Kontext fällt auch oft der Name Muhammad ibn Abd al-Wahhab, der im 18. Jahrhundert eine ähnlich strenge Lehre ins Leben gerufen hatte: den Wahhabismus, den etwa das Königshaus in Saudi-Arabien zur Staatsreligion erhoben hat. Hier gilt die *Scharia* als Rechtsnorm: Diebe verlieren die rechte Hand, und Dissidenten wie der liberale Blogger Raif Badawi werden zu 1000 Stockhieben verurteilt, weil er die harte Knute der Religionspolizei kritisiert hatte.

Mit Riesensummen fördert der Öl-Staat die weltweite Mission seiner radikalen Glaubensrichtung. Übrigens dürfen dort Frauen auch kein Auto fahren, das ging aber selbst uns deutschen Salafisten ein wenig zu weit.

Die Trennlinien zwischen beiden Richtungen fallen kaum ins Gewicht: Wahhabiten wie auch Salafisten glauben, dass sie die einzigen, wahren Muslime sind. Alle anderen fallen für sie in die Kategorie Irregehende: so auch die Mehrheit der 1,3 Milliarden Muslime weltweit, die mehr oder minder einen den neuen Anforderungen der Zeit angepassten Glauben praktizieren.

Jede Weiterentwicklung der Religion lehnen Salafisten jedoch ab. Ihre extreme Ideologie bildet die Grundlage für militante Islamisten der Terrornetzwerke Al-Qaida oder des Islamischen Staates (IS). Letzterer will ein Kalifat nach frühmittelalterlichem Vorbild errichten. Eine theokratische Schreckensherrschaft, die so gar nichts mit der toleranten Regierung der Nachfolger des Propheten gemein hat.

Obschon der Anführer der IS-Terrorgarden bewusst den Namen des ersten Kalifen Abu Bakr angenommen hat, steht er einzig für Mord, Gewalt und Zerstörung. Kurdische und jesidische Frauen werden versklavt oder vergewaltigt, Andersgläubige, Abtrünnige und Deserteure abgeschlachtet, ganze Landstriche entvölkert. Selbstmordanschläge setzen große Teile des Nahen Ostens in Flammen.

Inzwischen starben schon hundert deutsche Salafisten auf den Schlachtfeldern in Syrien und im Irak – Tendenz steigend. Andere rissen etwa mit ihren Sprengstoffgürteln Hunderte unschuldiger Menschen mit in den Tod.

Laut Hans-Georg Maaßen, Chef des Bundesamtes für Verfassungsschutz (BfV), werden vor allem junge westliche Freiwillige als willkommenes Kanonenfutter durch das IS-Regime verheizt. Der IS ermordet jeden, der nicht hundertprozentig seiner pervertierten Glaubenslehre folgt.

Gut 700 deutsche Fanatiker kämpfen inzwischen in der Levante – zum größten Teil für den IS. Sie stammen überwiegend aus der Salafisten-Szene. Inzwischen gehen die Sicherheitsbehörden hierzulande von gut 7000 Salafisten aus, intern sprechen manche gar schon von bis zu 10 000 Anhängern. Allein im bevölkerungsreichsten Bundesland an Rhein und Ruhr zählen die Staatsschützer gut 350 gewaltbereite salafistische Extremisten. Ich kann mir aber gut vorstellen, dass es sogar noch mehr sind.

Neben Berlin, Bremen und Hamburg zählt NRW zu den Hochburgen der ultraorthodoxen Bewegung. Bonn, Köln, Aachen, Düsseldorf, Bochum, Wuppertal, Solingen gelten als die Hotspots der Radikalenmilieus.

Und natürlich Mönchengladbach. Kaum eine andere Stadt in NRW sorgte bis 2010/11 für so viel Aufsehen wie die niederrheinische Metropole. Von hier aus traten Salafisten-Prediger wie Sven Lau, Muhamed Ciftci, Ibrahim Abou Nagie oder Pierre Vogel ihren Siegeszug an.

Ich habe den Aufstieg jener geistigen Brandstifter hautnah miterlebt. Sie haben viele junge Menschen radikalisiert, drei meiner Brüder sind nach Syrien an die Front gegangen. Einer von ihnen muss sich bald wegen Terrorverdachts vor dem Oberlandesgericht in Düsseldorf verantworten.

Sie alle waren Jünger Laus und seiner Mitstreiter. Sie alle besuchten Islam-Seminare salafistischer Prediger wie Hassan Dabbagh oder des Bonners Mohammed Benshain. So wie ich auch.

Beinahe täglich trichterte man uns ein, dass alle Menschen,

die nicht der wahren Religion folgten, in der Hölle endeten. Der Kontakt mit christlichen *Kuffar* war verpönt. Da hätte ja jemand schlechten Einfluss auf uns nehmen können. Alles Neue war *Bid'a*. Kompromisse waren ausgeschlossen, Zweifel ebenfalls. Der Glaube, den die Clique um Lau uns lehrte, spaltete ohne Unterlass. Kein Wort der Versöhnung, der Milde, des Verstehens – es gab nur eine Linie: Andersdenkende begehen eine große Sünde, ihnen droht der Weg in die Verdammnis.

Ein Dogma, das mir seinerzeit unumstößlich erschien. Von den 73 verschiedenen Glaubensströmungen des Islam zählte in meinem Denken nur eine: die salafistische.

Beinahe sklavisch versuchte ich den Sitten und Gebräuchen der Altvorderen zu folgen – und waren sie auch noch so obskur.

Dazu gehörte die Zahnpflege mit dem sogenannten *Siwak*. Das ist ein kleiner Ast, der aus einer speziellen Baumart in den arabischen Wüsten Ostafrikas und Vorderasiens geschnitten wird. Wenn man den 20 Zentimeter langen Zweig an einem Ende abkaut, entsteht eine Art Pinsel. Damit habe ich mir dann die Zähne geputzt, so wie es Mohammed schon getan hatte. Das Kuriose daran ist, dass dieses Holz aus dem sogenannten Zahnbürstenbaum tatsächlich hohe Mengen Fluor enthält, so dass er tatsächlich zur Zahnreinigung taugt.

In jener Phase drehte sich für mich alles nur noch um die rechte Sitte, die rechte Handlung zur rechten Zeit. Das fängt etwa mit dem Unterschied zwischen rechts und links an. Letzteres symbolisiert die schlechte Seite des Menschen, das Schmutzige, das Falsche, während rechts für das Gute steht.

Folglich achtet der Salafist darauf, dass er etwa mit dem linken Fuß das Badezimmer betritt und er sich nach dem Toilettengang mit der linken Hand reinigt. Danach geht er mit dem rechten Fuß zuerst wieder hinaus. Dasselbe gilt für den Willkommensgruß unter Männern. Ein Handschlag mit links käme einem Affront gleich.

Nach einem ähnlichen Ritus erfolgt die Gebetswaschung. Der Unterleib darf ebenfalls nur mit der schmutzigen Hand gesäubert werden. Einige Salafisten geben den »Ungläubigen« bewusst nur die linke, »die schmutzige«, Hand zur Begrüßung.

Essen hingegen ist nur mit rechts erlaubt. Dabei sollte der Magen mit einem Drittel Essen, einem Drittel Trinken und einem Drittel Luft gefüllt sein. Völlerei ist strikt verboten.

Mein ganzes Leben unterlag nun einem detailliert aufgelisteten Reglement. Auf jede Verhaltensfrage bekam ich eine Antwort.

Wenn wirklich mal Unklarheiten auftauchten, rief ich einen Gelehrten wie den Leipziger Imam Hassan Dabbagh an. Der leitete dann für mich anhand von »Ideologieschlüssen« aus *Sunna* und Koran eine maßgeschneiderte Handlungsanweisung ab. Damals wollte ich zum Beispiel wissen, ob es einem Muslim erlaubt sei, Gel für die Haare zu benutzen. Dabbagh hatte keine Einwände. Ich habe es trotzdem gelassen, weil die Brüder in der Moschee dem kritisch gegenüberstanden.

Hier erreichen wir des Pudels Kern, der es so leicht macht, junge Gläubige in die salafistische Denkweise einzuordnen: Die Gehirnwäsche beginnt bei den Analogieschlüssen, die salafistische Prediger aus irgendwelchen Überlieferungen ziehen. Es geht gar nicht darum, den Koran oder die *Sunna* umzuformulieren. Die Interpretation aus den heiligen Schriften lässt den Gelehrten so viel Spielraum, dass sie mitunter ihren eigentlichen Sinn quasi ins Gegenteil verkehren. An jenem Punkt übertönt die Meinung des Geistlichen die wahre Stimme des Koran. Somit kommt ein neuer theologischer Zungenschlag hinein.

Kurzum: Diese Leute interpretieren die Religion nach ihrem Willen. Zugleich stilisieren sie ihre Sichtweise zur einzig verbindlichen Wahrheit hoch. Am Ende steht eine völlig neue Islam-Form – und nicht etwa die wahre, unverfälschte Religion, wie uns vorgegaukelt wurde.

Und weil es so schön einfach ist, wurde uns erzählt, dass Verstöße gegen diese Auslegung Teufelswerk seien. Man wisse halt am besten, was der Prophet wollte und was nicht.

Wer wollte dieser simplen Logik widersprechen? Ich zumindest nicht. Mein ganzes Streben konzentrierte sich seinerzeit nur auf ein Ziel: ein gottgefälliges Leben zu führen. Wie dies genau auszusehen hatte, das bestimmten in den kommenden Jahren andere.

Engel und Dämonen

Im Herbst 2005 begann es innerhalb der Moscheegemeinde in Rheydt zu gären. Das kleine Salafistengrüppchen um Sven Lau und zwei weitere Prediger begehrte gegen die Mehrheit um den Imam der marokkanisch geprägten Gläubigerschar auf.

Wiederholt monierten Lau & Co. angebliche oder tatsächliche Verstöße des Vorbeters gegen die althergebrachte Überlieferung des Propheten. Alles Mögliche war *Bid'a*, es gab diverse kleine Streitpunkte, an denen sich die Koran-Puristen um den deutschen Konvertiten rieben. Wer nicht exakt dasselbe Verhaltensmuster an den Tag legte wie Mohammed angeblich vor 1400 Jahren, den kanzelte die Minderheit als »Wischi-Waschi-Muslim« ab.

Mit Argusaugen verfolgte die Gruppe jedweden Ausrutscher der Moscheeführung.

Während eines Freitagsgebets predigte der Imam etwa, dass der Genuss von Cola *haram* sei. Zugleich wurde der Vorbeter später in der Bücherei der Moschee gesehen, wie er sich die dunkelbraune Brause einverleibte.

Solche Fehler schlachtete die Lau-Fraktion zu ihren Gunsten aus: Gleich hieß es, der Vorbeter lege den Islam aus, wie es ihm gerade passt.

Als der Geistliche einmal duldete, dass einige Jugendliche in einem kleinen Raum auf einem Ghettoblaster arabischen Gesängen, die mit Instrumenten unterlegt waren, lauschten, erntete er heftigste Vorwürfe von seinen Gegnern. Musik ging gar nicht, dies widersprach nach ihrer Meinung der wahren Religion. Dabei sieht der Koran gar kein ein explizites Verbot von Musik vor. Zumindest ist dieser Punkt unter muslimischen Gelehrten höchst umstritten.

Salafisten-Kreise propagieren indes eine strikt ablehnende Haltung. Und zwar nur, weil es im Koran heißt: »Unter den Menschen gibt es manchen, der zerstreuende Unterhaltung erkauft, um von Allahs Weg ohne Wissen in die Irre zu führen und sich über ihn lustig zu machen.« Daraus schlossen salafistische Gelehrte: Mit zerstreuender Unterhaltung sei Musik gemeint. Tanz, Gesang und Musik standen bei uns somit auf dem Index.

Und da der marokkanische Imam der Moschee in Rheydt nicht umgehend dieses »Zeugs« unterbunden hatte, zoffte er sich mit unserer Gruppe.

Ich war ein junger Konvertit, seit zwei Monaten erst Muslim. Mit drei, vier anderen jungen Männern folgte ich Lau und den anderen beiden Wortführern unserer Riege »der Unbeugsamen«: Neben Lau handelte es sich um »den Griechen« und »den Bosnier«. Dieses Trio rebellierte ständig gegen die Moscheeleitung. Alles war in ihren Augen *Bid'a*.

So hing im Gebetshaus ein elektronischer Kalender. In fünf Positionen unterteilt, zeigte das digitale Gerät die Gebetszeiten an. Solche Kleinigkeiten brachten die Sektierer um Lau geradezu in Rage. Die Gebetsuhr war natürlich wieder *Bid'a*, schließlich kannte der Prophet im 7. Jahrhundert keinen digitalen »Wecker«.

Und so ging es in einem fort: Die Streitpunkte häuften sich.

Die Moschee war ein viereckiger Raum. Die vorgeschriebene Gebetsrichtung gen Mekka lief auf einen Winkel oben links hinaus. Dort hatte die Gemeindespitze mit einem Stift Linien aufgetragen, so dass die Brüder sich beim Gebet daran orientieren konnten.

Lau und anderen aus seiner Gruppe gingen diese Hinweise völlig gegen den Strich. So etwas habe der Prophet nicht gemacht, lautete ihr Tenor, folglich hatten solche Linien nichts in einer Moschee verloren.

Für mich stand dies außer Frage: Ich war neu, quasi ein Novize, der noch nicht viel von seiner neuen Religion verstand, aber genau dieses Manko durch besonderen Lerneifer und bedingungslose Folgsamkeit auszugleichen suchte.

Und wenn Lau oder die anderen beiden Lehrmeister sagten, der Imam in Rheydt übe die Religion nicht so aus, wie es Mohammed vorgelebt habe, dann übernahm ich kritiklos deren Standpunkt. So wie vieles andere, was ich in jener Zeit las, sah oder hörte.

Lau und seine beiden Mitstreiter hielten bereits vor den Anfängen unserer Bewegung in der Moschee in Rheydt Vorträge über alle möglichen Dinge. Meist begann das Referat eine Stunde vor dem Abendgebet am Samstag. Bis zu zwei Dutzend junger Leute saßen dann im Auditorium, darunter natürlich auch ich.

Oft behandelte der Diskurs das Feld der *Aqida*, der Glaubenslehre, dem theologischen Kern des Islam. Dabei geht es um Themen wie die Gotteslehre oder um die richtige Anrede des Allmächtigen oder aber um die Stellung des Korans, die Handlungen des Menschen und ihr Verhältnis zu Gott, den Tag der Auferstehung, die Fürsprache Mohammeds, Paradies und Hölle, die Stellung der Propheten und ihre Sündlosigkeit.

Der Komplex erörtert ferner alle möglichen existentiellen Fragen strenggläubiger Muslime: Was passiert etwa mit demjenigen, der eine große Sünde begangen hat? Zusammengefasst: Im Bereich der *Aqida* steht alles, was den Glauben (*Iman*) ausmacht, im Vordergrund.

Daneben hörten wir damals Referate in einer anderen wichtigen Disziplin: *Fiqh* (arabisch für Verständnis, Erkenntnis, Einsicht), die islamischen Rechtswissenschaften. Es ist quasi das Register, das sich mit den religiösen Normen auseinandersetzt.

Erläutert werden etwa folgende Fragen: Wie muss eine Pilgerfahrt verlaufen? Welche Fastenregeln gelten im Monat Ramadan? Wie wasche ich mich vor dem Gebet richtig? Welche sind die Pflichten und Säulen des Gebets? Was macht es ungültig? Und wie kann man den Fehler heilen? Ist er überhaupt rückgängig zu machen?

Das islamische Gebet verläuft nach festgelegten Formeln. Es gibt eine gewisse Struktur, die sich nie ändert. Der Ablauf, all jene Fürbitten, die der Gläubige in diesem Moment aufsagt, sind vorgegeben. Es handelt sich immer wieder um dieselben auf Arabisch vorgetragenen Glaubenssätze.

Dann erst wirft man sich nieder. Bei diesem Akt ist der Gläubige frei, wie er sein Zwiegespräch mit Gott abhält. Ganz egal, ob auf Deutsch oder einer anderen Sprache, ganz gleich, ob man in Gedanken spricht oder flüstert. Einzig die Struktur des Gebetes bleibt sich gleich. So machen es alle Muslime auf der Welt. Und so halte ich es bis zum heutigen Tag.

Damals konnte ich nicht genug bekommen von den Erzählungen, Deutungen oder Exkursionen in die längst vergangene Welt des Propheten Mohammed. Wie ein Schwamm saugte ich die Erzählungen unserer Referenten auf. Gebannt lauschte ich den Predigern, wenn sie über das Leben des Religionsstifters und seiner Gefährten berichteten. Beredt zeichneten sie ein Bild höchster Tugend: Spartanisch, enthaltsam, freigebig, so lebte demnach Mohammed, und so sollten wir natürlich auch leben.

Ich habe diese Vorträge geliebt, ja geradezu verschlungen wie ein gutes Buch. Allerdings nur die Argumentationslinie der Salafisten. Was anderes kam nicht in Frage: Alles erschien mir logisch, entsprechend belegt durch Koran und *Sunna*. »Das muss es sein«, dachte ich, »das ist der Islam.«

In den Vorträgen erzählten sie uns damals immer: »Wir wollen doch die höchste Stufe im Paradies erreichen, nicht irgendeine Stufe, sondern die höchste.« Da hockte ich als 17-jähriger Glaubensschüler dann da und dachte: »Na klar will ich auf die höchste Stufe, ich will doch ganz nah bei Gott sein.«

Solche Sätze fielen in beinahe jedem Vortrag. Immer ging es um das Optimale, die größte Ausbeute, den Gipfel des Glaubens zu erklimmen. Unser ganzes Verlangen konzentrierte sich darauf, Allah oder Mohammed, dem Propheten, näherzukommen. Man trichterte uns diese Sentenzen ständig ein. Ich für meinen Teil fing schnell Feuer. Alles klang logisch, nichts störte, nichts irritierte an dem simplen Dogma. »Wenn man eine gute Arbeit schreiben will«, lautete mein Credo damals, »soll es die Note Eins sein und keine Zwei.«

Mitunter erinnerten die Vorträge an eine spirituell geprägte Märchenwelt: Da war von allerlei Engeln die Rede. Lichtwesen, weder männlich noch weiblich, die im Auftrag Gottes spezielle Aufgaben ausführten. Manche dieser Geschöpfe wie Michael oder Gabriel kennt schon das Christentum. Einige Engel fungieren etwa als Regenmacher oder beschwören Stürme herauf. Andere wiederum gewähren Schutz. Zwei der Himmelswächter notieren die Taten eines jeden Erdenbürgers – gute wie schlechte.

Und dann sind da noch Dämonen (*Dschinn*). Geisterwesen, aus rauchlosem Feuer erschaffen. Der Teufel selbst, Satan (*Sheitan*), zählt zu dieser Kategorie. Böse Dämonen verleiten die Menschen zu schlechten Taten, hieß es immer wieder.

Diese Geschichten klangen eher nach tausendundeiner Nacht, zogen mich aber in ihren Bann. Nach meinem Ausstieg aus der Salafisten-Szene haben mich einige gefragt: Wie kann man solche Dinge glauben? Das ist doch Kinderstunde.

Der Glaube fußt beileibe nicht auf wissenschaftlich geprägter Vernunft: Wenn es danach ginge, wäre die alttestamentarische Überlieferung, wonach Gott die Frau aus der Rippe des Mannes schuf, genauso großer Humbug wie so viele andere Passagen der Bibel. Oder nehmen wir Christus, der über Wasser gehen konnte, bis hin zu seiner Auferstehung.

Einige Überlieferungen weissagen zum Beispiel, dass am Jüngsten Tag die Sonne im Westen aufgeht. Jesus, der auch im Islam eine hohe Stellung als Prophet einnimmt, werde zurückkommen, das Schwein töten und das Kreuz zerbrechen.

Vieles erschien mir zwar übernatürlich, beinahe unbegreiflich. Aber ich sagte mir einfach: Gott hat das Universum erschaffen. Und wenn er das kann, dann hat er auch die Macht, die Sonne in der anderen Himmelsrichtung aufgehen zu lassen. In meinen Augen gab es daran keinen Zweifel. Und wenn da welche gewesen wären, hätten Lau & Co. uns diese schnell ausgeredet.

In jener Zeit habe ich vor allem eine Sure nach der anderen auswendig gelernt. Unter den Brüdern in der Moschee herrschte ein regelrechter Wettbewerb der Gelehrsamkeit. Einer stachelte den anderen an oder provozierte ihn gar mit einem kleinen Seitenhieb: »Na, kennst du schon die Stelle, wo ...?« Wenn man darauf nicht antworten konnte, dann rezitierte dein Gegenüber genüsslich das entsprechende Kapitel. Gefolgt von mitunter leicht hämischen Kommentaren. In dieser Gemeinschaft zählte nur derjenige etwas, der Wissen sammelte. Und Wissen meinte in erster Linie, so viele der 114 Suren des Koran herunterbeten zu können wie möglich – in arabischer Sprache, versteht sich.

Der Koran beginnt mit ganz langen Suren. Das zweite Kapitel weist zirka 60 Seiten auf, das letzte hingegen füllt nur noch eine halbe Seite.

Ich habe dann halt von hinten gelernt. Von den kleineren

Abschnitten arbeitete ich mich zu den größeren vor. Anfangs beherrschte ich zwar kaum ein arabisches Wort, erfasste aber nach der Lektüre der deutschen Übersetzung den Sinn der Sätze. Manchmal zitierte ich Passagen, die mir auf Deutsch gar nicht geläufig waren. Einfach aus purer Angeberei, um den anderen zu zeigen, welches Wissen ich schon angesammelt hatte.

Auf diese Weise spornten wir uns gegenseitig an. Mitunter wurden bewusst Diskussionen initiiert, nur um am Ende mit der richtigen Antwort glänzen zu können.

Dazu passt auch der Umstand, dass Salafisten sich schnell gängige Begriffe auf Arabisch aneignen, die dann ständig ersatzweise zur deutschen Entsprechung benutzt werden.

Sabr, das Wort für Geduld, benutzen ultraorthodoxe Muslime geradezu inflationär.

Wenn man den Propheten erwähnt, folgt stets der Satz: »Friede und Segen sei mit ihm.«

Wer sich diese Formel spart, gilt als geizig. Die *Sunna* überliefert allerdings nur: »Wer meinen Namen hört und mir nicht den Friedensgruß wünscht, der ist geizig.« Für Salafisten erwächst aus solchen Sprüchen ein Muss. Niemand hat zwar gesagt, dass man stets das gesamte Repertoire abfeiern sollte. Für den Normal-Muslim ist es auch keine Sünde, das ganze Brimborium wegzulassen. Salafisten aber sehen die schwülstige Litanei als heilige Pflicht an.

Keine Frage, dass dies seinerzeit auch für mich galt. Damals gab ich den 150-prozentigen Jünger Allahs. Nicht nur, dass sich meine Sprache in ein Kauderwelsch aus Arabisch-Deutsch einfärbte, das manchmal an das »Kanaken-Deutsch« in sozialen Brennpunkten wie Berlin-Neukölln, Duisburg-Marxloh, Bonn-Tannenbusch oder Köln-Kalk erinnerte.

So wie mir erging es damals auch Daniel Schneider: Der junge Saarländer litt seit seiner Kindheit unter der Trennung der Eltern. Als Jugendlicher lief er häufig aus dem Ruder, brach das Gymnasium vorzeitig ab und zwischenzeitlich auch den Kontakt zur Mutter. Im Jahr 2003 bekehrte ihn ein Freund zum Islam. Schneider entwickelte sich zum Ultramuslim. Der junge Frömmler änderte so ziemlich alles bis hin zu seiner Sprechweise.

Ging es um die Religion, zitierte er Koranverse auf Arabisch und interpretierte sie. Dabei verfiel der Neuerweckte unwillkürlich in denselben arabisch-deutschen Mischmasch wie ich auch. »Er hat dann wie ein Ausländer gesprochen, als wäre er in Trance«, erinnert sich seine Mutter später in einer Vernehmung durch das Bundeskriminalamt.

Als der Bruder einmal über den Propheten Mohammed spottete, drohte Schneider empört: »Weil du mein Bruder bist, verschone ich dich diesmal. Beim nächsten Mal muss ich dich umbringen.«

Längst hatte sich der Hilfsarbeiter zum Fanatiker entwickelt. Für ihn gab es nur ein Ziel: die Herrschaft des Islam und die Installation einer archaischen Gesetzessammlung, der *Scharia*. Glaubensbrüder, die zum Gebet in Jeans erschienen, wies der Islamist scharf zurecht. Mit der Zeit entwickelte er sich so zur Leitfigur für eine Clique junger Gleichgesinnter.

Im Herbst 2007 verhaftete die Anti-Terror-Einheit GSG 9 Schneider als Mitglied einer vierköpfigen deutschen Zelle der Organisation Islamische Dschihad-Union (IJU) in einem sauerländischen Ferienhaus. Die sogenannte »Sauerland-Gruppe« wollte mit Autobomben deutsche und US-amerikanische Einrichtungen in die Luft jagen. »Wäre doch cool, wenn viele Leute draufgehen würden«, jubelte die Truppe in abgehörten Gesprächen.

Vielleicht war es pures Glück, dass mein religiöser Werdegang anders endete. Anfangs aber glich er dem Schneiders, als wäre ich sein eineiiger Zwilling gewesen.

Schleichend setzten die Brüder, zuvorderst Lau und seine Mitstreiter, bei mir eine Art Gehirnwäsche in Gang. Mein ganzes Denken veränderte sich: Was früher schlecht war, drehte sich ins Gegenteil und umgekehrt. Stets aufs Neue bläute man mir immer dieselben Phrasen ein: »Du darfst so lange selber denken, solange es der wahren Lehre entspricht.« Soll heißen: Tu das, was wir dir sagen!

Schon in den Anfängen der Bewegung teilten sich unsere drei Anführer die Rollen: Der Bosnier gab den Unterhalter. Er sprach sehr laut und baute viele Witze in seine Vorträge ein.

Der Grieche dozierte immer sehr sachlich. Nüchtern, recht trocken gab er sein Wissen preis.

Sven Lau gab sich als der emotionale Typ. Er bediente immer dieselben Gefühle. Beinahe gebetsmühlenartig wiederholte er seine Sätze von der einen *Umma* (Gemeinschaft der Muslime), von den Brüdern, die sich weniger streiten sollten, weil sie doch zusammengehörten. Schließlich gebe es vor allem ein Ziel: die Mission (*Da'wa*) für den Islam. Bis heute spricht Lau beinahe im selben, gefühlsbetonten Duktus – und wählt allzu häufig die gleichen Worte, Sätze und Schlussfolgerungen.

Meine salafistische Lehrzeit komplettierten sogenannte Islam-Seminare in Bonn oder in Elsdorf im nordrhein-westfälischen Rhein-Erft-Kreis. Dort traten namhafte Prediger wie der Bonner Mohammed Benhsain oder Hassan Dabbagh, Vorbeter der Leipziger Al-Rahman-Moschee, auf. Letzteren stuft der sächsische Verfassungsschutz auch heute noch als Kopf des »politischen Salafismus« ein.

Mindestens vier Mal im Jahr luden Dabbagh & Co. zu einem Islam-Wochenende in Moscheeräume oder in eine Art Ferienlager ein. Bereits zu meiner Zeit rückten diese Veranstaltungen besagter Protagonisten verstärkt ins Blickfeld der Staatsschützer. Die Behörden befürchteten, dass die Kurse möglicherweise den Einstieg in eine radikale Gedankenwelt bildeten, die letztlich in den Dschihad führen könne. Blumige Titel wie »Lass deinen Iman aufblühen« standen laut Staatsschutz-Erkenntnissen für eine Eintrittskarte in die salafistische Parallelgesellschaft. Dutzende junger Männer, darunter etliche Konvertiten wie ich, rezitierten den Koran. Wir aßen zusammen, schwatzten, spielten Fußball und Tischtennis und schliefen auf dem Boden.

Aber das war uns schnuppe. Es ging einzig um den wahren Glauben. Im Versammlungsraum verkündeten Seminarleiter eine simple Heilslehre: »Wir verkaufen unsere Seelen an Allah, und Allah wird es dir mit dem Paradies begleichen.«

Das erste Mal fuhr ich mit den Brüdern aus unserer Gruppe über Weihnachten nach Bonn zu einem Seminar: Bewusst hatten die Veranstalter den Termin auf die hohen christlichen Feiertage gelegt, um gerade uns Konvertiten auf andere Gedanken zu bringen, als mit der Familie daheim unterm Tannenbaum zu hocken. Es war quasi eine Gegenveranstaltung zum Fest der Geburt Christi.

Die Tage begannen frühmorgens mit einem gemeinsamen Gebet, gefolgt von Vorträgen. Danach legte man sich noch mal bis Mittag hin. Nach dem Essen referierten unterschiedliche Gelehrte bis spät in die Nacht. Es ging immer nur um Theologie, um den wahren, den reinen Glauben. Nichts weiter. Für mich war es das reine Paradies: Die Gemeinschaft der Brüder, die Besinnung auf das Wesentliche, die Ruhe, Meditation.

Zu den Treffen versammelten sich mehrere Dutzend Gleichgesinnter, Brüder aus ganz NRW und darüber hinaus. Etliche der Teilnehmer oder Dozenten, die Weihnachten 2005 an den Seminaren teilnahmen, leben mittlerweile nicht mehr. Sie starben im angeblich so »Heiligen Krieg« in Afghanistan, Somalia, Syrien oder im Irak.

Auch Eric Breininger, aus dem Saarland, ein Kumpel der

»Sauerländer«-Terror-Gruppe, dem ich nie begegnete, nahm an diesen Seminaren teil. 2007 tauchte er ab in Richtung Hindukusch. In der wilden pakistanischen Gebirgsregion rund um die Stadt Mir Ali nahe der Grenze zu Afghanistan schloss er sich der islamistischen Splittergruppe Islamische Dschihad-Union (IJU) an. Über das Netz sendete die Terror-Organisation Werbevideos mit dem Konterfei des Deutschen. 2010 starb er bei Gefechten nahe Mir Ali.

Beeindruckt hatte mich seinerzeit auf den Islam-Seminaren unter anderem Bekkay Harrach. Ein dünner Schlaks, längere Haare, Bart, Ende zwanzig, Marokkaner aus Bonn. Im Anschluss an die Veranstaltungen hatte ich mir einige seiner Ansprachen auf meinen MP3-Player geladen. Damals hätte ich nie gedacht, dass dieser dürre junge Mann zwei Jahre später den gesamten deutschen Sicherheitsapparat in Atem halten würde.

Im Jahr 2007 setzte Harrach sich plötzlich ab. Dem Bundesnachrichtendienst zufolge durchlief der Marokkaner mit deutschem Pass in einem Al-Qaida-Lager an der afghanisch-pakistanischen Grenze eine Sprengstoffschulung.

Später soll der gebürtige Bonner in die Kommandoebene des Terrornetzwerks aufgestiegen sein. Dorthin schafften es nur wenige Ausländer. Harrach, Kampfname Abu Talha, der Deutsche, sollte den Erkenntnissen zufolge Kontakte nach Deutschland koordinieren.

Bald darauf spielte der Islamist in Internet-Clips den Dschihad-Clown. In einem Video der Al-Qaida-Propagandaschmiede As-Sahab drohte der 31-Jährige den deutschen ISAF-Truppen in Afghanistan mit Anschlägen. »Unsere Atombombe ist die Autobombe«, prahlte Harrach in dem Spot. Auch er kam bei Scharmützeln ein Jahr später ums Leben.

Nichtsdestotrotz schien unsere kleine Salafisten-Welt an Weihnachten 2005 noch in Ordnung zu sein. Den Predigern gegenüber bezeugte ich den höchsten Respekt. Vor allem natürlich dem Hauptredner: dem Leipziger Imam Hassan Dabbagh. Der gebürtige Syrer wurde mir seinerzeit als der »Wissendste« in unserem fundamentalistischen Milieu vorgestellt. Und das war er auch. Dabbagh konnten weder Lau noch die anderen das Wasser reichen. Er war zu schlau und klug, um sich offen gegen den deutschen Staat zu stellen.

Äußerst verquast gab er damals zu verstehen, dass alle Gesetze, die denen Allahs widersprechen, keine Bedeutung hätten. Die Staatsschützer konstatierten daraufhin »verfassungsfeindliche« Umtriebe. Der Geistliche geriet immer mehr in das Visier der deutschen Terrorabwehr. Wir traten diesen Aussagen stets mit einem müden Lächeln gegenüber: »Wenn an den ganzen Behauptungen auch nur das Geringste dran wäre, dann säße er schon längst hinter schwedischen Gardinen.« Es war nur ein weiterer Beweis für mich, dass alle Welt ohne Grund gegen den Islam kämpfte.

Im Jahr 2008 klingelten bayerische Ermittler bei Dabbagh und seinem Bonner Mitstreiter Benhsain. Die Staatsanwaltschaft München warf ihnen die Mitgliedschaft in einer kriminellen Vereinigung vor. Demnach bereiteten Dabbagh & Co. den Weg »für die Teilnahme an dschihadistischen Aktivitäten«. Dazu befragt, entgegnete Dabbagh damals gegenüber dem Magazin *Focus*: »Quatsch. Man sollte mir einen Radikalen zeigen, den ich zum Dschihad gebracht habe.« Der Vorbeter der Leipziger Al-Rahman-Moschee fühlte sich von den Behörden verfolgt. Er sei der Erste gewesen, der die Anschläge vom 11. September 2001 in den USA verurteilt habe, so wie er stets den Terror missbillige – zuletzt noch in der Sendung der TV-Moderatorin Sandra Maischberger.

Die Terrorfahnder zeichneten damals ein anderes Bild: Der Syrer unterhielt etliche Kontakte zu »Gefährdern« und »Gotteskriegern« in der Radikalenszene von Ulm, Bonn, Berlin und Leipzig. So fungierte ein Mitglied der Gruppe um Dabbagh bereits 1998 als Gastgeber des »Finanzministers« des Terrornetzwerks Al-Qaida, Mamduh Salim. »Den Mann kenne ich nicht«, behauptete Dabbagh. Das Verfahren gegen Dabbagh wurde schließlich aus Mangel an Beweisen eingestellt.

Doch kehren wir zurück zu meinen salafistischen Anfängen, zu den Islam-Seminaren: Für mich jedenfalls firmierte der Hauptprediger Dabbagh nur unter der respektvollen Anrede: *Sheikh*. Der Leipziger Gottesmann war in meinen Augen eine absolute Respektperson, zu der man aufsah. Anfangs benahm ich mich bei Begegnungen mit ihm wie ein kleiner Junge, der um Süßigkeiten bettelte.

Später war er mein Ansprechpartner, wenn neue Fragen auftauchten. Dabbagh fungierte als eine Art religiöser Kummerkasten. Die Islam-Seminare bestärkten mich in meinem Streben, mich ganz meinem Glauben hinzugeben. Nichts anderes interessierte, nichts anderes beschäftigte mich, als dem einen Gott zu dienen.

Ende 2005 eskalierte dann in der Moschee von Mönchengladbach-Rheydt der Konflikt zwischen unserer Gruppe und der Gemeindeleitung. Am Ende zogen wir den Kürzeren: Es wurde ein Hausverbot verhängt. Und so wanderten wir buchstäblich aus. Wir wollten eine neue Moschee gründen. Ein Gebetshaus, in dem der wahre Islam gepredigt würde, die reine Lehre. Keinen Millimeter mehr abweichen von den Ursprüngen, keinen Kompromiss mehr schließen mit den Erneuerern. Nur noch Islam pur.

Schließlich mietete unser kleiner Haufen bestehend aus Lau, dem Bosnier, dem Griechen, mir und höchstens zehn anderen Männern in Mönchengladbach-Eicken eine ehemalige Kfz-Werkstatt an. Ein länglicher Raum mit ganz großen Glasscheiben nebst Hof und Rolltor. Jeder von uns brachte einen kleinen Vorleger mit. Wie einen großen Flickenteppich legten wir alle nebeneinander.

Zu den ersten Gebeten und Predigten kamen gerade einmal gut eine Handvoll Brüder zusammen. Während der ersten Freitagsgebete waren wir fünfzehn bis zwanzig Mann. Bereits nach wenigen Wochen vergrößerte sich die Anhängerschaft zusehends. Nun strömten Leute aus Neuss oder Krefeld zu uns.

Bald machte unter den stockkonservativen Gläubigen die Nachricht die Runde, dass es da eine neue Moschee gebe, die sich einzig nur nach Koran und *Sunna* richte. Ein großer Vorteil war, dass die Predigten auf Deutsch gehalten wurden. So etwas gab es in der Region sonst nirgendwo.

Zunächst hielt ein Marokkaner die Predigt am Freitag. Auch er zerstritt sich jedoch nach kurzer Zeit mit Lau und den beiden anderen, so dass Lau, der Grieche und der Bosnier von da an selbst das Zepter in die Hand nahmen und sich mit den Predigten abwechselten. Die Mund-zu-Mund-Propaganda wirkte. Anfang 2006 füllte sich das improvisierte Gotteshaus immer mehr. Vor allen Dingen zum Freitagsgebet. Ich war immer dabei, habe dort geschlafen, getan und gemacht.

Und dann besuchte uns eines Tages im Frühjahr 2006 Pierre Vogel. Er war schon damals in der Salafisten-Szene ein Star. Vor allem auch wegen seiner skurrilen Geschichte. Ein talentierter Profi-Boxer, der von heute auf morgen alles aufgibt, weil er den Islam für sich entdeckt hatte. Der sich nun der *Da'wa* verschrieben hatte und nur eine Art kannte, diese durchzusetzen: kämpfen. Verbal natürlich, aber ohne Kompromisse. Als Vogel zu uns nach Eicken kam, ging richtig die Post ab.

Musa, der Deutsche

Die Anhängerschar unserer neuen Moscheegemeinde in Mönchengladbach-Eicken wurde ständig größer. Die Predigten, für jeden leicht verständlich, weil in Deutsch gehalten, zogen eine stetig wachsende Zuhörerschaft völlig rückwärtsgewandter Muslime an. Diese Leute profitierten zwar vom hiesigen Staat, weil er ihnen Arbeit oder ein Auskommen via Hartz IV garantierte, andererseits aber lehnten sie viele seiner Gesetze und Regeln ab. Und wir heizten dieses Denken an, indem wir stets betonten, dass menschengemachte Gesetze nicht vollkommen sind, sondern nur die unseres Schöpfers aus der Heiligen Schrift perfekt sind. Vogel verwendete immer und immer wieder folgendes Beispiel: »Gott ist unendlich weiser als wir, so wie die Eltern eines Kleinkindes weiser sind als das Kind. Es will keine Impfung, doch die Eltern wissen, dass sie gut für das Kind ist. Genauso verhält es sich mit Gott und uns.«

Aus allen Winkeln des Rheinlands erhielt unsere Gemeinde Zulauf. Manche zogen gar in unsere Gegend, in unser Viertel, um dabei sein zu können. Damals gab es für uns junge Mitläufer genug zu tun: Wir halfen, wo es ging – quasi als Mädchen für alles. Wir spendeten, säuberten die Moschee und halfen bei Reparaturarbeiten.

Mit der Zeit quoll die Moschee in Eicken über. Gerade die Freitagsgebete lockten die Leute an.

Anfangs hatten wir den großen Gebetssaal durch einen einfachen Vorhang abgetrennt. Die Schwestern klopften dann an, schoben die Tür auf und schlüpften schnell hinter den

Vorhang, so dass Männer und Frauen sich nur ja nicht begegneten.

Zu Beginn bedeckten mickrige, kleine Läufer den Boden. Alles, was sich zu Hause finden ließ. Nach ein paar Wochen hatten wir so viel Geld gesammelt, um das ganze Gotteshaus mit einem Teppich auslegen zu können.

2006 traten dann auch die ersten renommierten Salafisten-Prediger bei uns auf. So etwa Mohamed Benhsain alias Abu Jamal aus Bonn oder später dann der Leipziger Imam Hassan Dabbagh. Schließlich auch Muhamed Ciftci, ein bekannter Agitator aus Braunschweig. Er wurde mir vorgestellt als jemand, der gerade sein islamisches Studium über die Gesetzgebung im Islam in Medina, Saudi-Arabien, abgeschlossen hatte. Er hatte etwas in den Händen, ein fundiertes Islamstudium von A–Z. Das flößte mir gleich großen Respekt ein. Wir nannten ihn immer Abu Anas, ein kräftiger Mann, der sehr langsam, fast schon monoton sprach, aber gerade das mochte ich – sachliche Beiträge und kein Gepose.

Ein halbes Jahr lang mussten die jungen Männer unserer Gemeinde sich jeden Freitag mit dem Buch »Die drei fundamentalen Glaubensgrundlagen« auseinandersetzen. Das Werk verbietet etwa Wahrsagerei, Glücksbringer oder Horoskope. Blasphemisches Blendwerk, das mit der Religion nichts zu tun hat.

Der Bonner Abu Jamal nahm mit uns Kapitel für Kapitel durch. Wir hockten mit unseren Notizblöcken zu seinen Füßen, sahen zu ihm auf wie Musterschüler in einer Madrassa. Wenn der Lehrer zu seinem Vortrag anhob, wurde es mucksmäuschenstill. Als sich ein Zuhörer einmal Cola trinkend ein wenig hinfläzte, wies ihn der *Sheikh* zurecht: »Ich will, dass man respektvoll dem Unterricht folgt. Sonst braucht man gar nicht zu kommen.«

Eines Tages erreichte uns die Nachricht: Pierre Vogel

kommt in die Moschee. Und: Er will dich treffen! Ich reagierte erstaunt: »Mann, Pierre Vogel, was ist das denn Abgedrehtes?« Der Mann besaß Kultcharakter. Er war ein Star in Islamisten-Kreisen, ein Held. Seine Boxhandschuhe hatte er an den Nagel gehängt, um künftig die Worte des Islam in aller Welt zu verbreiten und zu missionieren.

Anfang 2006 war der gebürtige Kölner von seinen Studien in Mekka in seine Heimat zurückgekehrt. Und nun wollte er mich sehen – gerade mich, Dominic, den Frischling. Klar erfüllte mich die Nachricht mit Stolz, andererseits aber beschäftigte mich die Frage: »Warum ich? Wie war er gerade auf mich gekommen?« Wahrscheinlich war ihm von der Moscheeführung erzählt worden, dass in Mönchengladbach vor kurzem zwei Jugendliche konvertiert waren, die ebenso euphorisch waren wie sie selbst. Einer davon war ich.

Vogel hatte seinerzeit bereits die Zeichen der Zeit erkannt. Damals kursierten erste DVDs von ihm in der Szene, betitelt mit »Der wahre Sinn des Lebens« oder »Ist Jesus Gottes Sohn?«.

Die DVDs waren ein Renner. Sie propagierten nur die eine Botschaft: »Wir Muslime sind nur auf der Erde, um Gott zu dienen.« Qualitativ hatten die Filme anfangs noch ein miserables Niveau. Eine Stunde lang laberte Vogel frontal in die Kamera, spätestens nach der Hälfte schalteten die meisten ab.

Dennoch hinterließen diese Streifen Wirkung: Vogel pflegte diesen melodiösen kölschen Akzent, der zwar witzig anmutete, aber im Mix mit seiner harten Boxer-Mentalität gerade uns junge Leute faszinierte.

Nun kam der salafistische Shooting-Star zu uns und wollte mich sowie einen weiteren jungen Konvertiten sprechen. Vogel traf uns in der Bibliothek der Moschee in Eicken. Er fragte: »Wie geht's euch? Was wisst ihr schon? Wie seid ihr konvertiert? Was hat euch überzeugt? Wie wart ihr früher?« Beinahe gelangweilt spulte er solche Standardfragen ab. Dennoch konnte ich meine Aufregung nicht verhehlen. Das war kein normaler Glaubensbruder, der da vor mir stand. Er flößte mir Respekt ein, auch wenn ich ihn nicht in die Riege der Gelehrten einreihte.

Vogel strahlte etwas unabdingbar Kämpferisches aus, immer nach vorne, nie zurück. »Sei stolz auf deinen Glauben!«, hieß seine Devise. Das gefiel mir – zumindest anfangs.

Denn schon während unseres ersten Zusammentreffens merkte ich, dass der Typ gar nicht richtig zuhörte. Beinahe desinteressiert vernahm er unsere Antworten, fiel schnell ins Wort oder hakte die nächste Frage ab. Schon damals wirkte er sehr hochmütig und arrogant. Er stellte andere bloß, um sich selbst besser in Szene setzen zu können.

Dieses Gehabe ging mir schnell auf die Nerven. Dennoch war ich aufgeregt und gespannt zugleich. Da saß mir jener Mensch gegenüber, den viele Glaubensbrüder nur von DVDs her kannten.

Beim zweiten oder dritten Aufeinandertreffen bat er mich vor die Kamera zum Interview. »Ich brauche dich für eine wichtige Sache. Wir nehmen jetzt mal auf, wie du deinen Weg zum Islam gefunden hast.« Ein Nein schien ausgeschlossen. Zuvor mussten wir aber noch eine andere Sache klären, nämlich einen neuen arabischen Namen für mich finden. Unter Salafisten ist die Namenswahl enorm wichtig.

Er musste perfekt sein, deshalb hatte ich mir aus Büchern, dem Koran und den Überlieferungen vier Möglichkeiten herausgesucht: Musa, das arabische Synonym für Moses, Ibrahim (Abraham), Hudhaifa, ein Gefährte Mohammeds, und Osama, ebenfalls ein Vertrauter des Propheten.

Vogel erkundigte sich nach meinem deutschen Namen. »Dominic, soso«, nickte er abschätzig, um dann im nächsten Atemzug in seinen typisch kölschen Sing-Sang zu verfallen:

»Propheten sin besser als Jefährten, dat heißt Hudhaifa und Osama fallen weg. Ibrahim heißen schon viele. Dann bist du von jetzt an der Musa.« Fertig. Kein Wort mehr. So verlief meine islamische »Taufe«. Ich war nun Musa, der Deutsche.

Kaum war das geklärt, startete die Kamera mit leisem Summen. Vogels Helfer richtete das Objektiv auf uns beide. Der Filmemacher war Ibrahim Abou Nagie. Der gebürtige Palästinenser zählt heute neben Vogel und Lau zu den führenden Hasspredigern im Salafisten-Milieu. Durch Spenden finanziert, lässt er überall in der Republik an Straßenständen deutsche Koran-Ausgaben verteilen. Die Aktion nennt sich »Lies!«.

Eine Kampagne, die den hiesigen Sicherheitsbehörden großes Kopfzerbrechen bereitet, weil sie sehr erfolgreich missioniert. Insbesondere junge, sinnsuchende Menschen lassen sich von den »Lies-Streetworkern« in die Parallelwelt der Salafisten locken. Im Jahr 2006 jedoch kam Abou Nagie nur eine Nebenrolle zu. Er war der Kameramann für Pierre Vogel, der Laufbursche.

Als er die Linse auf mich richtete und die Aufnahme startete, zuckte ich zunächst zusammen. Eigentlich wollte ich mich gar nicht so in den Vordergrund spielen. Vogel aber wischte meine Bedenken mit einer Handbewegung weg: »Musa«, hob er mahnend seinen Zeigefinger, »das ist deine Pflicht! Du musst den Menschen zeigen, dass du konvertiert bist. Du sollst den Nichtmuslimen zeigen, warum du konvertiert bist und dass ein Deutscher die islamische Religion praktiziert.«

Das Video ist heute noch auf YouTube zu sehen. Vogel begann mit einer kurzen Einleitung: »Das ist Musa – Deutscher, sieht man ja.« Total verlegen lachte ich laut auf.

Vogel ließ sich nicht beirren. Routiniert hakte er sein Repertoire ab: »Du bist jetzt Moslem, warum? Wie hast du vorher gelebt? Warum hast du dich nun für Islam entschieden?«

Mein Puls raste vor Nervosität. Es war mein erstes Mal vor

der Kamera. Meine Stimme begann zu zittern. Als das Interview online im Netz stand, flimmerte als Unterzeile folgender Text über den Bildschirm: »*Inschallah*, möge Allah Ihn segnen, unseren Bruder.« Weiter hieß es: »Der trägt *Nur* (arabisch für Licht, also Ausstrahlung) im Gesicht.«

Diese Worte fühlten sich gut an. Ich war mächtig stolz auf mich. Der Film dauerte zwar nur fünf Minuten, aber die Brüder kamen und klopften mir anerkennend auf die Schulter oder umarmten mich: »Du hast gut gesprochen«, meinte einer zufrieden. »Ich habe Bittgebete gesprochen, dass Allah deine Zunge lenkt«, fuhr er in seiner blumigen Lobeshymne fort.

Und das, obwohl ich aus heutiger Sicht betrachtet nur Müll erzählt hatte. Dazu noch in einem gekünstelten arabisch-deutschen Akzent nebst seltsam abgehacktem Satzbau, als wäre ich irgendwo im Nahen Osten geboren worden und nicht in Mönchengladbach.

Ganz egal: Diese Videos hatten es uns angetan. Elektrisiert witterte die Moschee-Spitze um Lau die Chance, mit kleinen Mitteln und wenig Aufwand im ganzen Land bekannt zu werden. Was gab's Schöneres und Einfacheres, als via YouTube seine Botschaften in den Äther verschicken zu können? Mit null geschäftlichem Risiko, aber maximaler Gewinnaussicht.

Bis heute stellt das Internet die Werbeplattform für alle radikalen Muslime dar: Jeder, der will, sendet seine Hasstiraden garniert mit Gruselbildern über die sozialen Netzwerke in deutsche Wohnzimmer.

Die Terrormilizen »Islamischer Staat« beschäftigen mittlerweile Dutzende Hacker und Web-Profis, die tagtäglich Facebook & Co. auf der Suche nach möglichen neuen Rekruten durchkämmen. IS-Kämpferinnen spielen den Lockvogel für westeuropäische Schülerinnen. Meist filtern sie Accounts potentieller Opfer heraus, die einen muslimischen Hintergrund erkennen lassen.

Mitunter braucht es nicht lange, und schon sitzen 15- bis 16-jährige weibliche Teenies aus hiesigen Landen im Flieger Richtung Türkei, wo Schleuser sie zu den Islamisten-Brigaden nach Syrien verfrachten. In den Camps oder eroberten Städten müssen sie dann einen Dschihadisten heiraten. »Die jungen Frauen (...) werden verkauft, versklavt, vergewaltigt und menschenunwürdig behandelt«, sagte Bundesinnenminister Thomas de Maizière (CDU) in einem ZDF-Interview. Oder sie erhalten in den Terrorcamps eine Ausbildung an Waffen, Sprengstoff und erlernen militärische Taktiken.

Während ich diese Zeilen schreibe, fahnden türkische Behörden nach zwei mutmaßlichen IS-Kämpferinnen aus Mönchengladbach. Valentina S., 20, und Merve D., 19, sollen mit der Planung eines Selbstmordattentats im türkischen Suruc mit über 30 Toten in Verbindung stehen. Die hiesigen Polizeistellen bestätigten gegenüber der *Rheinischen Post* eine entsprechende Verdachtslage.

Vor drei Jahren, so die bisherigen Erkenntnisse, drifteten die beiden Freundinnen in militante Islamisten-Kreise ab. Von normalen Schülerinnen, die im Sommer Mini-Röcke trugen und Popsongs hörten, wandelten sie sich zu ultraorthodoxen Musliminnen. Plötzlich verschleierten sie ihr Gesicht, sagten sich von allem Westlich-Weltlichen los. Ein ähnlicher Werdegang wie meiner, nur mit dem Unterschied, dass er bei den Mädchen viel schneller verlief und auch noch weiter führte.

»Es ist bekannt, dass die jungen Frauen in der Mönchengladbacher Salafisten-Szene aktiv waren«, erklärte ein Polizeisprecher gegenüber der *Rheinischen Post* weiter. Die Ermittler verorteten die beiden jungen Frauen im Umfeld meines ehemaligen Anführers Sven Lau. Außerdem ist bemerkenswert, dass sie sich über einschlägige Webseiten und Besuche in der salafistischen Szene in Köln radikalisierten.

Diese Erkenntnisse der Polizei zeigen deutlich eine gefährliche Entwicklung auf: Die Propagandamaschine gewaltbereiter Salafisten hier wie dort läuft auf vollen Touren. Beinahe jeden Tag laden die IS-Schergen neue Gräuelstreifen aus der Levante ins Netz. Als Kriegsverbrecher gesuchte Schlächter wie Mohammed Mahmoud aus Österreich prahlen mit ihren Mordtaten und rufen ihre Anhänger zu Terrorakten in der Heimat auf.

Nichts fürchtet der deutsche Sicherheitsapparat so sehr, wie dass junge Fanatiker sich durch diese Clips im Schnelldurchlauf radikalisieren, um in Deutschland Anschläge zu verüben. So wie der Kosovare Arid Uka, der angefixt durch dschihadistische Web-Propaganda im März 2011 am Frankfurter Flughafen zwei US-Soldaten erschoss und zwei weitere schwer verletzte.

Die Netz-PR wirkt geradezu wie ein Durchlauferhitzer. Analysen deutscher Sicherheitsdienste zufolge findet die Web-Hetze führender Prediger wie dem Koranverteiler Ibrahim Abou Nagie, aber auch Sven Lau oder Pierre Vogel, enormen Anklang. Letzteren bezeichnete Burkhard Freier, Chef des nordrhein-westfälischen Landesamtes für Verfassungsschutz, in einem Gespräch mit dem »Stern« als »Verführer, der junge Menschen radikalisiert«.

Einen besonderen Nerv treffen die Internet-Salafisten bei jungen Glaubensbrüdern, wenn sie in ihren Predigten und Lehrvideos die vermeintliche Opferrolle aller Muslime beklagen. Da werden die »wahren Gläubigen« zu Bürgern zweiter Klasse hochstilisiert, deren Rechte der deutsche Staat angeblich mit Füßen tritt.

Mein ehemaliger Mentor Sven Lau, alias Abu Adam, schürte das Feuer etwa im NRW-Landtagswahlkampf 2012, als die rechtsextreme Splitterpartei Pro NRW mit Mohammed-Karikaturen auf Stimmenfang ging. Erregt zog er über das deutsche Grundgesetz her: In dem dort verankerten Grundsatz »Die Würde des Menschen ist unantastbar« fehle nur noch der Zusatz: »außer die Würde der Muslime«. Schließlich lasse es der deutsche Staat zu, dass Muslime durch die öffentliche Zurschaustellung der Mohammed-Karikaturen beleidigt und in ihrer Ehre verletzt würden.

Solche Botschaften verfingen in der Szene: Bei öffentlichen Kundgebungen der rechtsradikalen Provokateure lieferte sich eine aufgebrachte Menge salafistischer Gegendemonstranten schwere Straßenschlachten mit der Polizei in Solingen und Bonn, bei denen zwei Beamte durch Messerstiche schwer verletzt wurden.

Der digitale Brandstifter

Der salafistische Werbefeldzug startete bei uns in Mönchengladbach-Eicken im Jahr 2006 mit einer ersten selbstgestalteten DVD. Der Titel lautete: »Muslime in Mönchengladbach«. Keine wirklich originelle Zeile, aber typisch für die ersten Gehversuche auf einem für uns ungewohnten Terrain. Die ersten Videos sahen äußerst dilettantisch aus: Ungeschnitten reihte sich ein Interview mit den Brüdern ans nächste. Von einem Drehbuch oder einer Dramaturgie konnte keine Rede sein.

Da wurde der eine *Achi* im Krankenhaus bei seiner Arbeit aufgenommen. Einfach, um der Außenwelt zu zeigen, dass auch ein strenggläubiger Muslim einen solch verantwortungsvollen Posten ausfüllen konnte. Dass bei uns der weitaus größte Teil von Hartz IV lebte, weil er sich tagein, tagaus nur noch mit seinem Glauben beschäftigte, ließ man geflissentlich weg.

Natürlich setzte Lau sich schon damals gekonnt in Szene. Frei nach dem Motto: Ich bin ein ehemaliger Feuerwehrmann. Und jetzt nach meiner Hinwendung zu Islam bin ich nur noch glücklich. Eine Masche, die er bis heute durchzieht.

Mich fragte er dann: »Wie war dein Leben vorher? Wie sieht dein Leben jetzt aus?« Dann habe ich ein kurzes Statement vor der Kamera dazu abgegeben.

Die Idee für das erste Video stammte von Lau. Zum einen hatte er sich von Pierre Vogels Produktionen inspirieren lassen, zum anderen hatte ihn ein Film von Brüdern aus Ulm schwer beeindruckt.

Damals galt die Gemeinde an der Donau rund um das Multikulturhaus (MKH) und später das Islamische Informationszentrum (IIZ) als *die* Extremisten-Hochburg in unseren Kreisen. Aus der schwäbisch-bayerischen Region waren etliche Frömmler in den »Heiligen Krieg« nach Tschetschenien oder nach Afghanistan aufgebrochen. Die Gruppierung bildete die Keimzelle der militanten Salafisten-Bewegung in Deutschland. Das brachte bald die hiesigen Terrorfahnder auf den Plan. Ein paar Monate nach meinem Religionswechsel ließ der Bundesinnenminister das MKH schließen.

In der Ulmer DVD trat noch der Kopf der dortigen Islamisten-Gemeinde auf: ein ägyptischer Arzt, der sich noch rechtzeitig dem Zugriff der deutschen Behörden durch die Flucht in den Nahen Osten entziehen konnte. Gefolgt von seinem Sohn, bei dem Ermittler während einer Razzia Anleitungen zum Bombenbau gefunden hatten. Im Laufe der folgenden Monate wanderten viele bekannte Ulmer Fundamentalisten ab – vor allen Dingen in Richtung Bonn.

Sven Lau pflegte diverse Kontakte zu deutschen Konvertiten aus der Donaumetropole. Vermutlich erhielt er auch aus dieser Quelle das Video, das seine Karriere als Internet-Imam begründen sollte.

In unserem ersten Machwerk führte Lau Regie und bediente zugleich die Kamera. Dahinter steckte die Idee, zu dokumentieren, dass sich Mönchengladbach-Eicken zu einer heißen Adresse unter Salafisten entwickelte. Wir wollten ein Signal aussenden: Nehmt uns wahr! Stets verbunden mit der tumben Botschaft: Glaubt an Gott! Nehmt den Islam an! Wir wahren Muslime sind alle glücklich.

Von unserem Erstling »Muslime in Mönchengladbach« stellten wir etwa 1000 Stück her. Noch schnell ein Label draufgeknallt, ein eigenes furchtbar grässliches Cover entworfen – und fertig war die Disc.

Die DVD, von Hand zu Hand verteilt, entwickelte sich in Mönchengladbach und Umgebung zu einem Renner. Irgendwann haute mich mal ein Busfahrer in rüdem Ton an: »Hey Mufti, komm mal her, hast du noch so eine DVD übrig?«

Die Erlebnisse fügten sich in jener Zeit zu einem stimmigen Bild: Plötzlich waren wir wer, die Filme, die Botschaften, die stetig steigenden Besucherzahlen in unserer neuen Moschee – es ging aufwärts. Wohl oder übel musste man uns, die Salafisten-Szene, ernst nehmen.

Die Film-Produktion nahm Fahrt auf. Eine Zeitlang lief Lau ständig mit einer Kamera durch die Moschee. Jeder musste etwas zum Besten geben. »*Achi*, komm mal schnell: erzähl mal ...«, drängte unser Moscheemitgründer.

Eine Tages führte er die Mutter eines Konvertiten vor. Im Gespräch mit ihr wollte er wissen, wie ihr Sohn sich verändert habe. »Ja, mein Sohn hat sich sehr zum Positiven gewandelt«, entgegnete die Frau erleichtert. Sie war einfach froh, dass der Sohn keine Drogen mehr nahm. Lau aber instrumentalisierte die Mutter in seinem Video als Beweis dafür, dass nur der wahre Glauben die rauschgiftsüchtige deutsche Jugend heilen könne.

Er schien besessen davon zu sein, so viel filmischen Output wie möglich zu produzieren. Manche Gläubige drehte er beim Friseur, andere beim Fußballspiel. So wollte er wohl klarmachen, dass wir Salafisten keine religiösen Neandertaler waren. Dass auch bei uns der Spaßfaktor zählte, dass wir normale Hobbys hatten.

Bald darauf kam dann so ein IT-Typ in unser Gebetshaus. Ursprünglich arbeitete er mit einem führenden Moscheemitglied zusammen, später ist er dann konvertiert. Der Mann lachte, als er unsere DVDs sah. »Jungs«, empfahl er, »macht mal was auf YouTube.« Davon hatten wir noch nie etwas gehört. Er aber schwärmte regelrecht von der neuen Internet-

Schiene. »YouTube wird kommen«, betonte der Mann zuversichtlich.

Dann stückelte er unsere endlos langen Clips und lud sie einzeln hoch. Versehen mit neuen Titeln: »Konvertierter spricht über seine Erfahrung« oder »Bruder im Krankenhaus besucht« und: »Die *Achis* beim Fußballspielen.«

Der Erfolg berauschte Lau geradezu. Angesichts der enormen Klickzahlen geriet er ins Schwärmen: »YouTube, das ist es.« Äußerst schnell entwickelte sich der ehemalige Feuerlöscher zum digitalen Brandstifter.

Bald lernte er, via YouTube-Tags eigene Beiträge einer weitaus größeren Internetgemeinde unterzuschieben. Eines Tages saß ich neben ihm und verfolgte staunend, wie er Schlagwörter in seine Videos reinpackte, die so gar nichts mit dem Salafismus zu tun hatten: TV Total, Stefan Raab, Oliver Pocher – all die angesagten TV-Sendungen, -Stars und -Moderatoren. Ein Klick, und schon landete der User bei Lau anstatt beim eigentlichen Ziel.

Schon damals verfolgte mein Lehrmeister nur einen Plan: Die möglichst größte Aufmerksamkeit zu erlangen. Auf diese Weise machte sich unsere Moschee in kürzester Zeit einen Namen.

Immer neue Videos fanden sich im Netz: Brüder beim Grillen, Brüder im Tierpark. Brüder beim Schwimmen. Anfangs zog Lau die Rohdatei von der Kamera direkt auf YouTube. Die langweilige Machart der Beiträge führte jedoch bald zu kritischen Bemerkungen in der Szene: »Ihr Mönchengladbacher seid zwar cool«, so der Tenor, »aber eure Videos sind der größte Schrott.« Gefolgt von einem gutgemeinten Rat: »Professionalisiert euch mal ein bisschen!«

Die Worte wirkten. Die Gemeinde schaffte sich eine bessere Kamera an, und die kurzen Clips wurden nicht mehr so abrupt beendet, sondern mit weichen Ausgängen versehen. Zudem wurden die Videos mit arabischen Gesängen unterlegt, um sie atmosphärischer zu gestalten. Nichts anderes machen die Propagandisten der Dschihadis.

Allerdings brachte mich damals schon der Umstand auf die Palme, dass die Leute um Lau nie ein Skript erarbeiteten, bevor sie drehten. Die redeten einfach drauflos. Ohne Punkt und Komma. Was ich in einer Minute hätte zusammenfassen können, haben die in zehn Minuten heruntergebetet.

Die Stücke trieften vor ermüdenden Wiederholungen. Aber das war den Machern egal. Hauptsache, das Video wurde schön lang und strich viele Klicks ein. Auf mich hörte damals kaum einer, obwohl ich diese Kritikpunkte des Öfteren anbrachte. Mittlerweile haben Vogel und Lau ihre Fahrtrichtung geändert. Die Clips werden immer kürzer, weil kaum ein User auf YouTube noch ein Video bis zum Ende schaut.

Seinerzeit ersann Lau einen Trick, den er noch heute anwendet, um ahnungslose Leute im Netz anzulocken. Geschickt benutzte er den Tod eines Promis, um seine »Heilsbotschaft« in der Web-Gemeinde unterzubringen.

Als die Pop-Ikone Michael Jackson durch eine Überdosis Medikamente ums Leben kam, stellte er folgende Binse online: »Wir werden alle sterben. Nehmt besser den Islam an, bevor ihr sterbt.«

Nach dem schweren Skiunfall des Formel-1-Rekordweltmeisters Michael Schumacher warnte Lau in abstruser Rhetorik: »Fragt euch nach dem Sinn des Lebens, dies ist ein Zeichen für alle Betroffenen.« Und an alle Koma-Patienten gerichtet: »Und wenn Sie wach werden, sollten Sie sich ändern – auch Michael Schumacher.« Also: Auch Schumacher sollte für sein Seelenheil besser den Islam annehmen. Ein perfides Spiel der Salafisten auf Kosten eines schwerkranken, hilflosen Sportlers.

Lau lernte immer stärker zu polarisieren. Anders als Pierre Vogel taugte er zwar nicht zum Lautsprecher oder Einpeitscher. Sein Erfolg rührte daher, dass er das Gegenteil mimte: weich, einfühlsam. Zwar unbarmherzig, wenn es um die Sache ging, dennoch zurückhaltend gegenüber demjenigen, der sich seiner Sache noch nicht sicher war. Seine Vorträge glichen eher Appellen statt Attacken. Er lud ein, anstatt einzufordern.

Genau diese Auftritte machten ihn so gefährlich. Wie ein Wolf im Schafspelz fing er mit seiner emotionalen Tour im Web die Lämmer ein, die der kompromisslose Streiter Vogel nicht erreichte. Beide ergänzten sich in ihrer Art. Heute wie damals.

Vogel veränderte vieles bei uns Eicken. Der rheinische Ideologe brachte neuen Wind in die Gemeinde. Er impfte mir und anderen jungen Gläubigen mit Nachdruck die *Da'wa*-Mentalität ein. Die Missionsarbeit sollte Sinn und Zweck unseres Lebens sein. Daran ließ der Rheinländer keinen Zweifel. Nicht nur, dass er der erste deutsche Konvertit war, der Arabisch nahezu perfekt verstand und sprach. Zugleich pflanzte er auch dieses Boxer-Gen in uns ein. »Wir müssen den Islam in jedes Haus bringen.« Ein typischer Satz von ihm. »Wir müssen Deutschland verändern.«

Im Jahr 2007 fing Vogel an, uns die Missionsarbeit strukturiert nahezubringen. Es war quasi eine Art Einführungskurs für Islam-Anwerber. Eine Drücker-Kolonne, die auf die Straße ging oder Klinken putzen sollte, um die *Kuffar* zur Umkehr zu bewegen.

Vogel vermittelte uns entsprechende Taktiken, um ins Gespräch zu kommen: Wie redet man etwa mit einem Atheisten, wie mit einem Christen oder einem Agnostiker? Die Argumentationslinien fielen unterschiedlich aus: Dem Atheisten brauchte man erst gar nicht mit theologischen Widersprüchen zu kommen, weil er sich nicht für Unterschiede zwischen dem Christentum und anderen Religionen interessierte.

Mit ihm sprach der Rekrutierer dann besser über wissenschaftliche Erkenntnisse aus dem Koran. Dort steht etwa, dass es eine Scheidewand zwischen Salz- und Süßwasser gebe. Dann fragte man sein Gegenüber: »Wie konnte man das vor 1400 Jahren wissen?« Und lieferte sogleich die Antwort mit: »Einzig und allein durch göttliche Offenbarung.« Solche Schlussfolgerungen entbehrten nicht einer gewissen Logik – und funktionierten zuweilen. Manchmal brachten wir so sogar Atheisten ins Grübeln.

Vogel besaß kein sonderliches wissenschaftliches Knowhow. Er hatte sich jedoch ein sinniges Gerüst aus Glaubenslehre, Definitionen und Ableitungen für die *Da'wa* zusammengebaut.

Ich habe alles auswendig gelernt. Es waren immer dieselben salafistischen Glaubensgrundsätze. Was ist die Sunna? Wer ist ein Gefährte des Propheten? Wie hießen die Frauen des Propheten, wie seine Kinder? Was ist die erste Pflicht eines Menschen? Was bedeutet Iman (Glaube)? Und ganz wichtig: Wie interpretiert man die Botschaft? Ich habe diese Dinge wochenlang gepaukt.

Und zwar vor dem Hintergrund, mich fit zu machen für jedwede theologische Diskussion auf der Straße. Vielleicht kam da ja mal jemand, der im Christentum oder im Islam bewandert war. In solchen Situationen durfte man nicht untergehen. Die Basics waren wichtig, die Grundlagen mussten einem geläufig sein, um erfolgreich missionieren zu können. Diesen Satz bekamen wir immer wieder aufs Neue zu hören.

Vogel hielt uns ferner an, auch Bibelverse auswendig zu lernen, um an ihnen Widersprüche aufzeigen zu können. Die Devise war klar: Christliche Gesprächspartner sollten erkennen, dass der Koran – anders als die Bibel – keine Ungereimtheiten enthielt. Dieses Diktum entsprach zwar nicht der Wahrheit, spielte aber keine Rolle.

Denn es ging einzig darum, ein neues Schaf in der Salafisten-

Herde begrüßen zu können. Wie gesagt: Je mehr Menschen er bekehren konnte, desto mehr füllte sich das Lebenskonto des verantwortlichen Missionars. Dieselbe Masche wandten wir auch bei Moslems an. Auch sie sollten den wahren Glauben annehmen – den der Salafisten. Keine halbgaren Sachen mehr, nur noch Koran und *Sunna*.

Als ich im Jahr 2007 meinen Zivildienst in einem nahe gelegenen Krankenhaus begann, setzte ich meine Mission fort. Bei jeder sich bietenden Gelegenheit sprach ich Kollegen auf ihren Glauben an. Sei es in der Chirurgie oder in anderen Abteilungen – beinahe gebetsmühlenartig bearbeitete ich Klinikmitarbeiter. Allerdings mit durchwachsenem Erfolg.

Andererseits fühlte sich niemand durch meine religiösen Avancen belästigt oder nahm etwa daran Anstoß. Im Gegenteil – meine vorgesetzte Ärztin schätzte mich und meine Art. Aus Respekt vor meiner Einstellung vermied sie es, mir die Hand zu geben. Zum Freitagsgebet durfte ich eine längere Pause einlegen und meinen Dienst später wieder aufnehmen. Ich bekam sogar einen eigenen Gebetsraum in einem Vorratslager zugewiesen.

Bei jeder Gelegenheit versuchte ich, Kollegen und Vorgesetzte vom Islam zu überzeugen. Ich fing an, die Leute richtig zuzutexten. Ich rief Gleichnisse auf, machte ihnen klar, dass nichts in der Welt dem Zufall überlassen sei, sondern von Allah so eingerichtet worden war.

Später dann bauten wir oft Stände in Mönchengladbach, mitten in der City, vor der Theatergalerie auf. Unermüdlich suchten wir dort mit den Leuten ins Gespräch zu kommen. Wenn man mich nach dem Grund meiner Konversion fragte, begann ich sofort einen langen Vortrag zu halten. Die Sätze sprudelten einfach so aus mir heraus. Überzeugt von meiner Aufgabe, nahm mein Redefluss kein Ende. Ich habe oft folgende Schlussfolgerung verwendet: »Jeder Mensch ist auf der

Suche nach Glückseligkeit, die man im Vergänglichen jedoch nicht zu finden vermag. Jede Wohnung muss renoviert werden, jedes Auto repariert, jedes technische Gerät wird irgendwann überholt. Die Glückseligkeit liegt im Ewigen – bei Gott.«

Eines Tages zogen zirka 150 Hooligans von Borussia Mönchengladbach durch die Straßen. Trommelwirbelnd marschierten die Hardcore-Fans des Bundesligaclubs durch die Innenstadt. Uns drei Bärtigen ging buchstäblich der Arsch auf Grundeis, als wir die Typen kommen sahen.

Kaum erfassten sie die Lage, brüllte einer schon: »Ich steck euch 'ne Granate in den Arsch, ihr scheiß bärtigen Terroristen.« Und so ging es in einem fort. Ein Schimpfwort gab das andere. Vor lauter Angst fing ich an zu beten: »Lieber Gott, lass die einfach vorbeigehen!« Zum Glück passierte nichts. Der Fußball-Mob zog grölend weiter.

Normalerweise bereitete mir die *Da'wa*-Arbeit an den Ständen unheimlich viel Vergnügen. Es war eine herrliche Zeit, ein tolles Gefühl, wenn unsere Bemühungen bei dem einen oder anderen jungen Menschen fruchteten. Felsenfest glaubten wir daran, das Richtige zu tun: nämlich die Ungläubigen ins Paradies zu leiten.

Später sind wir durch die Viertel gegangen und haben die Leute direkt angesprochen. Es begann mit dem üblichen Geplänkel: »Haben Sie mal zwei Minuten?« Ein Nein kam nicht in Frage. Als wollte ich ein Abonnement verkaufen, lächelte ich mein Gegenüber dann an: »Ich möchte dich erst einmal beglückwünschen. Du wirst ins Paradies kommen!« Sagte ich und drückte ihm eine Broschüre oder eine DVD in die Hand. Im Anschluss fragte ich: »Warum betest du nicht?« Wenn er darauf einging, waren wir wieder einen Schritt weiter. Es war mühsam. Mich aber erfüllte die Missionsarbeit mit einer großen Zufriedenheit. Endlich hatte ich eine Aufgabe gefunden.

Irgendwann füllte ich meinen Rucksack mit DVDs und pilgerte durch den Wohnort meiner Mutter. In jeden Briefkästen warf ich eine Disc. Die Reaktionen fielen alles andere als positiv aus. Viele meinten nur: »Was ist das für ein Spinner?« Solche Anfeindungen prallten an mir ab wie ein Ball an einer Mauer. Es war mir piepegal, was diese *Kuffar* von mir dachten.

Hochzeit binnen einer Woche

Während das Salafisten-Zentrum in Eicken immer weiter expandierte, begann mich vor allen Dingen ein Thema zu beschäftigten: die Frauen. Nach der Trennung von Mona habe ich mitunter mit den Brüdern in der Moschee mehr über das andere Geschlecht debattiert als über unseren Glauben.

Kaum ein Tag verging, an dem ich nicht daran dachte, endlich zu heiraten, mich irgendwo in einer schönen Wohnung mit meiner Frau niederzulassen. Eine Familie gründen, Kinder kriegen – und nach Koran und *Sunna* leben. Mir schien es das Paradies auf Erden zu sein.

Aus heutiger Sicht klingen solche Vorstellungen mehr als spießig. Weib, Heim und Familie. Es waren jedoch jene Dinge, nach denen ich mich als 19-Jähriger am meisten sehnte. Ich war nun fast zwei Jahre dabei, rezitierte gut 30 Suren, zählte mittlerweile zum engeren Kreis um Sven Lau.

Was nun fehlte, war das Sahnehäubchen oben auf dem Mokka des Lebens. Eine Frau, eine Partnerin, die alles mit mir teilte: meinen Glauben, meine Wünsche, dazu Kinder, die zu gottgefälligen Salafisten erzogen werden sollten – all dies wünschte ich mir so sehr, dass mich im Frühling 2007 nur noch ein Gedanke beschäftigte: »Wo bekomme ich endlich eine Frau her?«

Vor meinem inneren Auge lief stets derselbe Film ab: eine Schnulze von der heilen Welt. Und ich mittendrin als Papa Musa.

Überkam mich die Langeweile, lief ich durch Möbelhäuser

und stellte mir vor, wie denn meine Traumwohnung aussehen könnte. Perfekt sollte alles sein: »ein Paradies auf Erden«. Dieser Wunsch ließ mich nicht mehr los.

Vermutlich spielte unterschwellig die Scheidungsgeschichte meiner Eltern mit. Ich wollte es besser machen, mein Leben selbst in die Hand nehmen. Die Gedanken an eine eigene Familie fühlten sich gut an. »Mensch, *Achi*«, eiferte ich mich zuweilen in Gesprächen mit den Brüdern. »Ich bete jetzt so lange darum, dass Gott mir eine Frau schickt, aber er erhört mich nicht. Warum nur, was mache ich falsch?« Mein Gegenüber beruhigte mich, legte mir sanft eine Hand auf meinen Arm: »*Sabr* (Geduld), *Achi*, du wirst sehen. Allah wird alles richten. Er hat etwas Besonderes mit dir vor.«

Geduld gehörte allerdings nicht zu meinen Stärken. Es fiel mir schwer, mich im Zaum zu halten und gleichmütig auf ein Zeichen des Allmächtigen zu warten. Mitunter machte ich ihn immer noch für das Fiasko mit meiner Ex-Freundin Mona verantwortlich. Seufzend erklärte ich meinem Bruder: »Hätte ich ihr doch mehr Freiraum gelassen.« Er aber schüttelte nur seinen Kopf: »Allah hat etwas Besseres für dich vorgesehen, glaube mir.«

Nur zu gerne hätte ich das getan, meine Unruhe wuchs inzwischen von Tag zu Tag. »Du musst es selbst anpacken«, sagte ich mir immerzu. Doch wie?

Für einen Salafisten ist es nicht so einfach, eine Partnerin zu finden. Es gibt da klare Regeln: kein Sex vor der Ehe. Ein Kontakt zu potentiellen Partnerinnen konnte nur über einen unverdächtigen Vermittler erfolgen – etwa unserem Imam, den Griechen. Zeigte die Braut Interesse, musste der Bräutigam bei ihrer Familie um deren Hand anhalten. Ein Kennenlernen durfte nur unter strenger Aufsicht erfolgen. Mit romantischem Turteln hatten diese Vorgaben wahrlich nichts zu tun, sondern nur mit dem, was in der Zeit der Altvorderen als schicklich galt.

Das machte meine Suche nach einer adäquaten Partnerin so schwer. Im Kreis der ledigen Brüder hingegen gab es nur ein Thema. Wir redeten fast nur über die Ehe, den Sex, die berühmten 72 Jungfrauen *(Huris)* im Paradies, die den gottesfürchtigen Mann am Ende aller Tage erwarten.

Oft genug tönte einer von uns: »Ich nehme mir vier Frauen, eine aus Asien, eine aus Europa, eine aus Afrika und eine aus Arabien.« Unsere Phantasien kannten keine Grenzen, wenn es um das andere Geschlecht ging. Oft diskutierten wir auch über die Rolle der Frau in der Ehe. Und bereits zu jenem frühen Zeitpunkt wollten mir einige Dinge nicht so recht in den Kopf.

Einerseits gilt unter Salafisten der Grundsatz, dass Frau und Mann die gleiche Stellung einnehmen. In dem Zusammenhang zitiere ich gerne den Koranvers: »Wer aber rechtschaffen handelt, ob Mann oder Frau, und dabei gläubig ist, jene werden dann in den (Paradies-)Garten eingehen, wo sie versorgt werden ohne Abrechnung.« (Koran 40:40)

Die Realität sieht aber anders aus: Bei jeder Kleinigkeit muss »sie« »ihn« um Erlaubnis fragen. Diese ungerechte Geschlechterteilung basiert auf einem *Hadith* aus der *Sunna*. In ebenjener Überlieferung sagt der Prophet, dass die Frau nur in Begleitung eines nahen Verwandten reisen darf, den sie nicht heiraten dürfte, beispielsweise ihr Bruder oder Vater. Schon bei Cousins hörte der Spaß auf, denn die dürfen bei Salafisten eine Ehe schließen.

Weitere Regeln schränken den weiblichen Freiraum noch mehr ein: Ohne Erlaubnis ihres Mannes darf seine Angetraute nicht das Haus verlassen. Ganz zu schweigen von den restriktiven Kleidungsvorschriften: Der Körper muss genauso verhüllt sein wie Kopf und Gesicht.

Damals haben wir immer über die *Kuffar*-Frauen auf der Straße gelästert: Sie alle wirkten unserer Meinung nach »unrein«. »Bei uns tragen sie Kopftuch«, deklamierten wir stolz die Predigten unserer Anführer, »hier dagegen leben alle Menschen dekadent. In unseren Ländern sind die Menschen zwar arm, aber trotzdem glücklich. Hier sind sie alle unglücklich und depressiv. Die bringen sich ja alle um. Die sind alle einsam, gehen alle fremd. Ehen dauern deshalb hier nicht so lange.« Das erzählten die Brüder in der Moschee. All diesen Unsinn habe ich wie selbstverständlich nachgeplappert.

Vor dem Hintergrund sollte meine Frau natürlich auch ein Kopftuch tragen. Irgendwann habe ich mal einem Bruder das Foto meiner ehemaligen Freundin gezeigt. Der meinte nur: »Das ist aber ein hübsches Mädchen. Sie sollte sich nur lieber bedecken, damit die fremden Männer ihren Reiz oder ihre Schönheit nicht in voller Pracht genießen können.« Ich schlug ihm lachend auf die Schulter: »Hast ja recht. Sollte ich eine Frau haben, so soll sie natürlich ihr Haar verhüllen.«

Ich wünschte mir das komplette Paket: Der Glauben und all das, was dazugehörte. Das perfekte Leben: ein rechtschaffener Mann zu sein, eine rechtschaffene Ehefrau zu haben, Kinder, schönes Haus, ordentlicher Auftritt. Der komplette Gegenentwurf zu meiner verkorksten Vergangenheit.

Anfangs stellte ich verwundert fest, dass viele Brüder aus intimsten Dingen kein Geheimnis machten. Von Scham keine Spur. Da war man sich unter den Männer einig: Der Islam kennt kein bigottes Gehabe. Der Prophet hat auch über Sex gesprochen, über Sperma, über die Vagina – einfach alles.

Selbst unser Imam, ein echter Hardliner, gab sich bei diesem Thema sehr offen. Zuweilen erinnerte der Grieche uns daran, wie man in der ersten Nacht nach der Hochzeit einer Jungfrau Schmerzen ersparen könne: »Indem man ihre Beine nach oben spreizt und vorsichtig in sie eindringt.«

Solche Ratschläge hörten sich schön und gut an. Bei mir jedenfalls überlagerte die Sehnsucht nach Geborgenheit mein starkes Bedürfnis nach Sex. Überall, wo ich hinkam, hatte ich das Gefühl zu stören. Weder meine Mutter noch meine Verwandten entwickelten großes Interesse daran, mich zu verstehen. Das galt auch für viele meiner Brüder in der Gemeinde. Schmerzhaft machte ich mir bewusst: »Die *Achis* sind alle verheiratet und ich nicht. Und die, die keine Ehe führen, haben wenigstens noch eine muslimische Familie. Dort kocht man immer *halal*, danach sitzt die ganze Sippschaft zusammen, tratscht, trinkt Tee – und ich geh nach Hause und bin ganz allein.« Da triefte mehr Selbstmitleid durch, als gut für mich war. Auf der anderen Seite muss zu meiner Verteidigung gesagt sein, dass ich seinerzeit gerade erst volljährig geworden war und wahrlich noch nicht den Stein der Weisen gefunden hatte.

Meine Maxime seinerzeit richtete sich danach, eine Partnerin fürs Leben zu finden. Und das gegen die anfänglichen Widerstände mancher Glaubensgenossen: »Du bist doch jetzt erst mit deiner Freundin auseinander, warte erst einmal ab. Such dir erst einmal eine Wohnung, such dir einen Job«, hieß es.

Ich hingegen wollte nur noch heiraten. »Dann kommt alles von allein«, so meine Hoffnung, »dann bin ich glücklich. Wenn ich heirate, wird sich alles von allein regeln.« Dann wäre ich nicht mehr einsam, dachte ich.

Einen Job zu suchen kam erst einmal nicht in Frage. Sollte doch der Staat meine Wohnung nebst Lebensunterhalt bezahlen. Das machten viele Brüder so. Warum nicht auch ich?

Mit meiner Frau hätte ich zusammen meinen Glauben gelebt. Wir hätten Nachkommen gezeugt, um die *Umma* zu vergrößern und gottesfürchtige Sprösslinge in die Welt zu setzen.

Sven Lau sagte in jener Phase zu mir: Guck mal, *Achi*, je mehr Kinder du in die Welt setzt, umso größer auch die Chance, dass da ein paar Rechtschaffene dabei sind.« Kopfnickend gab ich ihm recht: »Na klar, ist ja logisch.« Je mehr Kinder, desto größer dein Vermächtnis auf Erden, dein Verdienst, wenn du an der Pforte zum Paradies klopfst.

Zunächst fiel mein Blick auf eine Marokkanerin aus unserem Dorf in Giesenkirchen. Leila kannte ich noch aus Kindertagen. Über meinen Freund Rachid ließ ich bei ihr nachfragen, ob sie eventuell interessiert sei. Ihr Ja beflügelte meine Sinne. Schon wähnte ich mich am Ziel.

Die Hoffnung erwies sich jedoch als trügerisch: Im Monat Ramadan besuchte ich Leilas Familie zum nächtlichen Fastenbrechen: Ein Gericht nach dem anderen wurde aufgetischt. Ich platzte bald. »Mein Bauch quillt über«, sagte ich leise. Mein Freund Rachid raunte mir nur zu: »Mach weiter! Jetzt kommt doch erst das Hauptgericht.«

Irgendwann wischte sich der Vater des Mädchens genüsslich den Mund ab und sah mich prüfend an: »Warum bist du denn wirklich hier?«, wollte er wissen.

Ich sah ihm in die Augen: »Weil ich um die Hand deiner Tochter anhalten wollte.«

Er nickte wissend: »So etwas habe ich mir schon gedacht.«

Kurz darauf rief er Leila herunter zu den Männern.

Verschämt blickte sie zu mir hinüber. Wir setzen uns züchtig voneinander entfernt auf ein Sofa. Leilas Vater verkündete ihr meinen Antrag, und sie nickte nur wortlos.

Plötzlich tauchte ihre Mutter Amsah in der Tür zum Wohnzimmer auf. Sie wirkte wenig angetan von der Idee, einen arbeitslosen, deutschen Konvertiten zum Schwiegersohn zu bekommen. Schnippisch fragte sie ihre Tochter: »Was möchtest du denn?«

Die Antwort erfolgte prompt: »Ich möchte Musa heiraten.«

Amsah zog missbilligend die Augenbrauen hoch: »Warum das denn?«

Ganz hingerissen entgegnete Leila: »Für Allah.«

Da wurde es der Mutter zu bunt: »Du kannst doch auch beten und spenden für Allah, dann brauchst du den doch nicht heiraten!« Der Satz traf. Sie hatte noch nicht einmal meinen arabischen Namen in den Mund genommen. So als wäre ich ein Aussätziger, der in ihrem Hause nichts verloren hatte. Nach außen hin gab ich mich gleichmütig, innerlich brodelte es in mir.

Doch ich gab nicht auf. Kurz darauf suchte ich noch einmal Leilas Familie in der Angelegenheit auf. Die Mutter spielte auf Zeit: »Wenn Leila in drei Jahren ihr Abitur oder ihre Ausbildung gemacht hat, kannst du noch einmal wiederkommen.« Da hatte ich genug, drehte mich wütend um und verließ grußlos das Haus. Es war ein Rückschlag, nicht mehr. Sollten sie doch machen, was sie wollten. Ich hielt an meinem Entschluss fest. »Wenn nicht die, dann eben eine andere«, sagte ich mir.

Beinahe jeden in der Gemeinde habe ich fortan gefragt: »Kennst du nicht jemanden? Hast du nicht eine Cousine, die einen Mann sucht?« Das ging so weit, dass ich auch Moschee-Besucher aus anderen Städten ansprach, wenn sie eine große Familie hatten.

Die Moscheeführer reagierten schon genervt, wenn ich sie anflehte, mir doch endlich eine Partnerin zu vermitteln. Natürlich bin ich auch zu Sven Lau.

»Kannst du mir nicht helfen?«

Doch der Mann, der stets wusste, was zu tun war, beruhigte mich mit der ewig wiederkehrenden Phrase: »*Sabr, Achi*, Geduld, Allah wird schon die richtige Frau für dich finden.«

Der hatte ja gut reden, der war ja verheiratet, der hatte fünf Kinder, aber mir pressierte es damals. Allein schon aus sexuellen Gründen: Selbstbefriedigung ging nicht. Solche »Sünden« standen auf dem Index, waren *haram*.

Als gottesfürchtiger Muslim hatte ich mir auferlegt, alle Laster aufzugeben. Natürlich auch Sex vor der Ehe, wozu auch Selbstbefriedigung gehörte. Doch das klappte nur bedingt. Wenn ich wieder mal gegen mein Gelübde verstoßen hatte, überkam mich sofort die Reue: Ich bin unter die Dusche, um mich von dem »Schmutz« zu reinigen, habe mitunter bitterlich geweint. Frustriert warf ich mich in meinem Zimmer nieder. »Oh Allah, verzeih mir, ich mach das nie wieder«, betete ich wie ein Schuljunge, der zum ersten Mal Schokolade im Supermarkt geklaut hatte.

Verzweifelt versuchte ich meine Fehler wiedergutzumachen: Hier mal eine Spende von 100 Euro in die Moscheekasse oder auch mal für Bedürftige in Bosnien, da mal eine milde Gabe zum Opferfest.

Um Buße zu tun, versprach ich dem Allmächtigen, tagelang zu fasten. Beim ersten Mal hielt ich auch die angekündigten drei Tage durch. Mit der Zeit aber summierten sich meine Fehltritte auf mindestens 100 Fastentage – meist, weil ich gegen das Verbot verstoßen hatte, zu masturbieren.

Mit dem Problem stand ich beileibe nicht allein: Viele jüngere Brüder schauten sich Pornos an. Ein absolutes Tabu, trotzdem durchaus üblich in der Szene.

In jener Zeit genoss ich schon ein gewisses Ansehen in der Gemeinde. Zumal ich nicht so kompromisslos hart auftrat wie etwa unser führender Prediger, den ich den »Griechen« nenne. Der hätte den Sündern gehörig den Kopf gewaschen, hätte er davon erfahren.

Deshalb baten mich häufig andere Brüder um ein vertrauliches Gespräch. Mitunter überraschte es mich, wer sich da offenbarte. Nur zu gut erinnere ich mich an jenen äußerst tugendhaften Freund, der mich eines Tages wie einen Beichtvater ins Vertrauen zog. Wir hockten uns in eine Ecke des Gemeindekomplexes. Kaum dass wir saßen, sprudelte es aus ihm heraus: »*Achi*, ich habe ein Problem«, gestand er mit reuevoller Miene. »Was soll ich machen? Ich gucke mir solche Filme an und habe Phantasien.«

Innerlich musste ich grinsen: »Sieh mal einer an, du also auch«, schoss es mir durch den Kopf. Mit ernster Mimik erläuterte ich ihm dann, was er nun tun müsse, um wieder auf den rechten Weg zu gelangen. Es waren die üblichen Standardstrafen: fasten, spenden oder Suren aus dem Koran büffeln. »Damit du auf andere Gedanken kommst«, schärfte ich ihm ein. Er nickte dankbar und versprach, dass er »Allahs Wille nun bedingungslos folgen« werde.

Meinen Segen hatte er, obwohl ich an seinem Versprechen zweifelte. Ich wusste ja aus eigener Erfahrung, wie oft man wieder rückfällig wurde.

Manche Brüder haben sich sogar wegen ihrer Verstöße gegeißelt.

Das Thema Ehe verfolgte mich über Monate. Meine Partnerinnen-Suche entwickelte sich zu einer Manie. Bis ich im Sommer 2007 endlich fündig wurde.

Lena, eine deutsche Konvertitin, hatte ich bereits häufiger in der Stadt gesehen. Lange Kopfbedeckung bis zu den Oberschenkeln, schwarze, wallende Kleidung. Blaue Augen, helle Haut. Optisch wirkte sie nicht gerade wie Claudia Schiffer. Doch irgendwann trug mir jemand zu, dass sie auf der Suche nach einem Mann war. Seinerzeit besuchte sie die Moschee in Eicken und unterhielt vielfältige Kontakte zu anderen Schwestern.

Anfangs hatte ich die junge Frau anderen Brüdern empfohlen. Die aber erwiderten nur: »Nimm du sie doch!« Nach anfänglichem Zögern begann ich mich mit der Idee anzufreunden. »Warum eigentlich nicht? Treffen kann man sich ja mal – für Allah«, machte ich mir Mut.

Im August 2007 bat ich den Vorbeter unserer Gemeinde, für mich bei Lena zu intervenieren. Der Grieche stieß bei ihr zunächst allerdings auf Skepsis. »Der ist so jung«, gab die fast drei Jahre ältere Frau zu bedenken.

Letztlich aber ließ sie sich an einem Freitag zum salafistischen Stelldichein im Büro der Eickener Moschee überreden. Die Zusammenkunft erinnerte an eine Comedy-Show: Wir saßen Meter voneinander entfernt. Sie völlig verhüllt, ich völlig nervös, ein junger unerfahrener Spund, von der Ehe keine Ahnung, vom Leben ebenso wenig – und faselten belanglose Dinge daher:

»Wie stellst du dir denn die Ehe vor?«

Antwort: »Nach Koran und *Sunna*, und du?«

Antwort: »Dasselbe.«

Klar wollten wir beide Kinder. Und natürlich konnte sich jeder von uns beiden vorstellen, in ein islamisches Land auszuwandern, in dem nur der Koran, *Sunna* und die *Scharia* galten. Irgendwann, sicher.

Am Ende druckste Lena ein wenig herum, ehe sie fragte: »Was hältst du denn davon, wenn ich einen Gesichtsschleier trage?« Mein überraschtes Gesicht sprach wohl Bände. Ich war in Sachen Gleichberechtigung so liberal eingestellt, dass diese salafistische Sitte für mich kein Thema war. Schnell suchte ich mich zu fassen und setzte bei meiner Antwort eine ernste, gottesfürchtige Miene auf: »Deine Entscheidung. Aber wenn du ihn trägst, dann solltest du diesen Schritt durchhalten. Religion ist kein Spiel. Heute hü, morgen hott – das geht nicht. Wenn du dich dazu entschließt, dann muss es für immer sein.« Ehrfürchtig nickte sie nur, als habe just der Messias zu ihr gesprochen und nicht ein junger Einfaltspinsel, der sich wer weiß was auf sein Wissen und die 30 Suren einbildete, die er auswendig konnte.

Nach 10 Minuten gab der Grieche, der die ganze Zeit den Aufpasser gemimt hatte, das Zeichen zum Abschied.

Im Rausgehen flüsterte der Imam mir lächelnd zu: »Ist doch auch nur ein Mensch, oder?«

Enthusiastisch plapperte ich seinen Spruch nach: »Ja, auch nur ein Mensch.« Ich war sehr froh und dachte nur, »Hey, das geht irgendwie«. In dem Moment wähnte ich das Licht am Ende des Tunnels – endlich fand sich eine Frau zum Heiraten.

Über den Griechen bat ich Lena für den Dienstag danach um ein zweites Treffen – allerdings unter einer Bedingung: Ich wollte sie ohne Kopftuch sehen. Ein höchst umstrittener Punkt unter ultraorthodoxen Gelehrten. Während ein Teil nichts dagegen hat, verbieten die kompromisslosen Frömmler diesen Akt. Normalerweise gilt, dass die Frau sich erst nach dem Eheschluss dem Mann unverhüllt zeigen darf. Mir aber war es wichtig, vorher schon einen Eindruck von meiner Frau in spe zu gewinnen.

Lena willigte ein: Dienstagabend erwartete sie mich im Wohnzimmer des Vorbeters mit offenem Haar. Ihre geschminkten Wangen glühten vor Aufregung. Der Grieche und seine Gattin hörten unserem Gespräch hinter einer Trennwand zu.

Ich setzte mich Lena gegenüber aufs Sofa. Zuvor hatte ich mich mit einigen Brüdern abgestimmt, was ich noch alles abfragen sollte. Einen ganzen Katalog hatten wir entwickelt, darunter manches wirklich Schwachsinniges:

»Hast du irgendeinen Makel am Körper, von dem ich wissen sollte, vielleicht irgendeine große Narbe oder so etwas?«, erkundigte ich mich.

»Nee«, erwiderte Lena kichernd, »aber ein Tattoo auf der Schulter.«

Keine Fragen nach ihren Wünschen, nach ihren Vorlieben, nach ihrer Vergangenheit. Kein Liebesgeflüster, keine Treue-Schwüre oder gar eine Berührung. Nach 15 Minuten endete die Zusammenkunft. Ich erhob mich, verabschiedete mich und sagte dem Griechen beim Hinausgehen: »O.k., ich will sie, irgendwie wird das schon hinhauen.«

Klar war sie nicht meine Traumfrau. Ich wollte eigentlich eine attraktive Muslima an meiner Seite wissen. Die fand sich aber nicht, jedenfalls nicht so schnell. Und so ging ich einen Kompromiss ein, den wir beide später bereuen sollten. Der Imam überbrachte Lena meinen Antrag, den sie annahm. Am Freitag, also eine Woche nach der Premiere, sollte die Trauung in der Moschee stattfinden.

Viele Brüder beglückwünschten mich zu meinem Entschluss. Einzig Sven Lau nahm mich warnend beiseite: »Heirate sie nicht, das bist nicht du, diese Frau passt nicht zu dir. Du hast etwas anderes verdient.«

Doch ich schaltete auf stur. »Warum sollte ich nicht?«, meinte ich pampig. »Ich mach das für Allah.«

Lau schüttelte nur mit dem Kopf, aber mir war das gleich. Ich hielt mich für etwas Besonderes, für einen außergewöhnlichen Gläubigen, der für Allah seinen Drang aufgab, eine tolle Frau zu heiraten. Mein Entschluss erschien mir quasi wie ein Gottesopfer zu sein: »Wenn du etwas aufgibst für den Herrn im Himmel, dann gibt er dir etwas Besseres.« Somit füllte sich mein positives Lebenskonto wieder ein Stück weit auf. Ein tumber Gedankengang, der allerdings deutlich zeigt, wie weit mich mein fanatischer Glaube geführt hatte.

Natürlich war das Lena gegenüber nicht fair. Eher menschenverachtend bis zum Gehtnichtmehr. Aber Menschen zählten nur dann, wenn sie die Regeln befolgten. Oder man schnitzte sich auf dieser Basis eine blödsinnige, pseudo-religiöse Konstruktion zurecht, wie ich es seinerzeit tat.

Die Ehe-Zeremonie fiel äußerst schlicht aus: zwei Zeugen, ein Imam und eine Brautgabe. Das kann teuer werden. Die Höhe der Zuwendung zur Hochzeit legt die Braut fest. Theoretisch könnte sie auch sagen, ich will mein Körpergewicht in Gold aufgewogen wissen. Deshalb verschulden sich manche Familien bei solchen Gelegenheiten bis hinein in die Pleite.

Doch Lena verlangte nichts dergleichen. Und so kaufte ich ihr nur einen Ring für 30 Euro.

Am Freitag, nachdem wir uns das erste Mal gesprochen hatten, setzte ich mich in den Zug nach Mönchengladbach zu meiner Hochzeit. Ich bat Rachid, der mich zum Islam gebracht hatte, mich als Trauzeuge zu begleiten. Nervös wartete ich das Ende des Freitagsgebets ab. Danach stiegen wir mit dem Griechen die Treppe zu seinem Büro hoch. In einer kurzen Ansprache vollzog der Imam den Ehebund. Schwungvoll unterschrieb er eine Heiratsurkunde, fragte nach dem Ring – und entließ uns mit Allahs Segen. Kein Kuss mit der Braut, kein »ich liebe dich«, nichts dergleichen.

Dennoch war ich im siebten Himmel. Vor lauter Freude und Spannung bekam ich nur die Hälfte mit. Wie in Trance folgte ich den Trauzeugen die Treppe hinunter. Ein Auto wartete unten und kutschierte mich und Lena zu ihrer Wohnung.

Umgehend zog ich bei ihr ein. Die Zwei-Zimmer-Küche-Diele-Bad sahen wahrlich nicht nach einem Schloss aus. Aber mir war das egal: Endlich hatte ich eine Frau und ein Heim. Endlich. Und so setzten wir uns wie zwei fremde Menschen nebeneinander auf ihre Couch und redeten über jene Dinge, die wir schon längst hätten besprechen sollen: »Wer bist du? Wer bin ich? Was hast du bisher erlebt? Was ich?«

Lena machte gerade ein Praktikum als Altenpflegerin. Ihre erste Ehe mit einem Araber war alles andere als glücklich verlaufen. Unter der Trennung hatte sie schwer gelitten.

Er war es auch gewesen, durch den sie den ersten Kontakt zum Islam knüpfte. Nach der Scheidung lernte sie die Leute bei uns in der Moschee in Eicken kennen und geriet bald ins salafistische Fahrwasser.

Laut *Sunna* ist es erlaubt, wenn der Ehemann sich nach der Eheschließung drei Tage nicht in der Moschee sehen lässt. Denn eine islamische Ehe ist nur mit dem Geschlechtsverkehr vollzogen. Bei uns sollte es jedoch ein wenig länger dauern.

Anstatt uns zu lieben, fachsimpelten wir über Gelehrten-

Traktate oder Bücher einschlägiger salafistischer Theologen. Heute muten mich die damaligen Erörterungen bizarr und unheimlich an. Damals aber wäre ich nie auf die Idee gekommen, dass hier bereits etwas grundlegend falsch lief. Spätabends beteten wir zusammen und gingen ins Bett.

Tags darauf räumte ich bei meiner Mutter mein Zimmer aus. Die wenigen Klamotten und meine Bücher passten fast in zwei Taschen. Meine Mutter fragte nicht viel. Die Nachricht von meinem Auszug nahm sie gefasst auf: »Wie, du heiratest?«, hatte sie gefragt. Auf mein Nicken hin verlor sie kaum Worte. Sie erkundigte sich noch nicht mal, wer denn meine Frau sei.

Umso schöner fiel die große Feier zu unseren Ehren am folgenden Wochenende aus: Zur sogenannten »Walima« trat der Leipziger Geistliche Hassan Dabbagh bei uns im Gebetshaus auf. Zu meinem großen Glück predigte er über die Ehe an sich. Nichts bewegte mich mehr als dieses Thema. Beseelt wähnte ich mich am Ziel: »Mensch, das ist es. Ich habe auf vieles verzichtet und bekomme nun eine gesegnete Ehe.«

Was gab es Schöneres, als dass mein Lieblingsgelehrter das »Wort zum Sonntag« hielt. Die Frauen tafelten oben auf der Galerie, die Männer strikt getrennt unten im Gebetsraum. Die Brüder überhäuften uns mit Geschenken. »Was für ein Segen«, jubelte ich lauthals. Einfach wunderbar, das Paradies nahte. So zumindest sahen meine Erwartungen aus. Wie sich jedoch später herausstellen sollte, begann von da ab für mich eine eheliche Hölle.

Die große Wallfahrt mit Pierre Vogel

Ein grausiger Zufall fügte es, dass just im September 2015, als ich meine große Pilgerreise (*Hadsch*) nach Mekka aufschreibe, mehr als 700 Gläubige bei einer Massenpanik an der berühmt-berüchtigten Dschmarat-Brücke der Heiligen Stadt ums Leben kamen.

Genau denselben Weg bin auch ich gegangen. Inmitten von Hunderttausenden zog ich acht Jahre zuvor über eine der Brücken hin zu den riesigen Stelen, um sie mit kleinen Kieselsteinen zu bewerfen. So wie es der Urvater Abraham getan hatte, als ihn der Teufel an jener Stelle in Versuchung führen wollte.

Wer einmal selbst den höchsten Moment im Leben eines Muslims erlebt hat, den lassen solche Unglücks-Bilder nicht kalt. Es ist furchtbar, einfach grauenhaft. Zugleich weckten die Geschehnisse in mir zahlreiche Erinnerungen an meinen *Hadsch*, an unvergleichliche Tage, an denen ich mich Gott so nahe wie nirgends sonst gefühlt habe.

Nur bekleidet mit zwei weißen, ungesäumten Tüchern, so wie es Vorschrift ist, reihte ich mich ein in den riesigen Pilgerstrom, der nach einem klar festgelegten Ablauf die Heiligen Stätten in der Wüste Saudi-Arabiens aufsuchte. Ich habe dort geweint vor Glück, als hätte ich bereits die Pforten zum Paradies aufgestoßen. Für einen jungen Mann im Alter von gerade einmal 19 Jahren ein unvergessliches Erlebnis. Nach meiner Rückkehr durfte ich den Ehrentitel eines *Hāddsch* tragen.

Einmal im Leben muss jeder erwachsene Muslim – ganz gleich ob Mann oder Frau – nach Mekka pilgern. Der *Hadsch* bildet die fünfte Säule im Islam: Neben dem Glaubensbekenntnis zu Allah und seinem Propheten Mohammed, den täglichen fünf Gebeten, der Barmherzigkeit gegenüber den Bedürftigen sowie dem Fasten im Monat Ramadan, fordert der Koran in Sure 3, Vers 97: »Und die Menschen sind Gott gegenüber verpflichtet, die Wallfahrt nach dem Haus zu machen – soweit sie dazu eine Möglichkeit finden.« Will sagen: sofern sie es sich leisten können.

Und genau das stellte seinerzeit im Sommer 2007 mein eigentliches Problem dar. Pilgern war und ist ein teures Vergnügen. Damals sollte so eine dreiwöchige Reise bis zu 5000 Euro kosten: Flüge, Übernachtungen in Mekka und später dann in der zweiten Heiligen Stadt Medina – keine billige Angelegenheit. Als Noch-Zivi fehlten mir die Mittel. Zwar sollte mir mit Dienstende im Herbst eine Prämie zustehen, aber es reichte nicht für eine große Pilgerreise.

In Mönchengladbach-Eicken schwärmten Wallfahrer wie Sven Lau von den einzigartigen Erlebnissen vor Ort: »Musa, es ist das Höchste für einen Muslim, den *Hadsch* gemacht zu haben. Du solltest viele Bittgebete sprechen, damit du es dorthin schaffst und gereinigt wiederkehren kannst.« Ich nickte ihm verständnisvoll zu.

Ich wusste nur zu gut, was er mit seinen Worten meinte. Richtig ausgeführt, befreie eine Pilgerreise den Gläubigen von allen Sünden. »Er kommt wie neugeboren wieder nach Hause«, lautete einer der oft zitierten Aussprüche der Brüder.

Laus Erzählungen über Mekka ließen mich nicht mehr los. Er hatte mir einen Floh ins Ohr gesetzt mit seinen Geschichten über den *ihrām*, einen Weihezustand, in dem man sich weder rasieren noch kämmen noch Haare oder Nägel schneiden durfte. Gemäß *Sunna* mussten Frauen sich in jener Phase nicht verschleiern oder Handschuhe tragen.

Begierig lauschte ich anderen Gemeindemitgliedern, wenn

sie von der Hitze in der Wüste sprachen, vom Berg Arafat, von der Großen Moschee, von Millionen von Gläubigen, die sich alljährlich während des Monats *Dhu l-Hiddscha* zwischen dem achten und zwölften Tag wie ein riesiger, weißer Lindwurm durch Straßen und über Plätze Mekkas wälzten.

Doch woher das Geld für den heiligen Trip nehmen und nicht stehlen? Wie schon während meiner Brautschau wusste letztlich der Grieche, der Vorbeter unserer Gemeinde, Rat.

»Musa«, kam er eines Tages zu mir, »ich glaube, es gibt eine Lösung für dein finanzielles Problem. Du kennst doch sicher noch Muhamed Ciftci?« Natürlich erinnerte ich mich an den prominenten Prediger.

Ciftci galt damals in der Salafisten-Szene als ein großer Gelehrter. Sein Vater gehörte zu den Gründern der ultrakonservativen türkischen Organisation Milli Görus in Deutschland. In Braunschweig geboren, hatte er acht Jahre im saudi-arabischen Medina islamische Rechtswissenschaften studiert. Im Jahr 2006 übernahm Ciftci den Imam-Posten an einer Salafisten-Moschee in Braunschweig.

Vor einiger Zeit hatte er unsere Gemeinde besucht und einen Vortrag gehalten. Eine außergewöhnliche Ehre für unser Haus, denn solche versierten Geistlichen hatten wir nicht alle Tage zu Gast. Wie so oft bei solchen Gelegenheiten saß ich in der ersten Reihe. Notizblock und Stift in der Hand und notierte fleißig, was Ciftci zu sagen hatte. In seinem Referat hielt er uns zur *Da'wa*-Arbeit an: »Geht auf die Straße und bringt den Islam zu den Menschen!« Seine Tonlage blieb während des gesamten Vortrags gleich. Keine Aufs und Abs, keine Spannungsbögen, wie sie andere Prediger gerne einbauten. Keine Witze, keine radikalen Ausfälle gegen die *Kuffar*, um die Zuhörer bei Laune zu halten.

Nüchtern bis etwas monoton dozierte er über den Sinn und Zweck islamischer Mission. Am Ende schaute er prüfend in die Runde: »Habt ihr alles verstanden?« Unser pflichteifriges Nicken nahm er auf wie ein gestrenger und doch gütiger Vater.

Von Anfang an mochte ich seine Art: Er wirkte geerdet, ruhig, bescheiden. Als ich ihn später näher kennenlernte, fielen mir bald die Unterschiede zu den Moscheegrößen unserer Gemeinde ins Auge. Im Gegensatz zu ihnen hatte Ciftci einen Plan. Er agierte stets geradeaus, wusste genau, was er wollte. Diszipliniert und strukturiert vermied der Gelehrte in seinen Abhandlungen jegliches Palaver. In Sachen *Da'wa*-Arbeit avancierte er bald zu meinem Vorbild.

Durch seinen langjährigen Aufenthalt in Medina verfügte Ciftci über zahlreiche Kontakte zu potentiellen Geldgebern in Saudi-Arabien, die Missionsprojekte unterstützten, um das archaische Islam-Modell des Ölstaates weit hinaus in die Welt zu tragen.

Neben seiner Lehrtätigkeit organisierte Ciftci *Hadsch*-Reisen, darunter mit Hilfe saudisch-religiöser Hilfswerke auch spezielle Touren für mittellose Konvertiten aus dem Westen: »Du musst nur auf einer Seite deinen Werdegang aufschreiben und einen Antrag auf einen Zuschuss stellen«, sagte mir der Grieche. Wenn alles gutging, sollte ich etwa 850 Euro beisteuern – dann durfte ich pilgern.

Ich mochte es zuerst gar nicht glauben: »Das ist der Hauptgewinn. Musa auf dem *Hadsch*«, schoss es mir durch den Kopf. Dass ich den Griechen nicht umarmte, war auch alles.

Zwei Monate später heiratete ich auf seine Vermittlung hin Lena, die drei Jahre ältere Konvertitin. Schon im ersten Brautgespräch hatte ich ihr von meinem *Hadsch*-Projekt erzählt. Sie reagierte begeistert: »Das ist toll, Musa, das ist eine große Ehre auch für mich.« Lena machte nie viele Worte, aber mein Plan machte sie sichtlich stolz. Wer hatte schon einen Gatten, der sich bereits in so jungen Jahren höchste religiöse Meriten verdiente? So viele Männer gab es nicht in unserer Gemeinde, die schon in Mekka gewesen waren. Umso angesehener waren jene, die das Abenteuer hinter sich gebracht hatten.

Natürlich wollte meine Frau in spe wissen, wie ich »dieses Wunder« zuwege gebracht hatte. »Ciftci macht's möglich.« Mein Grinsen wirkte ansteckend. Lena begann ebenfalls zu lächeln, unter den wachsamen Augen unseres Aufpassers rückte sie ein wenig näher zu mir.

Die Tage vergingen rasend schnell, der Termin der Abreise näherte sich, und mit ihm wuchs meine Angst vorm Fliegen. Ich weiß nicht, woher meine Furcht rührte, schließlich hatte ich noch nie zuvor in einem Flugzeug gesessen. Je näher aber der Aufbruch rückte, desto stärker beschlich mich Panik. Wenn es ganz arg wurde, beruhigte ich mich mit dem Spruch: »Scheißegal, wenn du abstürzt. Denn dann bist du auf dem *Hadsch* als sündenfreier Mensch gestorben und dir winkt das Paradies.«

Kurz vor meiner Abreise besuchte ich meine Familie in Giesenkirchen:

»Ich werde jetzt bald pilgern«, verkündete ich stolz. Diese Nachricht stieß allerdings nur auf gebremstes Interesse.

Meine Mutter sagte nur: »Junge, pass auf dich auf – nicht, dass dir etwas passiert.«

Einzig meine Großmutter fand die Idee nicht schlecht: »Interessant«, sagte sie, »ich bin auch schon mal nach Rom gepilgert, um den Papst zu sehen.«

»Wie lange fliegt man denn nach Mekka?«, wollte meine Großtante wissen. Dass die Heilige Stadt gar keinen Flughafen besitzt, wusste sie natürlich nicht. Aber was soll's. Irgendwie war es mir wichtig, meinen Angehörigen von meiner großen Fahrt zu erzählen.

Mitte Dezember 2007, frühmorgens um sechs Uhr, stand ich auf dem Bahnsteig in Mönchengladbach-Hauptbahnhof und wartete auf den ICE nach Frankfurt-Flughafen. In der Dunkelheit warfen die Lampen Schatten auf den Asphalt: Es war kalt, fröstelnd zog ich die Jacke enger. Mit dem Koffer in der Hand schlenderte ich umher, um mich ein wenig aufzuwärmen.

Meine Gedanken kreisten um Lena. Vor kurzem hatte sie mir offenbart, dass sie guter Hoffnung sei.

»Zweiter Monat«, hatte sie gesagt. »Freust du dich?«

»Mannomann«, rief ich euphorisch aus, »das ist ja wunderbar! Allah hat meine Gebete erhört.«

Glücklich nahm ich sie in den Arm, küsste sie auf den Mund und begann zu erzählen, was wir nun tun würden. Welch wunderbarer Muslim unser Baby werden würde. Es sprudelte geradezu aus mir heraus: »Egal, ob es ein Junge oder ein Mädchen wird. Er oder sie wird das Licht unseres Lebens sein.« Endlich waren wir eine richtige Familie, dachte ich bei mir. »Endlich.«

Ein eisiger Wind pfiff über den Bahnsteig. Er passte zu meiner Stimmung. »Eine Familie«, dachte ich sarkastisch, »sind wir das wirklich?« Der Abschied vor gut einer halben Stunde war seltsam unterkühlt verlaufen. Vielleicht lag es auch an der frühen Morgenstunde, aber Lena hatte mir nur ein paar kurze Abschiedsworte zugeworfen. »Viel Spaß, möge Allah dich annehmen.« Ein flüchtiger Kuss, dann hatte sie sich wieder ins Bett verkrochen.

Enttäuscht redete ich mir ein, dass sie mich nicht wirklich zu vermissen schien. Drei Wochen große Fahrt, und so ein oberflächlicher Abschied. Erstmals setzten sich bei mir Zweifel fest. »Das kann ja heiter werden«, flüsterte ich sarkastisch, als der Zug einfuhr.

Mein Ärger verflog, als der Schaffner Frankfurt/Airport aufrief: Gespannt auf die Reisegruppe, folgte ich den Hinweisen zum Check-in nach Dschidda, der Hauptstadt Saudi-Arabiens. Dort entdeckte ich meine Gefährten für die nächsten drei Wochen. Es handelte sich um knapp drei Dutzend Konvertiten aus der ganzen Republik. Männer und Frauen. Die

Reisegruppe hatte Muhamed Ciftci organisiert. Er selbst war mit anderen Pilgern schon vorgeflogen.

Überrascht stellte ich fest, dass auch sieben Hardcore-Islamisten um den Bremer René Marc S. mit von der Partie waren. René hatte ich schon während eines Zivi-Lehrgangs in der Hansestadt getroffen. Schon damals waren mir seine abfälligen Bemerkungen über die viel zu weiche Gangart der meisten salafistischen Prediger auf die Nerven gefallen. »Und mit dem Typen sollte ich nun 21 Tage zusammen reisen?« Ein Schauder durchfuhr mich bei diesem Gedanken. Viel Zeit zu überlegen blieb mir jedoch nicht. Unser Reiseführer namens Sami kam lächelnd auf mich zu. Er war Tunesier, hatte den Islam bei einem großen Gelehrten in den Niederlanden eingehend studiert. Zugleich diente er der Gruppe als Dolmetscher. Er war mir gleich sympathisch.

Freundlich begrüßte Sami mich mit einem »Salam Aleikum«. Nach meiner Erwiderung stellte er mich den anderen vor. René warf mir einen abschätzigen Blick zu und nickte dann. Ich war aber viel zu nervös, um mich daran zu stören. Schon während der Zugfahrt hatte mich erneut die Flugangst ergriffen.

Bei der Sicherheitskontrolle am Airport konnte ich den Anweisungen des Personals kaum folgen. Erst als der Jet abhob, begann ich mich zu entspannen. Urplötzlich wich meine Furcht der Erwartung auf das, was da nun kommen mochte.

Kurz vor der Landung legten wir unseren *ihram* an, zwei einfache, weiße Tücher. Eines, mit dem sich der Gläubige zwischen Bauchnabel und Knien bedeckt. Und eines, das man über die Schultern legt, um Brust und Rücken zu verhüllen. Mit diesem Akt begibt sich der Pilger in den Weihe-Zustand.

Als wir den Flieger verließen, setzten uns eine unglaubliche Hitze und die hohe Luftfeuchtigkeit gehörig zu. Selbst das Atmen fiel uns schwer.

Mit dem Bus ging es die hundert Kilometer weiter zu unserem eigentlichen Ziel: Mekka al-Mukarramah, der Heiligen Stadt des Islam. Der Kernpunkt islamischer Spiritualität ist ein unwirtlicher und abweisender Ort. Kühl im Winter, unerträglich heiß im Sommer. Eine Betonwüste, eine Stadt ohne Grün, ohne Zwischenräume, ohne Rast- und Ruhezonen. Und doch barg die religiöse Kapitale aller Muslime für mich eine große Verheißung.

Die Metropole, die normalerweise gut eine Million Bewohner zählte, schwoll in Zeiten der großen Pilgerfahrt auf das Dreifache an. Die Wallfahrer kamen aus mehr als 150 Ländern. Im Zentrum, an der Großen Moschee, in deren Mitte das islamische Heiligtum, die *Kaaba* steht, erheben sich Luxushotels und Wolkenkratzer, darunter der Uhrturm von Mekka, das dritthöchste Gebäude der Welt. Hier feiert sich, in Marmor und in Blattgold, das Königreich Saudi-Arabien als Zentrum der islamischen Welt.

Unser Hotel kannte solchen Luxus nicht. Vielmehr hausten wir in einem großen Raum mit zahlreichen Doppelbetten. Die Frauen aus unserer Gruppe logierten in einem separaten Zimmer. Gerade einmal zwei Toiletten standen den Gästen zur Verfügung.

Keiner beschwerte sich, ausgenommen die »*Takfiri*-Bande«. Mit diesem Namen bezeichnete ich die Bremer Hardliner. *Takfir* ist das Prinzip, einen Muslim oder eine Gruppe von Muslimen der Apostasie zu bezichtigen und zu Ungläubigen zu erklären. Das tat die Gruppe um René liebend gern, aber dazu später mehr. Sie motzten lautstark über die angeblich unzulänglichen Gegebenheiten. Insgeheim mahnte ich mich zur Ruhe: »*Sabr*, du bist auf dem *Hadsch*.« Ich wollte doch meine Sünden loswerden. Das konnte nur derjenige, der nicht lästerte, nicht log, weder schimpfte noch den anderen verunglimpfte. Wer einen *Hadsch* ohne Sünden oder Fehler vollzieht, kehrt wie ein neugeborener Säugling zurück, so steht es in einem *Hadith*. Also übte ich mich schweigend in Geduld.

Alsbald legten wir unsere Sachen ab und machten uns umgehend auf den Weg zur heiligen Moschee in Mekka. Wir hatten noch ein paar Tage Zeit, ehe es ernst wurde. Somit begannen wir unseren Aufenthalt mit einer kleinen Pilgerfahrt, der *Umrah*, als Vorbereitung zum großen Event.

Der *Hadsch*-Termin folgt dem islamischen Mondkalender und rückt deshalb in seinem gregorianischen Pendant jedes Jahr um etwa zehn Tage weiter nach vorne, also die nächsten Jahre in die Sommermonate hinein. Das heißt, bei 50 Grad in gleißender Sonne tagelang zu pilgern.

Die große Wallfahrt startet am 8. des Monats *Dhu l-Hiddscha* in Mekka und mit dem Gang nach Mina. Dort übernachten die Gläubigen. Am nächsten Morgen brechen sie dann in Richtung der Ebene Arafāt, 20 Kilometer südöstlich von Mekka, zum Berg der Barmherzigkeit auf.

Es ist der Höhepunkt der Pilger-Tour: Stehend bitten sie dort Gott um Vergebung. Nach dem Sonnenuntergang begeben sich die Wallfahrer nach Muzdalifa, um dort unter freiem Himmel den Tagesanbruch zu erwarten.

Bei den ersten Sonnenstrahlen am 10. *Dhu l-Hiddscha* brechen die Scharen erneut nach Mina auf. Dort steinigen die Gläubigen symbolisch den Teufel, indem sie sieben (oder ein Vielfaches davon wie 49 oder 70) kleine Steine auf die *Dschamarat al-Aqaba*, die großen Teufels-Säulen, werfen.

Nach dem Opferfest, bei dem Pilger Tiere schlachten lassen, um den Hauptteil den Armen zu schenken, kehren die Reisenden zurück nach Mekka. Dort umkreisen sie die *Kaaba*, einen würfelartigen, schwarzen Stein. Sieben Mal schreiten sie entgegen dem Uhrzeigersinn um das höchste Heiligtum des Islam. Auf diese Weise vollziehen sie den sogenannten *Tawaf*. Die ersten drei Umrundungen sollen im Laufschritt zurückgelegt werden, bei jedem Passieren sollte der schwarze Stein geküsst oder berührt werden. Wer dies wegen des Gedränges nicht vermag, soll die Hand in seine Richtung ausstrecken. Nach dem Ende des Rundlaufs ist ein Gebet mit zwei *Rak'as* (Gebetseinheiten) zu verrichten.

Darauf folgt der siebenmalige Gang zwischen den beiden Hügeln Safa und Marwa, mit dem die erfolgreiche Suche nach Wasser durch die Frau des Propheten Abraham nachempfunden wird.

Unsere Herberge lag etwa fünf Kilometer von der *Kaaba* entfernt. Der *Hadsch* sollte erst in ein paar Tagen beginnen, insofern blieb noch – wie gesagt – Zeit für eine kleine Pilgerfahrt, die *Umrah*: Das Taxi in Mekka kostete nur einen Appel und ein Ei. An normalen Tagen zahlten wir gerade mal einen Euro, um zum heiligen Bezirk rund um die *Kaaba* zu gelangen.

Meine Begeisterung kannte keine Grenzen. Wie in Trance bewegte ich mich inmitten Hunderttausender Gleichgesinnter rund um den sakralen Mittelpunkt meiner Religion. Ich konnte es kaum fassen, hier zu sein. Von Runde zu Runde suchte ich der *Kaaba* näher zu kommen. Wenn möglich wollte ich sie berühren, so wie es der Prophet den Überlieferungen zufolge auch getan hatte. Tränen rannen mir herunter, ich heulte wie ein Schlosshund, dankte Allah dafür, »dass du mich zu diesem Ort gebracht hast«.

Plötzlich ertönte der *Athan*, der Gebetsruf. Und zwar so laut und eingängig, wie ich ihn nur von YouTube her kannte. Die gesamte Szenerie war beeindruckend, total intensiv, einfach Gänsehaut pur.

Danach liefen Sami und ich zwischen den Bergen Saffa und Marwa ebenfalls sieben Mal hin und her – im Gedenken an die Frau Abrahams. Zu guter Letzt ließen wir unsere Haare kürzen. Normalerweise wäre ein Glatzenhaarschnitt besser gewesen. Da aber in wenigen Tagen der *Hadsch* anstand, der

Gleiches forderte, ließen wir einen Teil der Haare stehen, um die größtmögliche Belohnung einzuheimsen.

Zurück im Hotel, konnten wir unsere Tücher wieder gegen arabische Gewänder eintauschen. Nach meinen Gebeten in der heiligen Moschee führte mich meine Vorliebe für Parfüms in den Bazar der Stadt. Für die Einheimischen war ich eine Attraktion. Ein blonder, blauäugiger Muslim, der durch Mekka stolzierte, als wäre es das Normalste von der Welt.

Nach dem gegenseitigen Friedensgruß folgte immer dieselbe Frage: »Bist du Muslim?« Höflich bejahte ich die Frage: »*Naam.*« Das führte natürlich zu einer weiteren Frage: »Und deine Eltern?« Darauf gab es immer die gleiche Antwort: »*Nassara*«, was auf Arabisch »Christen« bedeutet. »*Mascha-Allah*«, lautete es dann ein wenig bedauernd. »Was soll's.« Hauptsache, Musa, der Deutsche, folgte dem rechten Weg. Viele Männer steckten mir irgendetwas zu. Meistens war es ein kleines Parfümfläschchen.

Ehrlich gesagt konnte es mir nicht besser gehen. Ich fühlte mich super. Einige Leute wollten mit ihren Handys Selfies mit mir machen. Eigentlich waren ja solche Fotos *haram*, aber für Murad, den Besitzer einer Parfümerie, machte ich eine Ausnahme. Vollgepackt mit allerlei Präsenten, trat ich den Rückweg zu unserer Gruppe an.

Oft trafen wir uns abends im Hotel, in dem Muhamed Ciftci mit seiner besser betuchten Reisegesellschaft wohnte. Im Gegensatz zu uns hatten sie hier Halbpension. Täglich verkehrte ein Shuttle-Bus zwischen dem Heiligen Bezirk und der Unterkunft. Im Hotel hielt Ciftci häufig Vorträge über den *Hadsch* und die Zeit danach ab. Im Kern ging es um die Orte, die wir in den nächsten Tagen besuchen wollten.

Zur Gruppe zählte auch Pierre Vogel. Seit unserem letzten Interview vor der Kamera war einige Zeit vergangen. Ich hatte ihn ein wenig aus den Augen verloren.

Vogel gab den Motivator der deutschen Wallfahrer. Immer wieder spornte er uns an: »Ergreift jede Möglichkeit, gute Taten zu tun«, eiferte der Ex-Boxer.

An einem Tag besuchte uns Vogel in unserer Herberge. Er setzte sich im Aufenthaltsraum etwas erhöht auf eine Art Podest. Unsere Gruppe bildete einen Halbkreis um ihn herum. Anfangs erkundigte er sich nach unseren ersten Eindrücken aus Mekka. Bald aber wechselte er das Thema. Irgendjemand hatte ihm von meiner Hochzeit erzählt.

Da er seinerzeit meinen monatelangen Frust über die gescheiterte Liebe zu meiner früheren Freundin Mona mitbekommen hatte, machte er sich nun vor versammelter Mannschaft in seinem typisch rheinischen Slang über mich lustig: »Wie, Musa. Hasse nu endlich jehierod, wie viele Frauen hasse denn jetzt?« Gelächter. Die meisten fanden seine Bemerkung über meine Heirat witzig. Manche schwiegen betreten.

Ich schaute ihn wütend an. »Das war ja wohl das Letzte. Als ob ich ein Schwerenöter wäre, der alle Frauen flachlegt«, schimpfte ich insgeheim. »Was bildete sich dieser Kerl denn ein, so über mich herzuziehen?« Ich schäumte regelrecht. »Der Typ hat keinen Respekt. Dass er es wagt, mir vor versammelter Gruppe so einen Spruch reinzudrücken. Und das bei einem *Hadsch*! Er hat keine Ahnung vom Islam, der achtet niemanden außer sich selbst. Er widert mich an.« Solche Dinge schwirrten mir durch den Kopf. Fast von Sinnen vor Zorn suchte ich nach einer passenden Replik. Somit ließ ich die Schmähungen über mich ergehen. Nach außen hin blieb ich still, ja richtig cool.

»*Sabr*, Musa, *Sabr*. Denk an deine Sünden.« Permanent wiederholte ich in Gedanken diesen Spruch, bis mein Zorn verraucht war. Vergessen habe ich Vogel diese Kränkung hingegen bis heute nicht.

Allerdings kamen tags darauf weitaus größere Probleme auf

mich zu als mein verletzter Stolz. Wieder einmal fuhren wir per Taxi zum Heiligen Bezirk. Fast in der Großen Moschee angekommen, fiel mir auf, dass mein Portemonnaie fehlte – und mit ihm all mein Bargeld in Höhe von 800 Euro. Eilig hastete ich zurück zum Taxistand. Als ich den Fahrer nach meiner Geldbörse fragte, schüttelte er nur achselzuckend seinen Kopf. In seinem gebrochenen Englisch beteuerte er mit Unschuldsmiene: »No money, no wallet.« Kein Geld, keine Brieftasche wollte er gesehen haben.

Danach bestieg er sein Auto und rauschte von dannen. Ich war mir sicher, dass er gelogen hatte, aber was sollte ich tun? Es erschien mir unsinnig, die Polizei einzuschalten. Das war ein völlig fremdes Land, dessen Sprache ich bis auf ein paar arabische Brocken gar nicht beherrschte. Vermutlich war ich auch nicht der einzige Pilger, den die guten Bürger von Mekka ausgenommen hatten. »Und das war nun also der heiligste aller Orte in der Welt«, murmelte ich angesäuert vor mich hin. »Was für Muslime …«

Da stand ich nun ohne einen Cent. Was sollte ich tun? Den *Hadsch* konnte ich vergessen. »Am besten, du nimmst dein Ticket und fliegst nach Hause«, dachte ich niedergeschlagen.

Es dauerte ein wenig, bis ich mich wieder fassen konnte. Ein Teil der Zuversicht kehrte wieder, indem ich mir einredete: »Allah prüft dich, weil er dich besonders liebt, um deine Belohnung zu vergrößern.«

Und als wäre ich ein Prophet, löste sich abends bei meiner Rückkehr in unsere Herberge mein finanzielles Dilemma wie von selbst. Ich sah, wie die Brüder miteinander tuschelten und immer wieder zu mir herüberschauten. Sami, unser Führer, nahm mich dann in den Arm und sagte: »Komm mal mit, Musa.« Ich ahnte schon, was kommen würde. Die Brüder hatten untereinander Geld für mich gesammelt. Knapp 700 Euro. Ich konnte mein Glück kaum fassen: »Ihr seid wahnsinnig, so viel Geld, so ein Opfer, das ihr bringt! Möge Allah euch segnen.« Lächelnd schlug sie mir auf die Schulter und wünschten mir im Gegenzug die Liebe Gottes. Mein Herz klopfte bis zum Hals. Ich war so stolz und dankbar, ein Teil dieser großartigen islamischen »Familie« zu sein.

Später nahm mich einer der *Achis* beiseite und bot mir an, auch die restlichen 100 Euro, die mir verlorengegangen waren, zu begleichen. Beschämt über so viel Güte, lehnte ich jedoch dankend ab.

Die Tage des *Hadsch* standen kurz bevor, als ich an einem Vormittag draußen vor dem Hotel mit einem der Leute aus der Bremer *Takfiri*-Fraktion ins Gespräch kam. Normalerweise vermieden diese islamischen Ultras näheren Kontakt mit dem Rest der Reisegesellschaft. Dieses Mal schien es anders zu sein. Für einen kurzen Moment hatte ich das Gefühl, ihn von seinem militanten Trip abbringen zu können.

Überraschenderweise fing er an, mir intime Dinge aus seinem Privatleben zu erzählen. Da gab es eine Schwester aus einem Bremer Krankenhaus, mit der er regelmäßig telefonierte. Offenbar hatte der Salafist sich in das Mädchen verguckt. »Ein richtiges Kopftuch trägt sie zwar jetzt noch nicht, wird sie aber tun. *InschAllah*, so Gott will«, tönte er siegessicher. Und fügte hinzu: »Ich will sie heiraten.« Vorsichtig erkundigte ich mich nach ihren Eltern, woraufhin er erwiderte: »Sie sind *Kuffar*, Ungläubige, weil sie nicht beten.« Das heißt, es handelte sich ebenfalls um Muslime, die aber den Glauben seiner Ansicht nach nicht so ernst nahmen, wie sie sollten. Nach seiner Logik gehörten sie somit nicht zur *Umma* aller Gläubigen. So einfach war das. Mir wollte das nicht in den Kopf.

Mein Gegenüber aber war nun in seinem Element. Einmal in Fahrt, zog er gleich über alle Herrscher muslimischer Länder her.

»Sie sind alle *Kuffar*, weil sie nicht nach Allahs Gesetz richten.«

Ich warf ein: »Du sagst, sie sind keine Muslime, weil sie nicht nach Allah Gesetz richten? Du verhältst dich doch keinen Deut besser. Du telefonierst mit einem Mädchen, was *haram* ist. Sie trägt keine Bedeckung, was *haram* ist.«

Langsam begann ich mich in Rage zu reden. Hielt ihm vor, was er alles falsch machte, dass er zweierlei Maß anlegte. Dass er sich erst einmal an seine eigene Nase packen sollte, bevor er andere Leute verdammte. »Du hintergehst ihre Eltern und schließt sie vom Islam aus. Dabei lebst du ja selbst nicht nach Allahs Religion!« Mein Vortrag verhallte wirkungslos.

Desinteressiert entgegnete er nur: »Das ist was anderes.« Stand auf und ging grußlos davon.

Dieser Satz war so typisch für diese Super-Eiferer, diese selbsternannten Tugendbolzen. Sie selbst wähnten sich schon im Stadium der Auserwählten, während alle anderen keine Ahnung vom wahren Glauben hatten.

Eine verquere perfide Welt, die sich die *Takfiri*-Fraktion da erschaffen hatte. Alle waren *Kuffar*, weil sie nicht nach Allahs Gesetz, der *Scharia*, urteilten. Und nur diese Jungs entschieden, was gut oder schlecht war. Obwohl ihr religiöses Wissen sich nicht im Entferntesten mit den wichtigen islamischen Theologen unserer Zeit messen konnte. Aber das schien diesen Radikalen gleich zu sein.

Während unserer Wallfahrt fanden sie immer irgendetwas an den Mitreisenden auszusetzen. Keiner konnte es diesen Jungs recht machen. Dabei verstießen gerade diese Typen allzu häufig gegen die Regeln. Des Öfteren habe ich ihren Wortführer René etwa mit Zigaretten in der Hand durch Mekka streifen sehen. Ein Tabubruch sondergleichen. Doch diese falschen Frömmler sonnten sich in ihrer Narrenfreiheit.

Endlich brach der Tag X an. Der *Hadsch* begann. Jeder bekleidete sich nur mit seinen weißen Tüchern. Ohne Unterwäsche und Strümpfe, im Weihe-Zustand des *Ihram*, machte sich unsere Gruppe zu ihrer ersten Pilger-Station auf – nach Mina.

Die Zeltstadt dort, ein paar Kilometer östlich von Mekka entfernt, steht fast das ganze Jahr über leer und verlassen da. Der Wind treibt Sand und leere Plastiktüten vor sich her, an seinen Rändern erinnert der Talgrund an das wilde Kurdistan in einem der alten Karl-May-Schnulzen. Nur während des *Hadsch* füllt sich das Tal mit Hunderttausenden Pilgern.

Wir fuhren mit dem Bus hinaus in Wüste. Die Hitze machte uns zu schaffen. In Mina trafen wir auf die Ciftci-Gruppe, mit der wir uns ein riesiges Zelt teilten. Für Camping in einer tristen Einöde herrschten paradiesische Zustände: Die komfortable Unterkunft fasste 150 Personen. Eine Klimaanlage machte unseren Aufenthalt äußerst erträglich. Es gab Strom und sogar einen Wasserkocher. Man musste keine besonderen seherischen Gaben besitzen, um sich vorstellen zu können, dass die Altvorderen unter sehr viel ungemütlicheren Bedingungen hierhingepilgert waren.

In den kommenden Tagen heftete ich mich an den Reiseorganisator Ciftci. Ich wollte so viel Zeit wie möglich mit ihm verbringen, wollte von ihm lernen. Wissbegierig löcherte ich den *Sheikh* mit allen möglichen Fragen. Dabei ging es natürlich häufig um das korrekte Auftreten an den Heiligen Stätten. Denn jeder Sündenfall macht den ganzen *Hadsch* zunichte.

Eine Horrorvorstellung. Nichts trieb mich mehr um als die Furcht, irgendein Gebot zu übertreten. In jenen sechs Tagen fokussierte ich mich ganz auf die Wallfahrt. Nicht lügen, nicht lästern, nicht lachen, immerzu beten und tugendhaft sein. Nichts sollte mich davon ablenken. Selbst mein Handy, die einzige Verbindung zu meiner Heimat, zu meiner Frau, hatte ich gut verstaut unter dem Hochbett im Hotel in Mekka gelassen. Ciftci behandelte mich wie jeden anderen seiner Herde. Distanziert. Er schien unnahbar zu sein. Als ginge ihm die ewige Fragerei auf die Nerven, gab er mir irgendwann den Rat: »Denk nicht so viel nach, sondern koste jeden Moment der Pilgerfahrt aus.« Eifrig folgte ich seinen Worten.

Im Morgengrauen des neunten Tages ging es dann weiter nach Arafat. Der emotionalste Teil der *Hadsch* stand an. Auch hier erwartete uns ein gigantisches Biwak.

Bei dieser Gelegenheit kam unerwartet Pierre Vogel auf mich zu. So als wäre nichts geschehen, umarmte er mich leutselig: »Musa, schön, dass du hier bist.« Meine Reaktion fiel denkbar kühl aus. Der Spruch mit den Frauen einige Tage zuvor hing mir immer noch nach. Ich brummelte nur noch etwas vom Berg Arafat, auf den ich steigen und beten wollte – und weg war ich.

Hierzu sollte man wissen, dass sich am Vormittag des 9. *Dhū l-Hiddscha* die Pilger in der Arafat-Ebene versammeln. Sobald die Sonne ihren höchsten Punkt überschritten hat, beginnt das zentrale Ereignis des *Hadsch*. Die Wallfahrer verrichten das Mittags- und das Nachmittagsgebet zusammen und verweilen dann dort bis zum Sonnenuntergang. Diese Zeremonie wird *Wuqūf* (Stehen vor Gott) genannt. Das Feld, in dem dieser Ritus gilt, wird von Grenzmalen markiert.

Am Anfang gedenkt ein bekannter islamischer Gelehrter in einer zweiteiligen *Chutba* der Abschiedspredigt des Propheten Mohammed, die er kurz vor seinem Tod an dieser Stelle hielt. Die Pilger rezitieren während dieser Zeremonie Koranverse, wünschen dem Propheten jeden nur erdenklichen Segen, sprechen Bittgebete – und dann zuletzt die *Talbiya*. Übersetzt heißt es dort: »Hier bin ich, oh Allah, hier bin ich; hier bin ich, du hast keinen Teilhaber, hier bin ich. Das Lobpreisen und die Huld sind nur dein und auch die Herrschaft, du hast keinen Teilhaber!« Wir Männer müssen der

Sunna gemäß diesen Spruch laut ausrufen, die Frauen hingegen sollten ihn leise aufsagen.

Ich bin dann hinaufgestiegen auf den 61 Meter hohen Hügel der Barmherzigkeit, den sie Arafat nennen. So weit ich zumindest nach oben gelangen konnte. Es herrschte ein dichtes Gedränge. Egal wo ich hinsah, glänzte die gesamte Ebene wie ein weißes, wogendes Meer. Betende, weinende, rezitierende Menschen mit weißen Tüchern. Diesen Moment vergesse ich nie. Es war ein wunderschönes Gefühl. Eine Million Menschen lobpreisten den Herrn – und dennoch verströmte dieser Akt eine unvergleichliche Ruhe.

Dieser Moment sollte an den Jüngsten Tag erinnern, an dem alle Menschen vor dem Schöpfer stehen. Egal, ob reich oder arm, stark oder schwach. Vor Gott sind alle gleich, und daran erinnerte unsere einheitliche Kleidung.

Völlig entrückt gab ich mich dem Augenblick hin: Inbrünstig bat ich Gott um Vergebung, betete, dass mein Kind gesund zur Welt kommen möge und aus ihm ein rechtschaffener Muslim werde. Und, »dass Allah mir noch viele Kinder schenke«. So stand ich da, stundenlang; und hielt Zwiesprache mit dem Allmächtigen.

Als die Dämmerung einsetzte, machten wir uns auf nach Muzdelifa. Ein Ort, der zwischen Arafat und Mekka liegt. Man nennt es *Ifāda*, das Ausströmen. Dort übernachteten wir mitten in der Wüste im Schlafsack unter freiem Himmel. In der Ferne ragten die Umrisse der Berge hervor, während die Kälte in die Ebene zog.

Wie es der Zufall wollte, lag ich Schulter an Schulter mit Pierre Vogel im Niemandsland. Anstatt zu schlafen, diskutierten wir die ganze Nacht über die richtigen Verhaltensmuster während der jeweiligen Stationen des *Hadsch*. Obschon ich ihn nicht sonderlich mochte, flößte er mir großen Respekt ein. Kompromisslos vermarktete er seine *Da'wa*-Arbeit: »Bringt den Islam in jedes Haus, dass ganz Deutschland den Islam annimmt.« Solche Sätze gehörten zu seinen Standardsprüchen. Damit meinte er es bitterernst. Damals, um die Jahreswende 2007/2008, schlug er zwar noch sanftere Töne an, aber im Kern propagierte er schon dieselbe Agenda wie heute auch noch.

Was mich stets besonders beindruckte, war der Umstand, dass Vogel beinahe fließend Arabisch beherrschte. Aus dem Stand vermochte er in der Sprache des Propheten seitenweise Passagen aus Koran und *Sunna* zu zitieren. Auch rühmte er sich stets genau zu wissen, wie man welche rituelle Handlung ausführte. Und so debattierten wir stundenlang darüber, welche Bewegung man im Gebet ausführen musste. Ob man die Hände beim Stehen fallen lassen sollte oder aber besser vor der Brust zu verschränken hatte.

Ganz gleich, welches Thema wir anschnitten: Er wusste immer alles besser. Als es darum ging, ob man bei der Niederwerfung auf die Knie gehen sollte, um sich danach mit den Händen abzustützen oder umgekehrt, meinte er von oben herab, dass ich davon offensichtlich gar keine Ahnung hätte. Mein Protest, dass ich mich immerhin »intensiv mit der Materie beschäftigt und viel dazu gelesen« hätte, entlockte ihm nur ein müdes Lächeln: »Soso Musa, komm, dann zähle mir doch mal deine Argumente auf. Ich habe alle Beweise im Kopf. Meine sind die stärksten. Und sag mir doch mal den *Hadith* auf, in dem das so drinsteht.«

Da hatte er mich. Zwar konnte ich mich gut an den Tenor der Stelle in der *Sunna* erinnern, aber auswendig reklamieren – das überstieg meine Fähigkeiten bei weitem.

Triumphierend schaute er mich nach einer kurzen Pause an: »Ich, mein Lieber, habe alle *Hadithe* im Kopf und kann sie dir aufsagen.« Zum Beweis seiner Überlegenheit leierte er dann die entsprechende Stelle herunter. Auf Arabisch, versteht sich.

Das reichte fürs Erste. Der erste Punkt ging an ihn. Ich gab auf. Wir fanden noch zwei bis drei Stunden Schlaf, ehe uns der Ruf zum Frühgebet weckte.

Meine Abneigung wuchs, je öfter wir uns auf der Pilgerreise begegneten. Wir gehörten beide zu derselben Gruppe. Also blieb es nicht aus, dass wir uns ständig über den Weg liefen. Dabei lernte ich Vogel von einer ganz anderen Seite kennen. Das war dann nicht jener starke, selbstbewusste Mann, den er heute noch auf der Bühne oder in den Videos mimt.

Besonders unangenehm fiel mir sein Gehabe um sein Äußeres auf: Vor allem seine Frisur bereitete ihm Unbehagen. Er fragte einen deutschsprachigen Pilger nach dem anderen, ob ihm nicht langes Haar besser stünde als kurzes. Auch mit der Hygiene in Saudi-Arabien hatte er es nicht so. Minutenlang schimpfte er über die versifften Klos, bis der Organisationschef Ciftci ihn irgendwann stoppte. Vogel wurde mir von Tag zu Tag unsympathischer.

Kaum schien die Sonne, verließen wir die unwirtliche Gegend um Muzdelifa und kehrten allesamt zurück nach Mina. Allen voran Pierre Vogel, der mit hochrotem Kopf unablässig brüllte: »*Labbaik, Allahumma, Labbaik.*« (Hier bin ich, mein Herr, hier bin ich.) Der Mann schien richtig in seinem Film drin zu sein. Er schrie so laut, dass es beinahe peinlich wurde. Aber das kümmerte ihn nicht. Vogel war eben Vogel. Außer ihm gab es lange nichts auf Erden.

In jenen Tagen nahm der Stress mit der *Takfiri*-Truppe ständig zu. Sie moserten beinahe bei jeder Gelegenheit, so dass ich mitunter schwer an mich halten musste, um nicht richtig ausfällig zu werden. Was natürlich zur Folge gehabt hätte, dass mein *Hadsch* ungültig gewesen wäre.

Das Genörgel der Bremer Querköpfe ging mir so gegen den Strich, dass ich bald das Gespräch mit unserem Boss Muhamed Ciftci suchte:

»*Sheikh*, in was für eine Gruppe hast du mich da gesteckt? Das sind alles *Takfiris*.«

Verwundert schaute er mich an. »Was soll das heißen? Sag mir ihre Namen!«

Ich zögerte. Schließlich wollte ich ja keine Sünde begehen. Wie stand ich denn da, wenn herauskam, dass ich die Leute während unserer Wallfahrt angeschwärzt hatte? Ein Denunziant, ein Verräter? Ciftci zerstreute meine Zweifel: »Es ist deine Pflicht, mir die Unruhestifter zu melden!«

Sein aufmunterndes Lächeln zersetzte meine Vorbehalte.

Ich nannte ihm die Namen, woraufhin er die ganzen Leute umgehend zu sich bat.

»Ich hörte, dass ihr extreme Meinungen vertretet und Unruhe in die Gruppe bringt«, wetterte der Gelehrte. »Ich bin bereit, mit jedem von euch zu diskutieren. Wenn ihr jetzt nichts sagt, dann sagt auch in Zukunft gar nichts mehr!«, donnerte der Prediger lauthals. Woraufhin alle Delinquenten ihre Köpfe senkten und betreten schwiegen. Damit schien das Thema zunächst erledigt zu sein. Es kehrte wieder Ruhe in der Gruppe ein.

Von den Zelten in Mina fuhren wir dann wieder zurück nach Mekka. Und nach dem Umschreiten der *Kaaba*, dem siebenmaligen Gang zwischen den beiden Bergen, fielen auch meine letzten Haare der Schere zum Opfer. Mit diesem Akt endete der Weihezustand. Folglich durfte ich wieder in normale Kleidung schlüpfen. Natürlich habe ich mir eine Glatze scheren lassen, denn mit jedem Haar fallen die Sünden ab. So steht es zumindest in einem *Hadith*.

Die vergangenen Tage waren hart gewesen: Einzig gewandet in zwei Tücher, Non-stop-Gottesdienst, keine Seife, kaum Ruhepausen gepaart mit einer extremen Hitze – ein derartiger religiöser Marathon schlauchte. Froh und glücklich gratulierte ich mir selbst, zum ersten Mal einen ordentlichen *Hadsch* absolviert zu haben.

Wir packten unsere Habseligkeiten zusammen für den zweiten Teil der Reise: Mit dem Bus rollten wir Konvertiten nach Medina. Hierhin war Mohammed im Jahr 622 vor den heidnischen Gegnern seiner Heimatstadt geflohen. Der Auszug des Propheten aus Mekka nennt sich *Hidschra*. Auch die zweitheiligste Stadt der islamischen Welt ist für Ungläubige gesperrt. Medina wirkte wesentlich ruhiger, sauberer und angenehmer als Mekka.

Unsere Gruppe residierte in einem komfortablen Altenheim. Anstelle eines Großraums wies man uns Zweibett-Zimmer zu. Seniorenresidenzen im königlichen Golfstaat stehen meist leer, da die alten Menschen häufig von ihren Kindern versorgt werden. Gut für unsere Gruppe.

In Medina gingen die Bremer Hardliner noch mal auf Konfrontationskurs zu mir. Der Bruder, der gerne mit der von ihm verehrten Krankenschwester telefonierte, drohte mir sogar nach einem kurzen Disput:

»Wenn wir nicht vor der Heiligen Moschee stehen würden, würde ich dir jetzt die Zähne rausschlagen.«

Hämisch hob ich abwehrend meine Hände: »Das ist wohl wahrer Glaube.«

Seelenruhig wandte ich mich ab und schritt betont langsam zum Gebet in die Moschee. Stolz sagte ich mir, dass ich der *Fitna*, der Versuchung, etwas Unrechtes zu tun, widerstanden hatte. Eine Schlägerei hätte all meine Bußgänge, mein Beten, meinen Pilgersturm zunichte gemacht.

Zumal der *Hadsch* eine unglaublich, intensive Erfahrung für mich war. Zum ersten Mal traf ich auf eine Vielzahl anders denkender Muslime. Viele Brüder sprachen mich in den Gotteshäusern an, wollten sich austauschen, suchten das Gespräch. Die Palette reichte von Sunniten, Schiiten bis hin zu Sufis. Hass oder Spott habe ich dort nie erlebt. Einzig deutsche Konvertiten überschütteten mich mit ihrem Gift. Am liebsten hätten sie mir die Zähne ausgeschlagen. Das war nicht meine Welt; es wurde Zeit, wieder nach Hause zu kommen. Langsam, aber sicher packte mich das Heimweh.

Inzwischen begann ich sogar meine Frau zu vermissen. Die Gedanken an den eisigen Abschied an jenem Dezembermorgen waren längst einem Verlangen nach ihr, nach meinem Heim, nach Geborgenheit gewichen.

Abends nach dem Nachtgebet setzte ich mich häufig raus, schaute hinauf zum Sternenhimmel und wählte ihre Telefonnummer. Meist überschüttete ich sie mit einem Schwall von Fragen: »Erzähl mir etwas über die Brüder in Eicken, was macht das Kind? Wie geht es dir?« Sie berichtete mir, dass sie über Weihnachten ihre Mutter besucht hätte. Diese Nachricht gefiel mir überhaupt nicht. Womöglich hatte sie noch mit der Familie Christi Geburt unterm Tannenbaum gefeiert: »Nein, nein«, beteuerte Lena, »hab ich nicht – wirklich nicht.«

Mit sorgenvoller Stimme fügte sie hinzu: »Musa, mir ist oft schlecht. Ich muss mich in letzter Zeit morgens immer übergeben.«

Damit hatte ich natürlich keine Erfahrung. »Was sagt denn der Arzt?«, wollte ich wissen.

Lena räusperte sich: »Der meint, dass es durchaus bei Schwangerschaften vorkommen könnte, dass den Müttern schlecht werde.«

Na, wenn es der Arzt sagte, folgerte ich, dann wird es ja nicht so schlimm sein. Laut vernehmlich säuselte ich ins Handy: »Keine Sorge, ich bin bald zu Hause und freue mich auf euch. Ich habe viel gebetet, dass das Kind gesund auf die Welt kommt. Ich vermisse dich.«

Ein hörbarer Seufzer fuhr durch die Leitung: »Ich dich auch. Möge Allah dir eine glückliche Heimreise bescheren.«

Voll sehnsüchtiger Erwartung bestieg ich Anfang Januar 2008 den Flieger zurück nach Deutschland. Ich konnte es kaum aushalten, Lena wiederzusehen. Das klingt widersprüchlich, entsprach aber meiner Gefühlswelt. Sie schien mir der Garant für ein glückliches Familienleben zu sein. Ich hatte mich nun mal für sie entschieden, und nun wollte ich das Beste daraus machen. Damals glaubte ich noch daran, dass sich alles zum Guten fügen würde. Und mit dem Impuls eines sündenfreien Pilgers hatte ich keinen Zweifel daran, dass es zwischen uns beiden klappen würde.

Doch die Vorstellung von einem grandiosen Empfang zu Hause, einem Festmahl zu meinen Ehren und einer sich nach mir verzehrenden Gattin entpuppte sich als Trugschluss. Stattdessen empfing mich eine von Schwangerschaftbeschwerden geplagte Frau. Aber ich trug es mit Fassung.

Immerhin war mein Glaube ins Unermessliche gestiegen. Wie ein Besessener stürzte ich mich fortan in meine Mission. Die da hieß: »den Islam auf den Straßen Mönchengladbachs zu verbreiten«.

Das Schwangerschaftsleiden meiner Frau nahm ich als Prüfung Allahs hin und versuchte es ihr zu Hause so leicht wie möglich zu machen. Fortan schmiss ich den Haushalt, ging einkaufen, bereitete das Essen zu.

Auf Dauer war das aber nichts für mich: Für mich, Musa, gab es Wichtigeres zu tun, als zu Hause am Herd zu stehen. Beseelt von den Worten unserer Anführer stürzte ich mich in die *Da'wa*-Arbeit.

Da ich aber allzu häufig zu Hause gefordert war, konnte ich nur einen Teil meiner Zeit als Bekehrer wirken. Das ärgerte mich zusehends.

Alsbald wurde es mir zu eng in der Zweizimmerwohnung mit meiner kränkelnden Frau. Häufig dachte ich in jenen Tagen an Mekka. Wie schön und entspannt es dort gewesen war. Ich allein im Zwiegespräch mit Allah. Frei von negativen Schwingungen um mich herum, von den Sorgen um die Gattin und das Kind. Der Gedanke an Mekka ließ mich nicht mehr los. Im Februar rief ich Muhamed Ciftci in Braunschweig an. Ich schilderte ihm die ganze Situation, all die Komplikationen während der Schwangerschaft. Am Ende nahm ich allen Mut zusammen und fragte ihn: »Darf ich trotz allem in den nächsten Wochen zu einer kleinen Pilgerfahrt gen Mekka aufbrechen, Sheikh?« Ciftci zögerte kurz mit seiner Antwort: »Wenn deine Frau dies erlaubt, dann kannst du gehen.«

Lena hatte keine Einwände. Sie schien geradezu erleichtert, mich erneut für eine längere Zeit los zu sein. »In Gottes Namen, geh! Du kannst mir zurzeit eh nicht helfen«, sagte sie und stürzte erneut zur Toilette. Die Geräusche von dort klangen alles andere als erfreulich. Aber das kümmerte mich in dem Moment nicht: Völlig verblendet wollte ich das religiöse Abenteuer wiederholen, was ich auch tat. Ciftci organisierte alles für mich, und im Februar 2008 saß ich bereits wieder im Flieger gen Mekka. Diesmal reiste ich ganz alleine, ohne Gruppe, ohne Führer und ohne Störenfriede. Da ich die Stadt und den Ablauf der *Umrah* genauestens kannte, konnte ich zum zweiten Mal in aller Seelenruhe die kleine Pilgerfahrt vollziehen, nur ich und mein Herr. Ich trachtete nach jenem Glücksgefühl der völligen Hingabe für den Glauben.

Freund, Salafist, Terrorist

Die Nachricht kam völlig unerwartet: Lange Zeit hatte ich nichts mehr von Daniel gehört. Einst waren wir ein Herz und eine Seele gewesen. Damals im Jahr 2008 wollten wir die Welt aus den Angeln heben – für den Islam, für die Salafisten-Gemeinde um Sven Lau, für uns, für die *Da'wa*. Später dann verloren wir uns aus den Augen, gingen getrennte Wege. Daniel driftete vollends in die Dschihad-Schiene ab. Und ich stieg aus.

Im Frühjahr 2014 meldete sich bei mir auf meinem Facebook-Account ein Anonymus:

»*Salamu alaikum*. Wie geht's, *Achi*?«, hinterlegte er eine Botschaft in meinem Postfach.

Die Nachricht endete weder mit einem Namen noch mit einem Absender, so dass ich erst nicht wusste, um wen es sich handelte. Entsprechend vorsichtig tastete ich mich heran:

»*Wa alaikum salaam*, alles gut und selbst? Kennt man sich?«

Es dauerte nicht lange, und schon poppte die Antwort hoch:

»Ich bin's, Daniel, hast du WhatsApp?«

Ich mochte es kaum glauben, als ich aufs Display meines Handys blickte: »Daniel«, dachte ich, »welch eine Überraschung.«

Ohne lange nachzudenken, gab ich ihm meine Handynummer, und er übermittelte mir im Gegenzug seine. Noch am gleichen Abend begannen wir uns via WhatsApp zu schreiben:

Ich: »Wie komme ich zu der Ehre?«

Antwort: »Ich wollte mich einfach bei dir melden, was macht die *Da'wa*?«

Was für eine Frage, schmunzelte ich in mich hinein: »Um ehrlich zu sein, sehe ich heute viele Dinge anders, und in der *Da'wa* bin ich nicht mehr wirklich aktiv, um ehrlich zu sein, gar nicht mehr.«

Schnell wechselte Daniel das Thema: »Was macht der *Iman* (Glaube)? Bist du wieder schwach geworden?«

Ich schluckte: »Was heißt schwach? Wenn du aufs Kiffen anspielst, so bin ich seit damals weg davon, aber religiös hat sich, wie gesagt, vieles bei mir verändert, was aber jetzt den Rahmen sprengen würde, denke ich. Und bei dir?«

Nach wenigen Sekunden kündigte ein Piepen die Antwort an: »Ich bin in Syrien, nicht mehr in Ägypten.«

Ja, das wusste ich schon: »Habe ich bereits gehört, bist du beim IS?«

Piep: »Ja.«

Oh Mann, was ist das denn?, fuhr es mir durch den Kopf. Dann begann ich zu tippen: »Ich bin der Meinung, dass ich mir von hier nur schwer ein Bild machen kann, aber es gibt gewisse Fakten, die man nicht verleugnen kann. Wie kannst du dich solch einer Organisation anschließen, Bruder?«

Daniel: »Es werden viele Lügen über uns verbreitet.«

Ich konnte es nicht glauben: »Ja, das mag sein. Aber was ist mit dem Töten Unschuldiger, teilweise von Muslimen, dem Frauenhandel und dem totalitären Zwang und Druck, den diese Typen ausüben?«

Ein kleine Pause trat ein, ehe Daniel schrieb: »Bruder, ich sag dir ganz ehrlich, dass ich nicht mit allem einverstanden bin, was hier geschieht, aber wir haben ein gemeinsames Ziel. Einen islamischen Staat mit islamischer Gesetzgebung.«

Was redete der denn für einen Quatsch? »Die islamischen Gesetze sind ein weiter Begriff. Zufrieden bist du mit der Handhabung von IS ja nicht, wie du gerade selbst sagtest. Wie sieht's aus, möchtest du noch mal zurückkommen? Was sind deine Gedanken?« Meine Frage löste ein erneutes Piepen aus:

»Nö, wat will ich denn in diesem *Kuffar*-Land?«

Mir wurde ganz schwindelig. So kannte ich meinen Freund gar nicht: »Deine Familie und Freunde sehen, vermisst du die nicht?«, hakte ich nach.

»Doch schon, aber nach Deutschland werde ich nie wieder zurückkehren«, ließ er mich wissen.

Daniel hatte als WhatsApp-Profilmotto ein Bild mit »I Love Osama Bin Laden« installiert. Schwarzer Hintergrund, ein weißes »I«, ein rotes Herz und der Kopf des inzwischen getöteten Chefs des Terrornetzwerks Al-Qaida.

»Warum hast du als Profilbild ausgerechnet Bin Laden ausgewählt?«, wollte ich wissen, um dann sarkastisch nachzulegen: »Früher hättest du irgendetwas mit I love Allah gepostet.«

Daniel aber meinte nur: »Denkst du wirklich, dass ich Allah jetzt nicht mehr liebe?«

Mit der kurzen Replik drängte er mich in die Defensive: »Nein, das nicht, aber warum wählst du ausgerechnet diesen Menschen als Profilbild, der ja sinnbildlich für den Angriff auf den Westen steht und dabei Tausende unschuldiger Menschen töten ließ?«

Diesen Einwand ließ mein einstiger Busenfreund nicht gelten:

»Bruder, Osama Bin Laden ist einer der größten Helden des Islam und vor allem unserer Zeit.«

So hatte Daniel früher nie gesprochen. Das war neu.

»Warum ausgerechnet er?«, erkundigte ich mich.

»Du bist zwar viel länger dabei als ich«, erwiderte Daniel, »hast viel länger praktiziert und ich habe vieles durch dich gelernt, aber was dieses Thema angeht, bist du ein *Jahil* (ein Unwissender).«

Diesen Blödsinn wollte ich so nicht stehen lassen: »Nur,

weil ich eine andere Meinung habe, ist mein Wissen bestandslos?«

Eine akademische Diskussion, die bei Daniel nicht verfing. Ich merkte schnell, dass es keinen Sinn hatte, mit ihm nach so langer Zeit über Bin Laden oder den Dschihad zu debattieren. Vielmehr versuchte ich ihn irgendwie menschlich zu erreichen. Allerdings stellte sich bald heraus, wie sinnlos dieses Unterfangen war.

Daniel hatte mich nicht angefunkt, um mit mir eine Diskussion über das Für und Wider des angeblich so »Heiligen Krieges« zu führen. Genau weiß ich nicht, was er damals wollte. Vielleicht trieb ihn eine Spur Heimweh um, der Wunsch nach einer liebgewonnenen Stimme, nach einem Freund, dem er vertrauen konnte, der ihm sicher einmal ganz viel bedeutet hatte.

»Weißt du noch, damals?«, fragte ich ihn. »Halt's Maul, du Spasti«, hatte ich ihm immer gesagt, wenn die Debatten über den rechten Glauben zu lang und zu nervig wurden. Gelacht hatten wir dann, minutenlang uns kichernd herumgewälzt. Mit dem Satz hatte immer jegliche Diskussion geendet. Schluss mit Lustig. Von einem auf den anderen Moment gaben wir uns wieder strenger Frömmlerei hin.

Damals war ich einer der wenigen, auf die Daniel hörte. Durch mich wurde er in die Geheimnisse und Regeln von Koran und *Sunna* eingeführt. Zu mir schaute er auf, ich war seine Bezugsperson, sein bester Freund.

Nur zu gut konnte sich Daniel an jene Momente erinnern: »Hahahaha«, notierte er, »Mann, waren das Zeiten, *astaghfirullah* (Ich bitte Allah um Vergebung).«

Das ganze Gespräch über antwortete Daniel sehr zügig. Plötzlich aber stockte der Chat-Dialog. Fünf Minuten später dann fiepte es erneut: »Bruder, ich verabschiede mich nun von dir. Ich melde WhatsApp ab«, lautete seine Botschaft.

Erbost entgegnete ich: »Warum hast du dich dann überhaupt gemeldet?«

Mann, war ich war sauer! Deutlich war zu spüren, dass mein früherer Buddy einzig das Gespräch mit mir gesucht hatte, um die alten Zeiten wiederaufleben zu lassen. Vielleicht trieb ihn gerade ein wenig die Sehnsucht nach dem wohlbehüteten Leben in good old Germany um. Sobald es aber schwierig wurde, wollte er sich abmelden. Das ging mir furchtbar auf den Keks. Das war typisch für Daniel. Wenn es unangenehm wurde, trat er die Flucht an.

Erneut kündigte das Piepen die nächste Botschaft aus Syrien an. Daniels Abschiedsgruß: »Möge Allah dich recht leiten, Bruder, und dir den wahren Weg zeigen. *Amin* (Amen).«

Da konnte ich nicht mehr. Wütend hackte ich den Satz in die Tasten: »Ach, und den hast du jetzt gefunden, oder was?«

Beinahe sanft mitfühlend gab er mir zu verstehen: »*Achi*, du weißt, dass ich nicht wie die anderen bin. Ich schließe dich nicht vom Islam aus. Aber du bist auf dem falschen Weg.«

Ich beendete das Gespräch sehr kühl und enttäuscht, weil ich spürte, dass er wieder mal vor unwillkommenen Wahrheiten floh. Mehr noch frustrierte mich, dass ich meinen besten Freund endgültig verloren hatte. Er lebte nun in der Hölle auf Erden – in Syrien. Verkommen zu einem jener IS-Schergen, die angeblich im Namen Allahs mordend und brandschatzend durch die Gegend zogen.

Beinahe zitternd vor Groll wünschte ich ihm: »Okay, Bruder, ich hoffe, wir sehen uns trotzdem noch mal lebend. Alles Gute.« Seitdem habe ich nie wieder etwas von Daniel gehört.

Erst neuerdings wieder berichteten Medien, dass mein damaliger Bruder und Vertrauter heute per Haftbefehl gesucht wird. Die Bundesanwaltschaft ermittelt gegen Daniel wegen der Mitgliedschaft bei den islamistischen Garden Jamwa unter dem tschetschenischen Kommandeur Abu Umar al-Shishani. Der rotbärtige Befehlshaber aus dem Kaukasus leistete im Winter 2013 dem selbsternannten Kalifen der IS-Terrormiliz, Abu Bakr al-Baghdadi, den Gefolgschaftseid. Mit seinen Truppen firmiert al-Shishani als »Kommandierender der nördlichen Provinz« in Syrien.

Daniel befehligte zu jener Zeit eine etwa zehnköpfige »Kampfgruppe der Deutschen«, die zu einer etwa hundert Mann starken Jamwa-Einheit von Europäern gehörte. Der Kampfverband war in einem Vorort im syrischen Aleppo stationiert.

Der Bundesanwaltschaft zufolge mischte Daniels Trupp in Stellungskämpfen an der nahegelegenen Front mit. Mal ging es gegen kurdische Brigaden in der Nähe von Idlib oder im Zuge einer Großoffensive gegen Truppen des syrischen Diktators Baschar al-Assad nahe der zweitgrößten syrischen Metropole Rakka.

Daniels Vizekommandeur war mir ebenfalls gut bekannt: Mustafa C. stammte auch aus unserer damaligen Mönchengladbacher Clique rund um Sven Lau. Nach ideologischer Schulung und einem mehrwöchigen militärischen Training nebst Schießübungen mit dem Schnellfeuergewehr AK 47 in einem Terrorcamp der Jamwa wurde er zur Abteilung seines Mitstreiters aus Mönchengladbacher Tagen verlegt. Unter Daniel stieg Mustafa zum Stellvertreter auf. In dem deutschen Zug war er den Erkenntnissen der Staatsschützer zufolge »für die religiöse Propaganda« zuständig.

Nach seiner Rückkehr aus dem Kriegsgebiet hat die Bundesanwaltschaft Mustafa C. am 22. Januar 2015 verhaften lassen. Seit Ende Oktober 2015 muss er sich mit einem Kombattanten aus Herford vor dem Oberlandesgericht Düsseldorf wegen der Mitgliedschaft in einer terroristischen Vereinigung und der Vorbereitung einer schweren staatsgefährdenden Straftat verantworten. Man ist wahrlich kein Prophet, um vorauszusagen, dass ihm eine langjährige Haftstrafe droht.

Über Daniels Schicksal habe ich hingegen seit unserem letzten WhatsApp-Chat kaum noch etwas mitbekommen. Vor einigen Monaten schreckten mich Nachrichten hoch, wonach er angeblich gefallen sein soll. Inzwischen weiß ich aber aus Sicherheitskreisen, dass er noch lebt.

Die Information löste bei mir durchaus gemischte Gefühle aus: Einerseits reagierte ich ein Stück weit erleichtert, andererseits bin ich enttäuscht darüber, dass mein ehemals bester Kumpel der tumben Dschihad-Ideologie dieser Menschenschlächter des IS gefolgt ist.

Es ist reiner Blödsinn zu glauben, alle Muslime würden vom Westen unterdrückt. Genauso schwachsinnig wie die Doktrin der Salafisten von dem einzig wahren Leben in einem islamischen Gottesstatt. Die Lügen rund um den Märtyrertod. Das Ende als *Shahid*, dem das Paradies mit seinen 72 Jungfrauen winkt – das sind alles Märchen. Heute macht es mich jedes Mal aufs Neue wütend, wenn ich daran denke, dass Leute wie mein einstiger Bruder Daniel auf diesen Mist von der vermeintlichen Pflicht zum »Heiligen Krieg gegen die *Kuffar*« hereingefallen sind.

Wenn ich aber ehrlich zu mir bin, liegen die Wurzeln allen Übels weitaus früher: Bereits in den Jahren 2007/2008 hatten die Anführer in Eicken uns immer wieder eingeschärft, wer das eigentlich Schlechte in dieser Welt verkörpert: »Haltet euch von den Ungläubigen fern«, hieß es stets. Die Moschee in Eicken galt als die Enklave der Seligen.

Um uns herum herrschte unseren Führern zufolge hingegen nur Sodom und Gomorrha, der reinste Sündenpfuhl. Dreckige Ungläubige, ein Volk von Päderasten, Homosexuellen, Alkoholikern, Drogensüchtigen, völlig dekadent, regiert durch unfähige Politiker. Ein westlicher Aggressor, allen voran die USA und die Juden, die weite Teile des Nahen Osten korrumpiert hätten und die Araber unterdrückten. Das habe ich geglaubt. Damals fehlte nur noch der letzte Mosaikstein zur vollständigen Radikalisierung: der offene Aufruf zum Dschihad.

Unsere Anführer spornten uns dazu an, jeden Menschen da draußen zu missionieren, damit diese nur ja nicht dem Teufel anheimfallen würden.

Jahrelang hingen wir eng zusammen. Das Möchengladbacher Dream-Team der salafistischen *Da'wa*. Wir waren jung, ambitioniert und heiß darauf, jedem auf der Straße oder im Netz zu verkünden, dass es nur einen rechten Weg gebe: den Islam gemäß Koran und *Sunna* anzunehmen.

Daniel hatte ich per Zufall im November 2007 getroffen. Es war an einem Samstagnachmittag beim Nachmittagsgebet. Ausnahmsweise hatte ich das marokkanische Gebetshaus in Mönchengladbach-Rheydt aufgesucht. Die Gebetswaschung hatte ich bereits zu Hause verrichtet. So konnte ich sauber, mit trockenem Gewand und einem gekämmtem Bart unter die Menschen und vor meinen Herrn treten.

Nach dem zweiten Gebetsruf stellten sich die Brüder wie immer in einer Reihe auf. Als der Imam mit »*Allahu akbar*« zur Niederwerfung aufforderte, stieß mich ein Ellenbogen meines Nachbarn unsanft in die Seite. »Was soll das denn?«, schoss es mir leicht verärgert durch den Kopf. Dann wurde mir jedoch klar, dass mein Nebenmann offenbar der Überlieferung der *Sunna* folgen wollte: und zwar jener, wonach man sich nicht wie ein Hund hinschmeißen solle, indem man die Unterarme und Ellbogen auf dem Boden platzierte, sondern sie vom Körper weg spreizte.

Belustigt ob des Eifers sprach ich meinen Nachbarn nach dem Gebet auf den rüden Stoß an: »*As Salamu alaikum, Achi*, ich vermute mal, dass du deine Ellbogen so krass ausgestreckt hast, weil du den entsprechenden *Hadith* gelesen hast?«

Seine Augen begannen zu leuchten. Freudestrahlend nickte der junge Mann und erwiderte den Friedensgruß.

»Bist du frisch konvertiert?«, fragte ich weiter, woraufhin er antwortete:

»*Al hamdulillah*, vor einigen Tagen ... Ich lerne gerade das Gebet.«

Lächelnd legte ich die Hand auf seine Schulter: »*Mascha-Allah* Bruder, das freut mich, möge der Herr dich beschützen. Übrigens: Die Sache mit dem Ellenbogen auf dem Boden bedeutet nicht, dass du deine Gebetsnachbarn wegdrücken sollst. In der Gemeinschaft lässt man es etwas ruhiger angehen!«, fügte ich hinzu.

Er entschuldigte sich sofort und gelobte Besserung. Beim Verlassen der Moschee sah ich, wie er mit einem Bruder sprach, vor dem mich bereits unser griechischer Imam gewarnt hatte: »Der Mann philosophiert zu viel über die Religion, also meide ihn!« Eine nette Umschreibung für den Umstand, dass der Betroffene entweder zu radikal oder nicht auf der salafistischen Linie unserer Moscheeleitung argumentierte. Es gab nur ein »Für uns« oder ein »Gegen uns«. Kritik oder eine andere Auslegung als die unserer Anführer waren *haram*.

Vor diesem Hintergrund warnte ich auch den Neuankömmling vor dem Abweichler. »*Achi*, halt dich besser von diesem Bruder dort fern. Er philosophiert zu viel und spricht ohne Beweise über die Religion. Besuch uns doch mal in Eicken. In der Moschee As-Sunnah praktizieren wir den Islam ausschließlich nach Koran und *Sunna* – so wie es bereits der Prophet tat!«

Er entgegnete: »Ach echt? Ja, da muss ich unbedingt hin. Ich hörte schon von dieser Moschee, *MaschaAllah*.« Eifrig garnierte er seine Sätze bereits mit den ersten heiligen, arabischen Floskeln. So lernte ich den Mann kennen, der bald mein engster Vertrauter werden sollte.

Kurz darauf sahen wir uns in Eicken wieder. Bei seinem Anblick überkam mich direkt ein gutes Gefühl. Erfreut dachte ich bei mir: »Ein weiterer Bruder in unseren Reihen, gepriesen sei der Herr.« Wir verstanden uns sofort, tickten auf einer Wellenlänge. Uns trieb derselbe religiöse Spirit an. Wir wollten perfekte Muslime werden.

Schnell erkannte ich mich in Daniel wieder. Alsbald hingen wir ständig zusammen. Die meiste Zeit redeten wir über den Islam. Und wenn nicht über die Religion, ging es um unsere Vergangenheit: Rappen, Kiffen, Schlägereien, Frauengeschichten. Ja, wir verstanden uns. Sobald ich das Gefühl hatte, die Gespräche über das Weltliche wurden zu intensiv, hob ich mahnend den Zeigefinger: »*Achi*, der Teufel ist mit uns, lass uns wieder über die Religion und den Ruf (*Da'wa*) sprechen!« Er lenkte sofort ein.

Von mir erhielt mein Gefährte das Rüstzeug eines aufrechten Salafisten. Im Prinzip lehrte ich ihn all das, was unser Imam mir zuvor schon beigebracht hatte. Bewundernd sah er zu mir auf und bezeichnete mich immer wieder als »sein Vorbild« und »den besten Bruder«, den er kenne.

Nach meiner Rückkehr vom *Hadsch* in Mekka im Januar 2008 intensivierten wir unsere Freundschaft. Wir schienen unzertrennlich zu sein.

Beinahe wie Getriebene stürzten wir uns die *Da'wa*-Mission, versuchten die YouTube-Auftritte unserer Granden wie Sven Lau zu verbessern oder kreierten eigene Ideen, um unsere Sache erfolgreich vorwärtszutreiben.

Zwangsläufig litt darunter mein Eheleben. Es kam immer öfter vor, dass ich ganze Nächte bei meinem Kumpel vor dem PC verbrachte. Zu Hause bei meiner Frau Lena fehlte ein Internet-Anschluss. Daniel hingegen hatte einen, so dass wir viel Zeit bei ihm verbrachten – natürlich auch nachts. Ich erklärte Lena, wie wichtig es sei, *Da'wa* zu machen, und bat sie immer wieder um Erlaubnis, die nächsten Tage bei Daniel übernachten zu dürfen.

Was sollte sie darauf anderes erwidern als »ja klar, kein Problem«? Schließlich vollbrachten wir »Prophetenarbeit«. Dieser Begriff für *Da'wa* stammt übrigens von Sven Lau.

In Daniels Kämmerlein entstand denn auch mein YouTube-Kanal »MusaAlmani«. Lange genug hatte ich Lau über die Schulter geschaut, um zu wissen, wie es ging: »Was die können, kann ich schon lange«, sagte ich mir und startete mit Daniel mein eigenes »Missionierungswerk«.

Die Brüder nannten mich häufig MusaAlmani. Ein besserer Name fiel mir beim YouTube-Start nicht ein. Und so hieß mein Web-Auftritt übersetzt »Musa, der Deutsche«.

Allerdings fehlte uns zu professionellen Videoaufnahmen das Geld. Kurzerhand verfielen wir auf die Idee, in der Stadt Spenden für die *Da'wa* zu sammeln. Wir klapperten so gut wie alle Dönerbuden, Obst- und Gemüseläden samt Callshops ab und kamen nach wenigen Wochen auf mehrere Hundert Euro.

Das reichte aber nicht für eine Profi-Kamera. »Komm, lass uns zur Rheydter Moschee gehen und dort die Brüder um eine milde Gabe bitten«, schlug ich Daniel eines Tages vor. Der marokkanische Gemeindevorstand zögerte zunächst mit seiner Erlaubnis. Letztlich aber willigten die Oberen ein. Nach einem Freitagsgebet durften wir für unser Projekt um Spenden werben. Die Aktion erwies sich als voller Erfolg. Wir sammelten stolze 2000 »*Da'wa*-Euronen«. Geld genug, um endlich durchstarten zu können.

Mit entsprechenden Mitteln im Rücken ließen wir unseren salafistischen PR-Ideen freien Lauf: Da war zum einen die Kamera für den YouTube-Kanal. Zudem wurden Flyer mit dem herausfordernden Slogan gedruckt: »Warum ist der Islam die schnellstwachsende Religion der Welt?« Die Antwort fand sich in einem Verweis auf Pierre Vogels Homepage. Zwar fand ich ihn menschlich alles andere als sympathisch, aber in Sachen *Da'wa* hatte er weitaus mehr drauf als all die anderen religiösen Schlaumeier aus unserem Zirkel.

Ferner ließ das Werbe-Duo Musa/Daniel Poster fertigen. Leitspruch: »Was ist der Sinn der Lebens?« Natürlich durfte auch hier der Hinweis auf Vogels Internetseite nicht fehlen.

25 000 Flyer und 500 Poster, das konnte sich für so junge Missionare, wie wir es waren, wahrlich sehen lassen. Zuversichtlich meinte ich zu Daniel: »Wenn alle Flyer verteilt wurden, haben wir schon jeden Zehnten in ganz Mönchengladbach erreicht. Ein Zehntel aller Haushalte Gladbachs haben dann die Botschaft bekommen.« So, wie Pierre Vogel es immer gefordert hatte.

Was für Zeiten. Mit stolzgeschwellter Brust marschierte ich umher. Der Gedanke, dass ich diese Mega-Kampagne ins Rollen gebracht hatte, berauschte mich. Stets gefolgt von einem Hintergedanken. Nie vergaß ich das Schneeballsystem, das mir bei entsprechend großer Anzahl von Konvertiten einen riesigen Berg guter Taten zukommen lassen würde.

Permanent waren wir auf Achse, verteilten Flyer, sprachen die Leute an, verwickelten sie in religiöse Disputationen und drückten ihnen zum Abschluss unser Poster in die Hand.

Etliche von ihnen habe ich später in der Moschee wiedergesehen. Mit unserem Profi-Equipment produzierten wir die ersten Filme für meinen YouTube-Kanal. Die Clips transportierten einfache Botschaften, aber brachten unser Anliegen kurz und knapp auf den Punkt. Unstrukturiertes Gelaber war unsere Sache nicht: Ende Juni 2008 luden wir zum Beispiel den Gesang eines Predigers hoch, der die erste Sure auf Arabisch vorbrachte. Darüber blendeten wir die deutsche Übersetzung ein: »Koran auf Deutsch« lautete der Titel. Immerhin erzielte der Beitrag aus dem Stand gut 2500 Klicks – nicht schlecht für den Anfang.

Das Ganze erinnerte mich an einen missionarischen Kreuzzug, nur mit umgekehrten Vorzeichen: Unter dem Banner des Allmächtigen setzten wir im niederrheinischen Mönchengladbach zum Siegeszug an wie einst die Nachfolger Mohammeds im 7./8. Jahrhundert. Sie hatten binnen knapp achtzig Jahren nach seinem Tod den Nahen Osten, Nordafrika und große Teile Spaniens erobert und islamisiert.

Na ja, vielleicht war der Vergleich ein wenig überzogen. Aber wir fühlten uns seinerzeit als Helden im Dienste der *Umma*. Von Video zu Video wuchs meine Abonnenten- und Follower-Rate. Ich orientierte mich an den großen YouTubern, was Struktur und Kanaldesign betraf. Der Erfolg gab uns recht.

Das sahen unsere Großkopferten in der Moschee in Eicken indes völlig anders. Kaum hatten sie Wind von unserer Eigeninitiative bekommen, luden Lau und der griechische Imam uns zu einer »Moschee-Konferenz« vor. So ein Tribunal bedeutete nichts Gutes. »Was haben wir denn nun verbrochen?«, fragte ich mich unsicher. »Die sind überhaupt nicht von unserem Tun begeistert«, warnte Daniel mich im Vorfeld.

Wie recht er hatte. Kaum hatten wir den Raum in der ersten Etage der Moschee betreten, begann Lau zu zetern: »Geht's dir nicht gut, Musa?« Aufmüpfig schaute ich zu ihm hinüber. »Doch, mir geht's hervorragend. *Al hamdulillah*. Ich bin stark wie nie zuvor. Die *Da'wa* läuft«.

Ehe Lau etwas erwidern konnte, mischte sich unser Vorbeter ein: »Sieh mal, wir machen auch *Da'wa*. Als Moschee. Du machst das alleine. Gemeinsam wären wir viel stärker«, suchte er zu vermitteln.

Da kam er gerade an den Richtigen. Mit harschen Worten begann ich ihm zu erklären, dass der Mission der Moscheeführung die Durchschlagskraft fehle. Zu viel Geschwafel, zu nichtssagend. »Mein Weg ist der bessere«, betonte ich in vollem Brustton der Überzeugung.

Das Treffen endete zwar durchaus freundlich; der Keks war aber beileibe noch nicht gegessen. Daniel wirkte seither schwer verunsichert.

Ein paar Monate später gab sich eine echte Größe unter den salafistischen Gelehrten bei uns in Eicken die Ehre. Der Saal war proppenvoll, als Yusuf Estes predigte: »Jemand, der alleine *Da'wa* macht, ist wie ein Musiker, der mit einer Hand Schlagzeug spielt, mit der anderen Gitarre, am Fuß noch 'ne Trommel und am Mund noch eine Mundharmonika hat. Das klingt doch schrecklich.« Dieses Beispiel brachte mich ins Grübeln. Vielleicht machte ich ja einen Fehler. Vielleicht war ich es ja, der unser *Da'wa*-Projekt durch meinen Alleingang versaute. All diese Dinge gingen mir durch den Kopf, bis ich schließlich einlenkte und meine Fähigkeiten wieder in den Dienst der *Da'wa*-Gruppe in Eicken stellte.

Fortan ordnete ich mich vollkommen unter. Musa, der Diener von Sven Lau und den anderen. Meine ganze Kraft floss von nun in die PR für die Gemeinde in Mönchengladbach.

Zuerst nahm ich einen Achtfach-Brenner mit nach Hause und kopierte Hunderte *Da'wa*-DVDs der moscheeeigenen Ausgabe mit dem Titel: »Wir vermissen dich!« Mit dieser Aktion sollten herumirrende Schafe zur islamistischen Herde finden. Auf gut Deutsch: Jugendliche sollten Salafisten werden. Meine Produktionen beeindruckten Sven Lau so stark, dass er mich daraufhin zum IT-Administrator des gemeindeeigenen YouTube-Kanals beförderte.

Künftig schnitt ich die Videos, lud sie hoch, schuf Trailer wie jenen für den »Wir vermissen dich!«-Clip. Das Ding ging durch die Decke. Lau kann man vieles nachsagen, aber eines kann er: polarisieren. Er weiß, wie er Menschen erreicht. Frei nach dem Motto: »Jede Publicity ist gute Publicity.«

Im Herbst 2014 erst feierte er seinen größten medialen Triumph mit seiner »*Scharia*-Polizei«. Mit einem Trupp Gleichgesinnter zog er in orangenfarbenen Westen mit dem gleichnamigen Logo abends durch die Amüsierviertel in Wuppertal und anderen Städten, um Kneipengänger zu kontrollieren und sie von Alkohol sowie Diskobesuchen abzuhalten. Weibliche Passantinnen soll die *Scharia*-Gang aufgefordert haben, nach Hause zu gehen und ein Kopftuch anzulegen. Im Nachrichtenmagazin *Focus* brüstete sich Lau für seine Idee. Selbst Bundeskanzlerin Angela Merkel habe seine Aktion verdammt, meinte er stolz. Im Netz habe er bereits 40 000 überwiegend beifällige Kommentare erhalten, lautete sein Resümee. So ist er, unser Sven. Allzu oft geht es ihm um seine Popularität. Koste es, was es wolle.

Damals, in den Anfängen im Jahr 2008 hingegen, mussten wir uns echt umtun. Mönchengladbach, Eschweiler, Mannheim, Duisburg, Stuttgart, Düsseldorf, Pforzheim und so weiter. Kaum eine Stadt, in der wir nicht unsere Werbe-DVDs verteilten. Es war ein tolles Gefühl, wenn wir wieder einmal eine Moschee betraten und sich alle Augen auf uns richteten. Längst hatten sich unsere Aktionen in der Szene herumgesprochen. Der Blick sprach Bände: »Die Gladbacher Elite war am Start!«

Der Ruhm barg aber auch Nachteile. Immer mehr spannte Sven Lau mich für seine Ziele ein. Oft bimmelte mein Handy zu später Stunde. Wenn im Display der Name Lau aufblinkte, wusste ich schon Bescheid: »Musa, ich muss ein Video aufnehmen. Das muss heute Nacht noch hochgeladen werden. Ich komme jetzt vorbei!« Der Ton schloss jeglichen Widerspruch gegen solche Kommandos aus. Also tat ich, wie mir befohlen.

Darüber hinaus fixte mich der Erfolg unserer Missions-PR an. Mittlerweile konnte ich es kaum erwarten, neuen Output ins Netz zu ballern. Mit großer Spannung verfolgte ich die Klickzahlen. Die schossen teilweise derart nach oben, dass wir fiebrig stundenlang die weitere Entwicklung am Bildschirm beobachteten.

Alsbald folgte Laus nächster Clou, ein »Diss«. Soll heißen: eine gezielte Provokation. Ein Rapper hatte dazu aufgefordert, dass man sich doch trauen möge, ihn zu dissen. Das Getöse des Künstlers, ein gebürtiger Marokkaner, brachte Lau auf eine Idee: »Musa, nenn das Video: neuer Diss an Rapper soundso!« Und dann ging's ab: »Du hast jeden herausgefordert, dich zu dissen? Jetzt disst dich ein deutscher Muslim, weil du keine Ahnung von deiner Religion hast und sie in den Dreck ziehst!« So schmähte Lau per Web-Video den Hip-Hopper, der gar nicht wusste, wie ihm geschah. Das Stück generierte Zehntausende Klicks. Lau kriegte sich gar nicht mehr ein vor Glück.

Er weiß genau, wie der Hase läuft, zumindest via YouTube – das muss man ihm lassen. Mitunter aber überzieht er auch: Während der Fußball-Europameisterschaft 2008 traf Deutschland im letzten und entscheidenden Vorrundenspiel auf Österreich. Lau wollte etwas zum Thema Fußball ins Netz einstellen. Und zwar, dass jegliche Form von Ballsport reine Zeitverschwendung sei. Jeder Super-Kicker, jeder Torjäger, jedes Idol müsse früher oder später ohnehin sterben, so sein Fazit. Da sei es doch besser, schleunigst den Islam anzunehmen, bevor man unter der Erde liege. Die deutsche Nationalmannschaft um Kapitän Michael Ballack gewann die Partie knapp mit 1:0. Fußballdeutschland war happy. Nur Lau nicht.

Eine Minute nach Spielende lud ich das Video unter dem Titel: »Deutschland–Österreich Highlights« hoch. In dieser Nacht klickten 40 000 Nutzer den Streifen an. So gesehen eine Mordszahl, allerdings hinterließen 95 Prozent der Konsumenten wüste Beschimpfungen. Das Ding ging total nach hinten los. Ein Fehlschuss quasi. Kleinlaut befahl Lau, den Clip »schnell zu löschen«.

Zu unserer *Da'wa*-Kampagne gehörte auch, zu sammeln. Je stärker unsere Gemeinde wuchs, desto größere Mittel brauchte unser Projekt. So fuhren wir mit Lau und unserem Imam im Ramadan nach England, um dort auf Betteltour zu gehen. Die britischen Brüder hatten Geld, das wussten wir aus zig Erzählungen von Besuchern unserer Moschee. Deshalb also auf nach London, zu den großen islamischen Communitys.

Kaum in Dover angekommen, winkte uns ein englischer Grenzer heraus aus der Autokolonne. Unser Wagen wurde komplett auf den Kopf gestellt. Wir mussten alle Gegenstände abgeben. Barsch verlangte man unsere Pässe. Erst nach Stunden durften wir endlich weiterfahren. Bissig ätzte ich: »Nur weil wir gläubige Muslime sind, werden wir hier schikaniert, diese *Kuffar*.«

In London ging es gleich zur größten Moschee. Eine Genehmigung zum Sammeln besaßen wir nicht. Ich stellte mich einfach vor das Gebetshaus und rief in meinem krummen Englisch: »Spendet für eine Moschee in Deutschland!« Den Satz hatte ich auswendig gelernt. Er wirkte. Binnen fünf Tagen kamen so einige Tausend Euro zusammen. Klar, es war ja auch Ramadan. Im Fastenmonat zeigten sich viele Gläubige äußerst spendabel – für ihr Seelenheil. Der Erfolg in der britischen Hauptstadt beflügelte mich zusätzlich. Ich lebte für die *Da'wa*.

Bei allem Streben für das Himmlische sollte man nie alles Irdische aus den Augen verlieren. Irgendwann klopfte das Arbeitsamt an meine Türe. Die Behörde vertrat die Meinung, dass ich mit Anfang zwanzig durchaus mal Geld verdienen könnte. Nach längeren Diskussionen überredete ich die Job-Vermittlerin, ein Praktikum im Einzelhandel machen zu dürfen.

Mein Angebot kam nicht von ungefähr. Einen entsprechenden Praktikumsplatz hatte ich schnell gefunden. Und zwar in einem »Zam Zam«-Shop, einem Laden für islamische Gebrauchsgüter. Inhaber war niemand Geringeres als Sven Lau.

Er nahm mich natürlich sofort. Es war super. Einerseits konnte ich ihm unter die Arme greifen, hatte ständig Brüder um mich. Da oft keine Kundschaft auftauchte, konnte ich zudem in islamischer Literatur schwelgen. Einfach traumhaft.

Auch für Daniel wurde ein Traum wahr. Er hatte geheiratet. Eine Bosnierin. Nach der Hochzeit strahlte er wie ein Honigkuchenpferd. Eine seltene Gefühlsregung, da emotionale Ausbrüche eigentlich nicht so sein Ding waren.

Das Glück wich jedoch schnell einer umfassenden Ernüchterung. Die Eheleute begannen sich häufig zu streiten. Meist ging es um Kleinigkeiten: Mal hatte seine Frau etwas Schminke aufgelegt, mal trug sie einen Ring. Ich sagte: »*Achi*, das sind doch keine Streitpunkte. Du hast gerade geheiratet. Bleib mal locker!« Er lachte dann. Wenn er mich so reden hörte, wurde auch ihm klar, dass er über das Ziel hinausgeschossen war. »Ja, recht haste, *Achi*«, antwortete er einsichtig.

Im Laufe der Wochen verschlechterte sich jedoch zusehends das Klima zwischen dem Ehepaar. Daniel wollte zu viel. Von heute auf morgen sollte seine Frau die perfekte Muslima abgeben. Das musste schiefgehen. Sie konnte sein Tempo nicht mitgehen. Gerade erst hatte das Mädchen ein Kopftuch angelegt, da sollte sie schon das gesamte, komplexe Reglement aus Koran und *Sunna* beherrschen. Das kam mir irgendwie bekannt vor. Genauso hatte ich seinerzeit Mona drangsaliert und verloren.

Und genauso erging es nun auch Daniel. Nach nicht einmal einem halben Jahr war er wieder solo – und von nun an nicht mehr derselbe. Die Trennung nagte an ihm. Nur noch phasenweise besuchte er unsere Moschee. Unsere gemeinsame *Da'wa*-Mission zählte nicht mehr. So verloren wir uns langsam ein wenig aus den Augen.

Zwei Jahre später kamen wir noch einmal kurz enger zusammen. Davon will ich später erzählen.

Im Jahr 2012 verschwand mein Bruder dann endgültig. Daniel rief mich zwei oder drei Mal aus Ägypten an. Dort hatte er Arabisch gelernt und wohl Kontakt zu radikalen Milieus gefunden, die in den Sprachschulen nach Freiwilligen für den Dschihad suchten: »*Achi*, mein *Iman*, der ist so hoch, das glaubst du nicht, *MaschaAllah*. Mir geht es nur noch gut«, prahlte er anfangs euphorisch. Ich entgegnete nicht viel. Irgendwie schien es mir, als sei alles wie immer mit ihm: erst himmelhoch jauchzend und dann zu Tode betrübt. Ich kannte doch meinen Daniel.

Meine Prognose sollte sich bald erfüllen. Einige Monate nach der Reise von Mönchengladbach nach Ägypten sandte mein Bruder mir eine düstere Mail: »*Salam Achi*, ich bin hier ganz alleine in irgendeinem Kaff, ich habe keine Brüder mehr um mich.«

Kurz und knapp informierte er mich über seinen Gemütszustand. Von der anfänglichen Euphorie war nichts mehr zu spüren. Schwermütig schilderte er mir sein tristes Leben vor Ort. »Komm zurück«, versuchte ich ihn zur Umkehr zu bewegen. Doch Daniel schaltete auf stur. »So schlimm ist es auch nicht, was soll ich denn zu Hause?«

Von Ägypten aus führte ihn sein Weg ins Kriegschaos nach Syrien. Trotz allem hoffe ich, dass wir uns irgendwann, wenn dieser Wahnsinn vorbei ist, nochmals wiedersehen werden. Vielleicht hat er dann begriffen, auf welchen Irrweg er sich begeben hat. So Gott will!

New Muslim Army

Sie hatte keine Chance: Marwa el-Sherbini wollte nur Gerechtigkeit und musste diesen Wunsch am 1. Juli 2009 mit ihrem Leben bezahlen. Erstochen im Dresdner Landgericht durch einen Deutschrussen. Und zwar nur aus dem Grund, weil die Ägypterin in seinen Augen das totale Feindbild abgab, eine »Islamistin« mit Kopftuch.

Über Nacht avancierte die gebürtige Ägypterin in deutschen Salafisten-Kreisen zu einem Idol. Sie diente nun als Menetekel für die Propaganda gegen die deutschen *Kuffar*, war der Beweis für die stete Unterdrückung der Muslime hierzulande. Ein rassistisch motivierter Anschlag auf eine von uns – ja, auf den Islam an sich. Ihr Schicksal bestärkte mich in meiner radikalen Ablehnung aller Andersdenkenden. »Vergeltung für Marwa«, lautete der Schlachtruf. So wie ich schworen viele meiner Brüder den Ungläubigen Rache für den Mord an Marwa el-Sherbini. Anführer wie Pierre Vogel riefen zu massiven Protesten auf. Es sollte das Signal für den islamischen Widerstand werden.

Dabei taugte das Mordopfer gar nicht für unsere Zwecke: Marwa el-Sherbini, 31, Apothekerin, verkörperte ein ganz anderes Frauenbild als jenes, das Salafisten auch nur im Entferntesten gutheißen würden.

Die junge Frau stammte aus einem Akademiker-Haushalt in Alexandria, machte Mitte der 90er Jahre ihren Abschluss am English Girls College der Hafenstadt, amtierte dort als Schulsprecherin und schloss im Jahr 2000 ihr Pharmaziestudium ab. Überdies spielte Marwa el-Sherbini sieben Jahre in der ägyptischen Handballnationalmannschaft der Frauen.

Im Jahr 2005 übersiedelte sie mit ihrem Ehemann, dem Genforscher Elwi Ali Okaz, nach Bremen. Ein Jahr später gebar sie in der Hansestadt einen Sohn. 2008 zog die Familie nach Dresden. Okaz wollte dort am Max-Planck-Institut für molekulare Zellbiologie und Genetik promovieren, um im Jahr darauf einen Lehrauftrag in seiner Heimat annehmen zu können.

Das Paar führte ein Leben für die Wissenschaft, geprägt durch ein offenes Weltbild. Sie waren Muslime, gewiss, aber mit unseren engstirnigen Vorstellungen von Gut und Böse hatten diese Leute nichts am Hut. Unsere Anführer aber instrumentalisierten Marwas Tod für ihre Zwecke.

Der Tragödie eilte ein Streit zwischen Täter und Opfer im Sommer 2008 auf einem Spielplatz voraus. Der Deutschrusse Alex W. hatte mit seiner Nichte die beiden einzigen Schaukeln besetzt. Nach einigen Minuten begann Marwas dreijähriger Sohn Mustafa zu drängeln, er wolle nun auch mal schaukeln.

Daraufhin ging seine Mutter auf den unbekannten Mann zu und fragte, ob er nicht die Schaukel für das Kind freigeben könne. Doch Alex W. beschimpfte el-Sherbini, die ein Kopftuch trug, stattdessen als »Islamistin« und »Terroristin«. Auch ihr Sohn werde, wenn er groß sei, einmal ein Terrorist. Leute wie sie hätten auf dem Spielplatz und in Deutschland nichts zu suchen. Die Sache landete vor Gericht, nachdem ein Ehepaar, das ebenjene Szene verfolgt hatte, sich einmischte und der Ägypterin ihr Handy lieh, damit sie die Polizei einschalten konnte. Die Beamten nahmen den Vorfall zu Protokoll und schrieben eine Anzeige.

Der Wüterich auf der Schaukel musste sich wegen Beleidigung vor Gericht verantworten. Weil er eine Geldstrafe nicht akzeptieren wollte, ging er in Berufung.

Als Marwa el-Sherbini an jenem 1. Juli 2009 ihre Zeugenaussage im Gerichtssaal 0.10 des Justizgebäudes beendet hatte und sich dem Ausgang näherte, fiel der Angeklagte über die Frau her und stach immer wieder auf sie ein.

Vergeblich versuchte der Mann des Opfers, den Täter zu stoppen. Auch er wurde lebensgefährlich durch den Messerstecher verletzt. Außerdem traf ihn eine Kugel, abgefeuert von einem Polizisten, ins Bein. Der Beamte, der wegen des Tumults in den Gerichtssaal gestürmt war, hatte irrtümlich den Partner der ermordeten Frau für den Angreifer gehalten.

Mustafa, der Sohn, musste mitansehen, wie seine Mutter verblutete. Marwa el-Sherbini war im zweiten Monat schwanger gewesen. Die Staatsanwaltschaft sprach von einem Einzeltäter, der aus einer »extrem ausländerfeindlichen Motivation« gehandelt habe.

Fast noch am selben Tag erreichte uns die Nachricht über das Blutbad in der sächsischen Landeshauptstadt. Genauso unfassbar wie die Tat fielen die medialen Reaktionen hierzulande aus. Es gab keinen Aufschrei, keine Empörung über das islamfeindliche Schurkenstück. Während gerade in muslimischen Ländern, allen voran in Ägypten, sich die Massen zu Protesten zusammenfanden, während Muslimverbände in Deutschland vor einer besorgniserregenden steigenden »Islamophobie« warnten, fielen die Reaktion von Politik und Journaille denkbar verhalten aus. Da war eher von einer persönlichen Tragödie die Rede als von einem rassistisch-religiös motivierten Mord.

Voller Zorn registrierte ich die recht lethargischen Berichte über das Attentat auf die Muslimin el-Sherbini. Erst auf öffentlichen Druck aus dem Ausland – so unterstellte die englische Presse den Deutschen, dass sie die wahren Mordmotive unter den Teppich kehrten – korrigierte sich allmählich dieses Bild.

In einem Gastkommentar kurz nach der Tat warf Tarafa

Baghajati, ein austro-syrischer Imam und Begründer der Initiative österreichischer Muslime, den hiesigen Medien vor, sie hätten »die Nachricht zuerst systematisch unterdrückt«. Zugleich konstatierte er, dass es »der im deutschsprachigen Raum erste aus Islamhass verübte Mord« sei.

Solche Aussagen sprachen uns aus der Seele. Das Wegschauen der Presse in den ersten Tagen nach dem feigen Attentat erregte unsere Gemüter: »Wenn irgendwo auf der Welt ein Muslim bei Rot über die Ampel geht, kannst du dich vor Schlagzeilen kaum retten. Wenn jedoch eine Muslima, die auch noch vollintegriert war, mit 18 Messerstichen in einem Gerichtssaal vor den Augen der Polizei hingerichtet wird, weil sie ein Kopftuch trägt, dann spricht niemand darüber.« Die Empörung in unseren Kreisen war riesengroß.

»Drecks *Kuffar*-Medien«, schimpfte ich, wenn wir wieder einmal zusammensaßen und uns über den Fall der getöteten Ägypterin aufregten. Egal, wen ich außerhalb unseres Zirkels darauf angesprochen hatte, so gut wie niemand schien Genaues über den grausigen Gewalttakt zu wissen.

Pierre Vogel, der kölsche Web-Imam, erkannte sehr schnell die Chance, die der Tod der Marwa el-Sherbini für die salafistische Bewegung mit sich bringen könnte: »Das ist erst der Anfang. Das war kein Einzelfall. Das ist das Ergebnis der jahrelangen Hetze gegen uns«, wiederholte der Agitator immer wieder in seinen Videos und Reden. Er wusste genau, wie er diesen Fall für die *Da'wa* ausnutzen konnte.

Marwa stilisierte er zur ersten islamischen Märtyrerin in Deutschland hoch. Auch für mich war sie eine Heldin: »Sie musste ihr Leben geben, weil sie für ihre Religion einstand«, so dachten wir. Da gab es keinen Zweifel. Vogel, Sven Lau und andere geistige Leader wurden nicht müde, diesen Heldenmythos aufrechtzuerhalten.

Kurz nach Marwas Tod zogen wir zur ersten Kundgebung

nach Berlin. Hunderte Brüder versammelten sich zu ihren Ehren. Die gesamte Gladbacher Elite war angereist. Mit selbstgebastelten Protest-Plakaten, auf denen man ein Foto der Ermordeten mit ihrem Mann und ihrem Sohn sah, machten wir unserer Wut Luft, skandierten immer wieder den Namen des Herrn und schüttelten aufgebracht die Fäuste.

Nach einer Koranrezitation übernahm Vogel, alias Abu Hamza, das Mikrofon und brüllte los: »Wir sind die Ersten, die für unsere Geschwister den Mund aufmachen. Egal ob Sufi, Schiit, Sunnit oder sonst wer. Wir stehen ein für die ungerecht Behandelten.« In die Pause hinein schrie plötzlich ein Demonstrant: »*Takbiiir*«, woraufhin ein laustarkes »*Allahu akbar*« folgte. Angefeuert durch den Vorredner johlte die Menge. Und ich natürlich mittendrin.

Voller Inbrunst brüllte ich mit, wenn das nächste vielstimmige »*Takbiiir*« anhob. In dem Moment fühlte ich mich stark, nicht mehr wie ein kleiner Moslem, den alle nur herumschubsen konnten, wie sie wollten.

Langsam, aber sicher entwickelten wir uns zu einem Machtfaktor, wenn noch bei weitem nicht so groß und so gefürchtet wie die Salafisten-Scharen heute. Bereits damals spürte ich jedoch den fortlaufenden Aufwärtstrend.

Die Veranstaltung in Berlin stellt wohl einen der Wendepunkte in der weiteren *Da'wa*-Strategie Vogels dar. Dass er mit aggressiv-emotionaler Rhetorik punkten konnte, zeigte bereits sein Video, in dem er tönte: »Wir müssen bereit sein, vor dem Pharao zu stehen und zu sagen: *La ilaha illallah, Muhammadan rassulullah!*« (Es gibt keinen Gott außer Allah, Mohammed ist sein Gesandter.) Sein pathetischer Vortrag bezog sich auf die schon im Alten Testament beschriebene Befreiung der Israeliten aus ägyptischer Knechtschaft durch Moses, der selbstbewusst vor den mächtigen Pharao trat und ihm zum Glauben an seinen Schöpfer aufgerufen hatte.

Der YouTube-Clip unter dem Titel »Pierre Vogel rastet aus« generierte binnen weniger Wochen Zehntausende Klicks. Eine skurrile Headline, die vor allem bei uns jungen Brüdern gut ankam. Die Szene liebte lautstarkes Getöse. Wir standen auf all das Geschrei, gepaart mit Tränen und dem ganzen emotionalen Gehabe, das der bullige Rotbart vor der Kamera zum Besten gab. Je lauter und militanter, desto besser.

Spätestens seit der Demo zum Gedenken an Marwa el-Sherbini hatte Vogel Blut geleckt. Er war sich seiner Aura, seiner Wirkung auf die Bewegung bewusst und suchte seinen Einfluss und seine Leadership stetig auszubauen.

Fortan inszenierte der Prediger regelmäßig Kundgebungen. Der kleinste Anlass reichte, dass Vogel zu einer Versammlung aufrief, um seine Jünger erneut auf den Kampf gegen alles Falsche in Deutschland oder in der Welt einzustimmen.

Irgendein aktueller Anlass fand sich immer. Trotz meiner persönlichen Vorbehalte gegen ihn freute ich mich auf jeden neuen Event. Vogel war immer für eine Überraschung gut, er traf den richtigen Ton. Vor allen Dingen sprach er unsere Sprache. Sein Duktus traf genau die Stimmung auf Krawall gebürsteter junger Eiferer wie mir. »Wir kämpfen für etwas Großes«, dachte ich zumindest damals. Es fühlte sich gut an, »ein Nutzen für die *Umma* zu sein«. Gab es was Schöneres, als mit Hunderten Brüdern mitten auf den zentralen Plätzen großer Städte zu stehen und »*Allahu akbar*« zu skandieren?

Für mich nicht. Im Gegenteil: Im Hochgefühl des Augenblicks stellte ich mir vor, die ganze Stadt einnehmen zu können. Musa, der Eroberer. Nicht, dass ich an einen blutigen Feldzug gedacht hätte. Vielmehr zog mich die ganze Gruppendynamik, dieses gemeinsame Streiten für die »gute Sache« so in den Bann, dass ich in eine ungeahnte Euphorie fiel. Im Geiste wähnte ich schon die Stadt in unserer Hand, sah das Banner Mohammeds über dem Rathausturm flattern. Sturmreif geschossen durch unsere überlegene Theologie, unseren Glauben, unsere überzeugende *Da'wa*-Mission, die nun durch unsere öffentlichen Auftritte zu voller Durchschlagskraft gereift war.

Mein Herz schlug immer schneller. Ich wartete nur darauf, dass jemand wieder »*Takbir*« rief, so wie alle anderen Anwesenden auch. Manchmal stimmte ich auch selbst unseren Schlachtruf an. Wenn mir dann alle folgten und »*Allahu akbar*« intonierten, fühlte ich mich wie ein Dirigent, der seinem Orchester den Takt vorgab.

In jener Zeit machte Vogel die Moschee in Mönchengladbach-Eicken zu einem seiner Hauptstützpunkte. Er und Sven Lau rückten immer näher zusammen.

Nach einem Freitagsgebet in der Eickener Moschee bestellte Vogel uns zur nächsten Kundgebung für den darauffolgenden Tag mit den Worten ein: »Wer da nicht hinkommt, ist ein Heuchler. Wir sind die New Muslim Army.«

Keine Ahnung, woher Vogel diesen Namen hatte. Für mich klang er wie eine Hommage an die Muslim Bosnian Army, die im Bürgerkrieg nach dem Ende Jugoslawiens in den Dschihad gegen die serbischen Streitkräfte gezogen waren.

Zufällig hatte ich Vogels Ansprache aufgezeichnet. Zu Hause setzte ich mich an meinen PC. Inzwischen hatten wir auch einen Internetanschluss, so dass ich seine Worte mit *Nashids* (orientalischen Gesängen) unterlegt auf YouTube einstellen konnte.

Kurze Zeit später klingelte mein Telefon. Am Apparat meldete sich der Sheikh unserer Bewegung. Muhamed Ciftci blaffte durch den Hörer: »Was fällt dir denn ein, so einen Unsinn ins Internet zu stellen?« Barsch wies er mich an, dieses Video umgehend zu löschen. »New Muslim Army, was ist das denn für ein Quatsch?«, brummte er missmutig. »Raus damit!«

Natürlich folgte ich den Anweisungen des Sheikhs. Ciftci

war sichtlich unzufrieden mit uns. Ihn störten die proletenhaften Auftritte Vogels und seines Anhangs. Das Ganze ging ihm zu weit. Er fürchtete das negative Echo solcher Bilder in der Öffentlichkeit.

Auch der Leipziger Imam Hassan Dabbagh, einer der klügsten Köpfe der deutschen Salafisten-Bewegung, forderte uns auf, nicht nach jedem Satz zig Mal »*Allahu akbar*« zu brüllen.

Die Warnungen verhallten mehr oder minder unbeachtet. Nichts konnte uns aufhalten. Warum sollten wir nicht jedem zeigen, wie stolz wir auf unsere Religion waren? Angeführt von Vogel und Lau zogen wir unser Ding weiterhin durch. Nicht, dass wir stets Massen anzogen. Manchmal kamen gerade mal 100 oder 300 Zuhörer. Auch erzielten unsere Protagonisten mit ihren YouTube-Beiträgen bei weitem nicht immer die Resonanz wie heutzutage. Dennoch zeigte unser Bekanntheitsgradmesser steil nach oben – in- und außerhalb der Szene.

Allerdings mehrten sich durch diese Entwicklung die Vorbehalte der führenden salafistischen Geistlichen wie Ciftci und Dabbagh. Spätestens 2010 ließen sich beide nicht mehr auf unseren Veranstaltungen blicken. Die neue Strategie begann zunehmend die führenden Gelehrten und die YouTube-Prediger zu spalten. Ein Prozess, der in den Folgejahren zum endgültigen Bruch führen sollte.

Marwa el-Sherbini wurde kurz nach ihrem gewaltsamen Tod unter großen Anteilnahme der Bevölkerung im heimischen Alexandria bestattet. Dort wird sie noch heute als Märtyrerin verehrt.

Ihr brutaler Tod hat nach anfänglichem Weggucken auch in Dresden und anderswo die Bürger wachgerüttelt. Auch wenn heute die unsäglichen Islamfeinde von Pegida & Co. dieser wunderschönen Barockmetropole an der Elbe eine braunen Anstrich zu verleihen versuchen, haben die normalen Menschen dort längst verstanden, dass dieser Mord ein feiger Anschlag auf unsere Demokratie, auf unser Selbstverständnis einer freien und menschenwürdigen Gesellschaft war, in der jeder seine Religion frei wählen kann.

Im Landgerichtsgebäude am Eingangsbereich hängt inzwischen eine Tafel, die an das Schicksal von Marwa el-Sherbini erinnert. Jedes Jahr am 1. Juli versammeln sich hier Menschen, um ihrer zu gedenken.

Das weiß ich heute, damals jedoch wollte ich solche Wahrheiten nicht zur Kenntnis nehmen. Blind vor Wut folgte ich nur dem einen Ruf: »*Takbir.*« Gefolgt von der Antwort: »*Allahu akbar.*« Die New Muslim Army konnte kommen.

Meine dritte Pilgerfahrt

Zamzam, der Ursprung Mekkas. Der islamischen Überlieferung zufolge handelt es sich um die Quelle, die der Herr für Hagar, die Frau des menschlichen Urvaters Abraham, und deren erstgeborenen Sohn Ismail entspringen ließ, als sie in der Wüste zu verdursten drohten. Verängstigt, völlig erschöpft soll Hagar zwischen den Hügeln Safa und Marwa hin- und hergerannt sein, um Wasser zu finden. Nach dem siebten Lauf entdeckte Hagar eine sprudelnde Quelle, die urplötzlich zu Füßen ihres Sohnes aus dem Boden strömte.

Der Legende zufolge siedelten sich rund um das Wasser Menschen in dem sonst so kargen Tal an. Diese Quelle, so die Erzählung, begründete den Beginn der Stadt Mekka.

Im Gedenken an diese Sage gehen die Pilger während dem *Hadsch* oder der *Umrah* sieben Mal zwischen den beiden Hügeln hin und her. Heute erhebt sich die große Moschee über beide Hügel samt dem Brunnen, in dem der heilige Quell fließt.

Gläubige trinken das Zamzam-Wasser im Rahmen des Wallfahrtsrituals. Sie tragen kleine Mengen in eigens desinfizierten Kanistern nach Hause – üblicherweise zwischen zehn und zwanzig Liter des heiligen Tranks. Längst ist der Handel mit dem Zamzam-Elixier zu einem lohnenden Geschäft geworden.

Zwar haben die Saudis den kommerziellen Export von Wasser aus der heiligen Quelle verboten, doch niemand kümmert sich darum. Wer will, kann inzwischen angeblich reines Zamzam-Wasser übers Internet bestellen.

Der Begriff Zamzam wird gerade in der salafistischen Szene inflationär gebraucht. Allerorten wachsen islamische Spezial-Geschäfte wie Pilze aus dem Boden, um den Bedarf eines strenggläubigen Muslims zu befriedigen. Das reicht von einschlägiger Literatur über jeglichen islamkonformen Tand wie Räucherstäbchen, Parfüms oder Kernseife bis hin zu Pilgerreisen gen Mekka und Lebensmitteln, die garantiert *halal* (erlaubt) sind.

So verbietet der Koran nicht nur den Genuss von Schweinefleisch, sondern fordert ferner, dass nur Tiere gegessen werden dürfen, die nicht verendet sind, bevor sie geschlachtet wurden. In der Praxis heißt das: Anders als in Westeuropa üblich, tötet ein großer Schnitt mit dem Messer quer durch die Halsunterseite die unbetäubten Tiere. Mit dem Schächten soll das möglichst rückstandslose Ausbluten des Viehs gewährleistet werden.

Natürlich durften in solchen Islam-Läden die Kanister mit Zamzam-Wasser nicht fehlen. Zumindest bei Sven Lau nicht. Treffenderweise hatte er sein Geschäft »Zam Zam Shop« genannt. Er wollte seinen eigenen Laden zur »Quelle der *Da'wa*« in Mönchengladbach machen. Als mir das Jobcenter auf die Pelle rückte, hatte ich bei ihm eine Arbeit angenommen. Die Bezahlung war äußerst miserabel. Aber das kümmerte mich nicht: Zum einen hatte ich genug Zeit, religiöse Bücher zu studieren, zum anderen brauchte ich damals auch nicht viel zum Leben.

Meine Frau Lena bezog ein sicheres »Einkommen« auf Hartz-IV-Basis. Zudem gab's Kindergeld, nachdem sie im August 2008 unseren Sohn zur Welt gebracht hatte. Zwar fraß der Umzug in eine größere Wohnung einen Teil meiner gesparten Zivi-Kohle auf. Alles in allem aber kamen wir gut über die Runden.

In diesem Kontext betrachtete ich die Arbeit bei Lau als reine Übergangslösung. Ich hatte wahrlich nicht vor, auf Dauer für ihn zu arbeiten. Nur so lange, bis das Arbeitsamt mich nicht mehr auf dem Kieker hatte.

Die Zeit verging, der islamische Kalender zeigte den Ramadan im darauffolgenden Jahr 2009 an, als Sven Lau eines Tages vor mir stand. Prüfend sah er mich an, strich sich sinnierend durch seinen dunkelblonden langen Bart, ehe er seine Frage abschoss: »*Achi*, wann warst du das letzte Mal in Mekka?« Ich überlegte kurz und sagte: »Vor anderthalb Jahren etwa.« Sein Lächeln verbreiterte sich: »*SubhanAllah* (Alles Lob gebührt Allah) *Achi*, dann wird's ja dringend Zeit, wieder zum Hause Allahs zu pilgern. Stell dir vor: Wir beide gemeinsam bei der *Umrah*, und das im heiligen Monat Ramadan. Was meinst du, wie es ist, wenn wir gemeinsam die *Kaaba* umschreiten und Bittgebete zum Herrn sprechen?«

Lau wusste, wie man Menschen manipulierte. Er versuchte es allerdings nur bei Leuten, die sich ihm unterordneten, willfährigen Claqueuren, die seine Worte nicht in Frage stellten. Vorwiegend umgab er sich mit solchen Brüdern, die ihm bedingungslos folgten, die ihm zuhörten und ihm das Gefühl gaben, er hätte ihnen gerade die ultraoptimale Heilsbotschaft verkündet. Lange gehörte auch ich zu diesen Jasagern.

Reden konnte Lau wie ein Wasserfall, nur mit dem Zuhören hatte er seine Probleme. Wenn ich ihm etwas erzählen wollte, wirkte er meistens abwesend. Oder aber er brannte darauf, meine Geschichte zu toppen: »Sieh mal, *Achi*, das ist ja noch gar nichts ...« Diese Einleitung konnte ich beinahe singen, weil Lau sie allzu oft benutzte, um mir zu zeigen, wie wenig ich doch wusste.

Längst ist mir klar, dass Typen wie ich ihm seinerzeit hörig waren. Ich passte haargenau in sein Beute-Schema: schnell zu beeindrucken, leicht lenkbar und pflichteifrig, wenn es um den Glauben ging. Gelehriger Schüler, der ich war, folgte ich all seinen Anweisungen und Riten. Stets beendete ich meine Sätze mit einem »*SubhanAllah*« oder »*MaschaAllah*«, so als hätte ich in der Schule hundert Mal an die Tafel zu schreiben: »Musa muss brav sein.«

Seinerzeit unterstützte ich Lau, wo es nur ging: Ich filmte ihn mit der Kamera, schnitt die Videos, lud sie hoch, arbeitete für Peanuts in seinem Shop und leistete ihm stets Gesellschaft, wenn es ihn danach verlangte.

Laus Web-Präsenz zeigte mittlerweile Erfolge. Die Moschee in Eicken wuchs zu einer festen Größe in der Salafisten-Community. Ähnlich verhielt es sich mit der Resonanz auf unseren YouTube-Kanal. Lau, alias Abu Adam, trat so langsam, aber sicher aus dem Schatten der Salafisten-Stars wie Muhamed Ciftci oder Pierre Vogel heraus.

Ein Dankeschön für meinen Anteil an seinem Ruhm kam dem großen Herrn und Meister zwar nicht über die Lippen, doch ich fühlte mich geschmeichelt wegen seiner Einladung zur kleinen Pilgerfahrt nach Mekka.

Auch wenn das Geld bei mir nicht mehr ganz so locker saß, ging ich sofort auf Laus Vorschlag ein: »Ja, *Achi*, ich glaube, ich bin dabei, *inschaAllah* (so Gott will), das wird großartig.«

Im Gegensatz zu mir musste sich Lau nicht ums Finanzielle sorgen. Bekannt geworden durch seine YouTube-Auftritte, sponserten ihn mittlerweile Pilgerreisebüros. Die Firmen warben mit ihm als *Umrah*-Begleiter. Eine Win-win-Situation: Das Unternehmen lockte auf diese Weise Dutzende Teilnehmer an, die mit Lau reisen wollten. Umgekehrt jettete unser Moschee-Vereinsgründer günstig nach Mekka.

Kurz darauf ging es los: Meine Frau zeigte sich zwar wenig begeistert, schien aber ganz froh, mich eine Zeitlang los zu sein.

Im September 2009 war es so weit, ich vollzog meine dritte Pilgerfahrt. Von Frankfurt flogen wir dieses Mal nach Riad, der Hauptstadt Saudi-Arabiens. Während des Fluges tuschelten einige Mitstreiter wegen einer äußerst aparten Frau, die nicht weit entfernt von uns saß. Eine bildhübsche somalische Schwester samt Vater, deren Anblick einigen von uns die Sinne raubte.

Kurz vor der Landung zog mich einer der Gladbacher Brüder zur Seite: »Musa, ich treffe mich später mit ihr und ihrem Vater, aber meine Frau weiß nichts davon, das darfst du niemandem sagen!«

Fassungslos schaute ich ihn an: Während seine Frau zu Hause die Kinder hütete, bewegte er sich auf Freiers Füßen. Während die Gattin noch nie die heiligen Stätten besuchen durfte, traf sich ihr Ehemann heimlich mit der nächsten potentiellen Frau. Meine Gedanken fuhren Achterbahn: »Was soll das? Warum lügt er seine Frau an? Der hat sie doch nicht alle!«

Ich musste an mich halten, um nicht auszurasten. »Wie kann dieser Bruder so etwas tun?« Diese Frage beschäftigte mich, während mein Nebenmann mir einen schwärmerischen Vortrag über die Mehrehe hielt. Dass Allah die Polygamie nun einmal erlaube und seine erste Frau damit nicht einverstanden sein müsse. Meine Einwände ließ er nicht gelten. Bald staute sich Zorn in mir auf. Wieso wollte der Typ denn nicht verstehen, dass es unredlich war, seine Angetraute so schändlich zu hintergehen? Pilgern als Vorwand, um fremdzugehen – wie verwerflich!

Dabei hätte ich eher Grund gehabt, mich ein wenig zurückzuhalten. Mein Sohn war mittlerweile ein Jahr alt, trotzdem lief meine Ehe wahrlich nicht glücklich. Lena und ich sprachen kaum noch miteinander. Und wenn, dann gab es meist Streit. Längst war mir klargeworden, dass sie nicht die richtige

Frau für mich war. Immer mehr mied ich mein Zuhause, verbrachte oft die Nächte bei Daniel oder anderen Brüdern unter dem Vorwand, die Missionierung zum Islam vorantreiben zu müssen.

Tatsächlich hatte ich die Wallfahrt angetreten, weil ich von Lena weg wollte. Nüchtern betrachtet hatte ich sie ebenfalls betrogen. Und nun schwang ich mich zum Richter über meinen Nachbarn auf, der augenscheinlich seine erste Frau hinterging. Gerade ich, Musa, der gerade selbst vor seinem Eheleben auf Pilgerreise geflüchtet war, maß sich an, über den untreuen Bruder zu richten.

Gewiss ein Widerspruch – dennoch versuchte ich, meinem Sitznachbarn dessen Pläne auszureden. Vielleicht spielte auch der Gedanke mit, dass es einfach unschicklich für einen strenggläubigen Muslim war, sein amouröses Abenteuer ausgerechnet am heiligsten aller Orte auszuleben. Doch mein ganzes Gerede fruchtete nicht. Liebestoll wie er war, versuchte der Bruder sein Glück.

Am Flughafen in Dschidda angekommen, brachte uns ein Bus ins Zentrum. In freudiger Erregung konnte ich es gar nicht erwarten, die *Umrah* mit meinem Freund Sven zu begehen. Kaum im Hotel, platzte jedoch diese Illusion. Lau teilte mich bei der Zimmerbelegung irgendeinem Mitreisenden zu. So als wäre ich für ihn ein Fremder. Von da an hatten wir nicht mehr viel miteinander zu tun. »Das ist also unsere gemeinsame *Umrah*, zu der du mich überredet hast?«, dachte ich irritiert, erhob aber keine Einwände. Ich war fest entschlossen, die Zeit in Mekka zu genießen – ob mit oder ohne meinen großen Lehrmeister. Und das tat ich auch. Mit Lau bin ich tatsächlich während dieser Reise nicht einmal gemeinsam um die *Kaaba* gegangen, wir sahen uns kaum.

In der 27. Nacht des Monats Ramadan, der vielen Muslimen als Punkt der Bestimmung (*Laylat al Qadr*) gilt, musste man bereits um 17 Uhr in der Großen Moschee einen Platz gefunden haben, um dort sechs Stunden später das *Tarawih*-Gebet aufsagen zu dürfen, welches nur im Ramadan in der Gemeinschaft stattfindet, aber keine Pflicht darstellt. In Mekka besteht es aus 23 Gebetseinheiten und dauert einige Stunden bis tief in die Nacht.

Selbstverständlich hatte ich mir als eifriger Muslim einen hervorragenden Platz in dieser Nacht gesichert, indem ich umgehend nach dem Fastenbrechen die heilige Moschee aufsuchte. Dieses Erlebnis mochte ich nicht missen. Auch, wenn ich stundenlang ausharren musste.

Als erfahrener Pilger gab ich zudem den Führer für drei meiner Brüder aus Eicken und Neuss.

Sie erlebten die Wallfahrt wie in einem Märchen. Jeden Tag aufs Neue führte ich sie in die Abläufe an den unterschiedlichen Stationen der *Umrah* ein. Ein Mekka-Insider mit seinen Novizen on tour.

Zu dem Trio zählte auch Mustafa. Jener Mann, der sich seit Ende Oktober 2015 als mutmaßliches Mitglied der Terrormilizen »Islamischer Staat« vor dem Oberlandesgericht in Düsseldorf verantworten muss.

Im Januar 1988 im türkischen Seyhan geboren, lebte der gebürtige Kurde seit den 90er Jahren mit seinen Eltern und drei Geschwistern in Mönchengladbach. Obwohl er noch nicht lange bei uns in Eicken gewesen war, stand er schon damals für einen militanten Islamismus.

Häufig genug gerieten wir während der Pilgerfahrt aneinander: Über die Vielehe genauso wie über *Scharia*, Demokratie und den angeblich so »Heiligen Krieg«. Mustafa kritisierte mich des Öfteren wegen meiner ablehnenden Haltung zum Dschihad.

»Du bastelst dir eine eigene Religion und verdrehst die Tatsachen, um den Kallis zu gefallen«, schimpfte er mit einer abfälligen Handbewegung, wenn er mit seinen Argumenten nicht weiterkam. Kallis wurden die Deutschen genannt, in Anlehnung an den typisch teutonischen Namen Karl-Heinz. Mustafa konnte mir das Wasser nicht reichen. Seine theologischen Kenntnisse fielen äußerst rudimentär aus. Mustafa konnte gerade mal ein paar Suren rezitieren und las sich gerade in die Basics islamisch-salafistischer Lektüre ein. Er war gerade am Anfang, ein Novize, und leierte vor allem die auswendig gelernten Sprüche unserer Anführer herunter.

Mustafa gehörte auch zu jenen willfährigen Lämmern des Sven Lau, die ihm ständig applaudierten. Spätestens auf dieser Reise begriff ich, dass Lau nie mein Freund gewesen war, sondern nur eine oberflächliche Zweckgemeinschaft mit mir geknüpft hatte. Er hatte mich ausgenutzt, um sich selbst besser in Szene setzen zu können. Wenn er mich brauchte, tat er so, als seien wir Brüder. Kaum aber waren die Videos abgedreht, verschwand er auch schon wieder.

Auf unserem Pilgertrip wurde mir endgültig klar, dass Lau nicht zu der Sorte Mensch gehörte, die meinem Leben einen Sinn geben konnten. Er war ein Verführer – aber keiner, der irgendetwas Gutes für mich bereithielt. Er zog sein Ding gnadenlos durch.

In dem Moment ging in mir etwas verloren: Der Glaube an die muslimische Gemeinschaft. Was waren das noch für Zeiten gewesen, als es hieß »*Achi* hier, *Achi* da«? Als wir bei den Islam-Seminaren gemeinsam auf dem Boden gesessen und gegessen hatten. Als wir uns umarmt und der eine dem anderen nur alles Gute gewünscht hatten – mit dem Segen Allahs.

Dieser Geist war verkümmert, je näher ich an Lau und die Eickener Moscheespitze herangerückt war. Die Reise nach Mekka 2009 tat ihr Übriges.

Insofern fiel unser Abschied nach unserer Rückkehr am Flughafen Frankfurt äußerst frostig aus. Wir verabschiedeten uns zwar mit dem islamischen Friedensgruß, ich sah ihm dabei aber nicht in die Augen und lächelte nicht, wie sonst üblich. In der Folgezeit begann ich mich immer mehr von Lau zu distanzieren.

Dasselbe galt für die Brüder, die ich in die Geheimnisse Mekkas eingeführt hatte. Da wäre vor allem Mustafa zu nennen, mit dem mich im Laufe der folgenden Jahre ein höchst ambivalentes Verhältnis verband. Das lag weniger an mir, sondern an ihm.

Nie werde ich vergessen, wie wir uns das erste Mal gesehen haben: Das war lange vor unserer gemeinsamen *Umrah* gewesen. Irgendwann tauchte er bei uns in Eicken auf. Damals hatte er mit Koran und *Sunna* nichts im Sinn gehabt.

Offenbar trieb ihn die reine Neugier in unser Gotteshaus. Wie so viele andere junge Leute suchte er nach einem Halt, nach einem Sinn. Also laberte ich ihn eine ganze Stunde lang voll: »*Achi*, es ist nicht gut, wie du dein Leben führst.« Ich betete die ganze Litanei herunter, die uns Pierre Vogel in den *Da'wa*-Kursen eingebläut hatte. Beginnend von Schilderungen über das Paradies und die Hölle bis hin zum Weg zu höchster Glückseligkeit, wenn er das Glaubensgebet sprechen würde.

Mustafa sagte nicht viel. Er verließ uns mit einem Blick, der pure Skepsis ausdrückte. Erst ein Jahr später tauchte er wieder auf. In der Zwischenzeit war er einer von uns geworden. »Boah, was hast du mich damals vollgelabert«, flüsterte er mir nach einer kurzen Begrüßung ins Ohr. »Das war zu viel für mich.« Zugleich hätte er viele meiner Worte nicht mehr vergessen können und habe sich schließlich ganz dem Islam gewidmet.

Wir verloren uns dann ein wenig aus den Augen, weil ich mich immer mehr aus der Clique um Lau herauszog. Ab und an begegneten wir uns in der Moschee. Und wie schon zu

Zeiten unserer kleinen Pilgerfahrt entbrannte dann schnell ein ordentlicher Streit zwischen uns. Mustafa geriet immer stärker auf das extremistische Gleis. Ich weiß nicht warum, aber er sprach andauernd von der *Scharia* und vom Dschihad.

Anfang Mai 2012 begegneten wir uns zufällig wieder in der Moschee in Rheydt. Es war just jener Tag, an dem ein salafistischer Fanatiker bei einer Demonstration gegen die Anti-Mohammed-Hetze der rechtsextremen Partei Pro NRW zwei Polizisten mit einem Messer lebensgefährlich verletzt hatte.

Anfangs hatten die Protestler noch wütend den Namen des Herrn angerufen und den Koran in die Luft gestreckt. Doch dann eskalierte die Situation. Steine flogen. Die Demonstranten griffen die Polizei mit Holzlatten an. Die Ordnungshüter setzten daraufhin Pfefferspray und Wasserwerfer ein, um den Mob in Schach zu halten. Etliche Salafisten wurden festgenommen, 29 Polizisten erlitten Verletzungen.

Die Nachricht machte schnell ihre Runde: In der Moschee gab es nur ein Thema. Mustafa saß etwas abseits. Ich ging zu ihm. Wir hatten uns lange nicht mehr gesehen, so dass ich ihn freudig begrüßte.

»Hast du schon von den Krawallen in Bonn gehört?«

Er schüttelte seinen Kopf.

»Da sind zahlreiche Leute verletzt worden, darunter zwei Polizisten«, fuhr ich fort.

Sein Mund weitete sich zu einem hämischen Grinsen: »*MaschaAllah*, eine gute Nachricht.«

Ich konnte es kaum fassen. Das konnte doch nicht wahr sein. Hatte er sie noch alle? Stachen wir jetzt schon Polizisten nieder? Empört fuhr ich ihn an: »Du widerst mich an.«

Gewalt hatte ich stets abgelehnt. Es war nicht mein Islam, den anderen zu schlagen, sollte er nicht unseren Glauben annehmen.

Mustafa suchte sich zu rechtfertigen: »Wieso? Das sind

doch *Kuffar*, die den *Taghut* (das korrupte System) anbeten. Die Feinde Allahs werden verletzt – und das ist gerecht. Man muss ihnen schaden, wo man kann.«

Seine Augen glühten vor Hass und Stolz, als er mir diese Sätze entgegenschleuderte. Dabei berief Mustafa sich auf einen türkischen Gelehrten, der ihm diese Losung in einem Telefonat mit auf den Weg gegeben hatte.

Anfangs versuchte ich ihn noch vom Gegenteil zu überzeugen. Doch mit jedem meiner Worte steigerte er sich immer weiter in Rage. Bald fing er an, mich zu beschimpfen. Da war es Zeit zu gehen.

Anderntags kam Mustafa reumütig auf mich zu und entschuldigte sich. Er schien wie ausgewechselt zu sein. Höflich, gar demütig bat er mich um Verzeihung. Ich nahm seine Entschuldigung an, weil ich kein nachtragender Mensch bin und ich ihn ohnehin nicht ernst nahm. Oft raste er wegen meinen »zu laschen« Ansichten und Einstellungen, um sich beim nächsten Treffen wieder für sein respektloses Verhalten mir gegenüber zu entschuldigen. Er wirkte auf mich unentschlossen und labil, deswegen trafen seine Beleidigungen mich nie.

In jener Zeit begegneten wir uns häufiger. Nicht, dass ich es darauf angelegt hätte, aber der Zufall wollte es so. Und meistens gab's Zoff.

Kurz nach dem Freitagsgebet in der Moschee in Rheydt verteilte ein SPD-Politiker auf dem Hof Flyer für die Landtagswahl in NRW. Mustafa spritzte dazwischen, als ich mir einen der Werbezettel ansehen wollte:

»*Achi*, nimm das nicht, das ist *Kuffr* (Unglaube).«

Dahinter stand die simple Maxime, dass wer etwas anderes als das Gesetz Allahs akzeptiert, ein Sakrileg begeht.

»Was für'n Quatsch«, sagte ich und griff mir einen Flyer. Von so einem wie Mustafa ließ ich mir doch nichts sagen.

Angestochen wie eine Tarantel versuchte er, auch die anderen Brüder davon abzuhalten, die Wahlwerbung anzunehmen. Da aber kam ihm die Moscheeleitung in die Quere. Die Gemeindeführung in Rheydt zitierte ihn in ihr Büro und machte ihm deutlich, dass sie solche radikalen Töne hier nicht wünschte. Furchtbar sauer stapfte Mustafa die Treppe hinunter. Die Zornesröte stand ihm ins Gesicht geschrieben: »Ich komme hier nie wieder hin«, rief er aus.

Die bombastische Gestik beeindruckte mich nicht. Vielmehr verwickelte ich Mustafa in ein Gespräch: Ich wollte nicht verstehen, warum »Wählen gehen ein Zeichen von Unglaube« sei. In Salafisten-Kreisen ist genau dieses Thema höchst umstritten. Anfangs hatte etwa Pierre Vogel in Eicken immer damit geworben: »Geht wählen! Wir müssen das kleinere Übel in Kauf nehmen, die Linkspartei, weil sonst unsere Stimmen verfallen und dies Parteien nützt, die unsere Gegner sind.« Heute lehnt Vogel jegliches Volksvotum ab, weil die Demokratie Teufelswerk sei.

Mustafa vertrat schon damals dieselbe Meinung und hielt mir vor, den wahren Glauben zu verraten, indem ich die *Scharia* als einzige gesetzliche Grundlage gesellschaftlichen Zusammenlebens ablehnte. Demokratie, Grundgesetz – all das war für ihn Dreck.

Am Ende landeten wir zwangsläufig wieder bei seinem Lieblingsthema: dem Heiligen Krieg. Er faselte dann etwas vom offensiven Dschihad, weil man gewisse Länder angreifen müsse. Und dann gab es angeblich auch noch einen defensiven Dschihad und, und, und ...

Abschließend stellte ich ihm ein Fangfrage: »Was kannst du mir denn über die Güte zu den Eltern erzählen?«

Er stockte. Auf diesen Themenwechsel schien er nicht gefasst zu sein.

»Man muss halt gut zu denen sein«, stoppelte er sich eine recht triviale Antwort zusammen.

»Was für ein Einfaltspinsel«, dachte ich, der hatte ja überhaupt keine Ahnung.

Triumphierend sagte ich ihm auf den Kopf zu, dass er den Islam in seiner Gänze überhaupt nicht erfasst hätte.

»Der Islam besteht nicht nur aus Kampf, es gibt da nicht nur ein Thema, sondern Hunderte. Glaube hat für mich nichts mit Krieg zu tun«, erklärte ich ihm. »Du hast gar keine Ahnung vom Islam, aber beschäftigst dich umso intensiver mit dem Dschihad.«

Ein anderer Bruder ging dazwischen:

»Aber davon hat er richtig Ahnung, da hat er echt einen Plan.«

Langsam endete meine Geduld: »Toll, das spricht doch nur gegen ihn, dass er sich nur so einseitig mit einem Thema unseres Glaubens beschäftigt.«

Ein Wort gab das andere. Und je länger die Kontroverse währte, desto mehr begann Mustafa zu brüllen. Seine Züge verzerrten sich vor Wut, während wir heftig disputierend durch die Straßen von Mönchengladbach liefen. Mehr und mehr verstrickte er sich in Widersprüche, was ihn umso aggressiver machte. Irgendwann stoppte er, drehte sich zu mir um und drohte mit der Faust: »Halt die Fresse, sonst vergesse ich mich.«

Da kam wieder der Proll aus alten Zeiten in ihm hoch: In der Vergangenheit hatte Mustafa immer wieder damit geprahlt, wie er einige Leute weggehauen hätte. Ob es stimmt, weiß ich nicht. Vor seiner Kehrtwende zum Islam hatte er in der Hip-Hop-Truppe »Miliz 66« mitgemischt. Eine üble Gangsta-Rap-Gang, mit üblen Texten.

»Meinst du, ich lass mir den Mund verbieten? Ich habe keine Angst vor dir«, entgegnete ich seelenruhig. »Schämst du dich eigentlich nicht, vor den ganzen Nicht-Muslimen so laut herumzubrüllen, die gucken doch schon alle?«

Das wollte er gar nicht hören. »Ist mir doch scheißegal, was die *Kuffar* denken.«

Herausfordernd grinste ich ihn an. »Tja, das ist genau das Problem, dass dir alles egal ist.«

Da wich jede Farbe aus seinem Gesicht. Aufgebracht lief er auf mich zu, um mir eine zu scheuern. In dem Moment hielten ihn zwei Brüder fest: »Beruhige dich, lass es gut sein«, raunten sie ihm zu.

Seine dunklen Augen fixierten mich: »Du Hund, du Heuchler, du Abtrünniger.«

Das waren die üblichen Phrasen der Salafisten, um angebliche oder tatsächliche Verräter zu verunglimpfen. Das war nicht wirklich originell. Ich weiß nicht, wie oft immer wieder dieselben Ausdrücke fielen, wenn sich jemand aus unserem Kreis abgewandt hatte.

Es war bezeichnend, dass meinem Gegenpart nichts Besseres einfiel, um mich beschimpfen.

Danach trennten sich unsere Wege. Mustafa und seine Kumpels wollten in der Innenstadt einen Stand aufmachen, um im Zuge der Aktion »Lies« Koranbücher zu verteilen. Und ich nahm fortan einen Umweg in Kauf, um ihnen ja nicht mehr über den Weg zu laufen. Danach wurde es still um Mustafa.

Am 9. Juli 2013 begann der Fastenmonat Ramadan. Längst hatte ich das Geplänkel mit dem Heißsporn abgehakt, als ich Mustafa beim Freitagsgebet in Rheydt zufällig wiedertraf. Prüfend kniff er seine Augen zusammen, als er die Treppe vom Gebetsraum herunterstieg und sich zu mir und anderen jungen Brüdern gesellte. Sein schwarzer Bart wallte im Wind. Ahnungslos ging ich auf ihn zu. Woher sollte ich denn wissen, dass er gerade von der syrischen Front auf Heimaturlaub weilte?

Beinahe kumpelhaft wies er auf meinen Bauch hin: »Hast aber einiges zugelegt.« Das Kompliment gab ich an ihn zurück. Er druckste ein wenig herum, ehe er sich dazu durchrang, sich bei mir wegen seines Ausrasters im Jahr zuvor zu entschuldigen.

»Da bin ich wohl ein bisschen durchgedreht«, meinte er achselzuckend.

Ich winkte ab: »Halb so schlimm.«

Nach dem Gebet kam Mustafa erneut auf mich zu: »Ich bin wieder da.«

Fragend schaute ich ihn an: »Was will er denn jetzt?«, dachte ich bei mir. Anfangs ging ich nicht auf seine Bemerkung ein. Ich wollte gar nicht wissen, was er mit damit meinte. Schließlich konnte ich mir den Sinn seiner Worte schon denken.

Im Innenhof standen wir dann mit anderen Brüdern im Kreis, als er seinen Satz nochmals wiederholte.

»Ich bin wieder da.«

Einige Köpfe ruckten neugierig hoch: »Wie, wo warst du denn?«

Das war sein Stichwort: »Ich war in Syrien und habe dort den Daniel getroffen. Wir sollten dann an der Grenze zur Türkei einen Auftrag erledigen.«

Oh Gott, fuhr es mir durch den Kopf, lass es nicht wahr sein.

Doch Mustafa kannte nun kein Halten mehr. In farbigen Bildern prahlte er über sein Schnellfeuergewehr AK 47. Im Grenzgebiet sei es zu einer brenzligen Situation gekommen: Hundert Soldaten des syrischen Diktators Assad hätten seine Truppe aufgespürt und in die Enge getrieben.

»Wir haben uns tierisch in die Hose geschissen«, erzählte Mustafa. »Aber Allah hat uns gerettet.«

Skeptisch legte ich meinen Kopf schief: »Und warum bist du dann wieder hier?«

Kalt blickte er mich an: »Das wollte Allah so.«

Da hatte ich genug. Wortlos drehte ich ihm den Rücken zu und ging.

Wie ich später erfahren sollte, kehrte Mustafa kurz darauf, Anfang September 2013, wieder zurück an die Front nach Syrien. Drei Monate später, so die Erkenntnisse der Bundesanwaltschaft, soll er sich mit seinem islamistischen Kampfverband den Terrormilizen »Islamischer Staat« angegliedert haben. Danach pendelte er immer mal wieder zwischen Mönchengladbach und dem Dschihad in der Levante, bis er schließlich im Januar 2015 den deutschen Fahndern ins Netz ging.

Der Zerfall der Sunnah-Moschee

Mit unserem Aufstieg im deutschen Salafisten-Milieu begann zugleich auch der Niedergang der Moschee-Gemeinde in Mönchengladbach. Längst hatte der Verfassungsschutz ein Auge auf uns, argwöhnisch begannen die Medien unser Tun unter die Lupe zu nehmen. Ressentiments in der Bevölkerung wuchsen: »Hey, da kommen wieder die Muftis«, brüllten sie mir hinterher, wenn ich im weißen Kaftan und blonden Bart daherstolzierte. »Osama Bin Laden, verzieh dich!« Solche Sprüche waren an der Tagesordnung. Sie nervten zusehends, manchmal rastete ich regelrecht aus.

»Hey«, rief ich dem Spötter hinterher: »Hey, was willste denn? Ich bin Deutscher – genauso wie du.«

Genauso wie du. Stimmte natürlich – und dann doch wieder nicht. Ich bewegte mich ja längst in einem anderen Kosmos, angetrieben durch eine 1400 Jahre alte religiöse Philosophie aus Arabien. Orient trifft Okzident – und zwar hier in Mönchengladbach-Eicken.

Wir lebten nicht wie der normale deutsche Kalli, bei weitem nicht. Unsere Lebenslinien folgten einer uralten Ideologie aus der Wüste. Das 7. Jahrhundert kannte nun mal keine Zahnbürsten, keine Kieferorthopäden oder eine Witwenrente. Deshalb durfte jeder Mann vier Frauen haben, weil es durch die ewigen Metzeleien zu Mohammeds Zeiten einen deutlichen Überschuss des schönen Geschlechts gab.

Ich ahnte, dass wir Ultra-Muslime all diese mittelalterlichen Regeln wohl nicht einfach auf das heutige digitale Zeitalter übertragen konnten – aber so richtig wahrhaben wollte ich dies auch nicht. Der Grund lag auf der Hand: Es hätte mein frisch zusammengefügtes Weltbild zerstört. Das Gerüst, mühsam aufgebaut und unterfüttert durch eifrige Studien bei den einschlägigen salafistischen Gelehrten, wäre zusammengefallen wie ein Kartenhaus. Dagegen sperrte ich mich vehement, das hätte mir quasi die Schuhe ausgezogen. Alles, wofür ich gekämpft hatte, mein ganzer Alltag, die Moschee, die Brüder, die Gemeinschaft, wären hin gewesen. Eine grausame Vorstellung, die ich schnell beiseiteschob, sobald sie mich allzu sehr bedrängte.

In jener Phase hatte ich mich ganz der Bewegung verschrieben, es sollte, es musste so weitergehen. Deshalb hasste ich die *Kuffar* umso mehr, weil sie uns nur Probleme bereiteten. Ihre ablehnende Haltung verstärkte die meine und umgekehrt. Ich fühlte mich zusehends fremd in meinem eigenen Land.

Dieses eigenartige Gefühl machte mir derart zu schaffen, dass ich zuerst gar nicht die negativen Schwingungen mitbekam, die sich stetig in unserer Gemeinde ausbreiteten. Mitte 2009 entbrannte ein offener Streit zwischen der Moscheespitze um Lau und einer Minderheit kritischer Brüder. Es ging vor allen Dingen um Pläne, eine ehemalige Diskothek in Mönchengladbach-Wickrath zu erwerben und dort das führende salafistische Zentrum in der Republik zu entwickeln.

Den Tipp hatte die Gemeindeleitung von einem Bruder bekommen, der offenbar wusste, dass die große Immobilie für einen angeblichen Spottpreis zum Verkauf stand. Das Objekt passte haargenau zu unseren Vorstellungen.

Wir wollten raus aus dem Eickener Provisorium, raus aus der Enge: Die Waschungsräume waren viel zu klein und zu eng. Die Trennung zwischen Männer- und Frauentrakt war nicht so, wie sie sein sollte. Es wurde Zeit, das abgewrackte Werksgelände gegen ein passenderes Objekt einzutauschen.

Zumal die Vereinsleitung um Lau längst größer dachte. Der wachsenden Popularität im Netz wollte man auch ein repräsentatives Gebäude hinzusetzen. Hochfliegende Pläne entstanden: mehr Platz für einen größeren islamischen Kindergarten, ein islamisches Krankenhaus, spezielle Räume für Islam-Seminare nebst Bücherei sowie Büros – und am Ende sollte gar ein eigener Friedhof für Muslime entstehen. Ein kleines Mekka am Niederrhein.

Die Objektsuche gestaltete sich indes äußerst schwierig. Immer wieder kamen uns die Behörden in die Quere. In einem Fall hatten wir sogar schon eine Zusage des Vermieters erhalten, dann aber tauchten Verfassungsschützer bei dem Mann auf und überredeten ihn, keinen Vertrag mit uns abzuschließen.

Lau stand unter Beobachtung der Staatsschützer. Sein virtueller Feldzug gegen die Ungläubigen, die aggressive Missionierungs-Arbeit, bereitete der Staatsmacht zunehmend Sorge. Und nicht nur dem Sicherheitsapparat, sondern auch verstärkt der Bevölkerung. Bei der Suche nach einem neuen Gelände für unser religiöses Zentrum kassierten wir regelmäßig Absagen.

Während wir etwa mit einem Immobilienbesitzer über ein Gebäude verhandelten, tauchte eine Schar besorgter Bürger bei ihm auf und machte ihm klar: »Wir wollen diese Typen hier nicht.« So bedrängt, gab der Mann nach und sagte uns ab.

Dann kam Wickrath, das verwaiste Disko-Gelände. Für eine Summe im unteren sechsstelligen Bereich wäre unser Traum wahr geworden. Begeistert machten wir uns an die Arbeit, warfen die Spendenmaschinerie im Netz an. Via YouTube hieß es: »Disko zur Moschee«.

Es war die Zeit des Aufbruchs: Pierre Vogel hatte sich bereits im Jahr zuvor mit seinem Kameramann überworfen. Ibrahim Abou-Nagie redete seinem einstigen Meister inzwischen zu sehr rein. Ein Fehler sondergleichen. Und so ließ Vogel jeden wissen, dass sein renitenter Helfer keine Ahnung vom Islam habe. Er philosophiere zu viel und deutete den Koran, wie er wolle, bemerkte der rheinische Web-Imam abfällig.

Nach diesem Zerwürfnis machte Vogel sein eigenes Ding. Er verließ den gemeinsam aufgebauten Verein »Die wahre Religion« und initiierte mit einem anderen Konvertiten die Internet-Plattform »Einladung zum Paradies« (EZP).

EZP avancierte schnell zum erfolgreichen Gegenstück zur »wahren Religion«. Mit dem aggressiven bulligen Ex-Boxer als Zugpferd fand die Bewegung insbesondere unter jungen Muslimen und Konvertiten immer mehr Anhänger.

Mit seinem Getreuen Ibrahim Thomas organisierte Vogel verstärkt öffentliche Kundgebungen, auf denen er als Hauptredner auftrat. In vielen Moscheen durfte er ohnehin nicht predigen, weil er den Moscheevorständen zu radikal war und sie keine Probleme durch seine Präsenz haben wollten. Vogel regte sich selbstverständlich immer wieder über diese »Angstmentalität dieser weichgespülten Muslime« auf, sah darin aber eine neue Gelegenheit. Er ging raus auf die Straße, auf die großen Plätze und natürlich ins Internet: »Ich will weg von der Face-to-Face-*Da'wa*, ich will jetzt die Netz-*Da'wa*, die Fischernetz-*Da'wa*. Ich will Massen erreichen.« Dieser Losung folgte der rotbärtige Agitator konsequent. In Anlehnung an das Bibelzitat Jesu Christi vom Menschenfischer wollte Vogel sein Ziel vorantreiben, so viele Deutsche wie möglich in rückständige, intolerante Salafisten zu verwandeln.

Er sympathisierte mit den Stars aus England und Übersee: Hassprediger wie der gebürtige Kanadier Bilal Philips, der etwa Homosexuelle verteufelte und später mit Vogel in Frankfurt auftrat. Oder der britische TV-Radikale Abdur-Raheem Green, der den Terroranschlag vom 11. September 2001 mit einer kruden Verschwörungstheorie in Frage stellte und ein friedliches Zusammenleben von Muslimen und Westlern ausschloss. Geht es nach Green, ist das Sterben im Heiligen Krieg »einer der sichersten Wege zum Paradies und Allahs Wohlgefallen zu erlangen«. Bei solchen Vorbildern fällt es nicht schwer zu erahnen, wie Vogel auch heute noch tickt.

In jener Zeit besuchte er uns häufig in Eicken. Mitunter zelebrierte er das Freitagsgebet. Eines Tages rastete Vogel völlig aus: Er hatte mitbekommen, dass kaum einer der Gläubigen seine Kinder in unsere Kita schickte. Vielleicht aus Faulheit oder aus anderen Gründen boykottierten die Familien unserer Gemeinde den Kindergarten neben unserer Moschee.

Sein Ausbruch glich einem Orkan, der urplötzlich über unsere Köpfe hinwegfegte. Rot vor Zorn stapfte er das kleine Treppchen, auf das lediglich der Imam während des Freitagsgebetes steigt, um von dort aus zu der Gemeinde zu sprechen, hinunter. Er plusterte seine Backen auf, sein grimmiger Blick bedeutete nichts Gutes.

»Wir sind wie Bären«, brüllte er los, »die Bären laufen den ganzen Tag im Käfig hin und her. Und wenn man ihnen den Käfig wegnimmt, nehmen die immer noch denselben Weg, weil sie sich so sehr daran gewöhnt haben, gewöhnt an ihre Grenzen.«

Vogel geiferte geradezu vor Wut, spuckte sogar manche Zuhörer in seiner Nähe an. Er tickte völlig aus, warf den Zuhörern vor, dass sie einfach zu dumm seien, dieses tolle Angebot eines islamischen Kindergartens anzunehmen, und ihre Sprösslinge lieber in eine normale Einrichtung um die Ecke brächten. Einmal in Rage, forderte der Web-Imam die Besucher dazu auf, sich zu bewegen, nur so komme man weiter.

»Boah, was für eine geile Predigt«, dachte ich, »denen hat er es aber voll gegeben.«

Sven Lau kam mit leuchtenden Augen auf mich zu: »Ich habe jeden Tropfen Spucke, den ich abbekommen habe, genossen.«

In jener Zeit näherte sich Lau dem Kölner Eiferer immer mehr an. Er merkte wohl, dass er dadurch nur gewinnen konnte. Sven hatte schon immer ein Gespür dafür, welcher Kontakt ihn weiterbringen konnte. Was Lau für mich war, war Vogel fortan für Lau. Wenn die beiden zusammenhockten, führte meist der Kölner das große Wort. Lau widersprach selten und nickte viel. So ähnlich verhielt es sich mit mir und meinem Mentor Sven Lau.

Folglich war es nur eine Frage der Zeit, bis wir uns mit Vogels Entourage zusammenschlossen. Unser Internet-Projekt mit dem Titel »Boot der Rettung« erbrachte auch nicht annähernd den Erfolg wie der Verein EZP. »Boot der Rettung« war unser Versuch aus Mönchengladbach, eine Art Plattform wie die der »wahren Religion« aufzubauen. Auf unserer eigenen Seite luden wir Videos hoch, sammelten Spenden und boten einige Freedownloads islamischer Literatur an. Im Prinzip war es das Gleiche wie EZP oder DWR (Die wahre Religion), jedoch mussten Lau und der Grieche sich eingestehen, dass die Sache nicht von Erfolg gekrönt wurde.

»Warum schließen wir uns nicht EZP an, das bringt doch viel mehr?«, schlug ich eines Tages der Gemeindeleitung vor.

Zumal Hacker mit einer Phishing-Mail unseren YouTube-Kanal geknackt hatten und uns mit Pornos überfluteten. Das Projekt war damit tot. Bald schon folgte die große Fusion mit EZP. Als der Braunschweiger Gelehrte Muhamed Ciftci ebenfalls miteinstieg, verfügte die Bewegung über eine enorme Außenwirkung und Schlagkraft.

Mit seinen tollen Kontakten zu saudischen Geldgebern beschaffte Ciftci, mit dem ich zwei Jahre zuvor meinen *Hadsch* nach Mekka durchgezogen hatte, Mittel für ein neues professionelles Video-Equipment – eine tolle neue Kamera. Wir fertigten EZP-Aufkleber für die Autos, Flyer, das ganze Programm. Beinahe täglich luden wir neue Clips von Pierre Vogel auf die Seite. Die steigende Resonanz gab uns recht.

Über EZP warben wir auch massiv Spenden für unser Disko-Projekt ein. Es gab da einen virtuellen Zähler, der die Höhe der gesammelten Summe aufrief und zugleich anzeigte, wie viel Geld noch gebraucht wurde.

An der Disko-Idee schieden sich jedoch intern die Geister: Während die Riege um Lau Feuer und Flamme war, äußerte die Opposition in der Gemeinde zahlreiche Bedenken. Die einen störten sich an der Lage, denn Wickrath befand sich am anderen Ende der Stadt. Von unserer Moschee, die nur zehn Gehminuten vom Hauptbahnhof entfernt lag, hätte man gut eine halbe Stunde mit dem Auto durch Mönchengladbach zum neuen Gebetshaus fahren müssen. Das war einigen des Guten zu viel.

Manche der Lau-Gegner regten sich über den angeblich so hohen Kaufpreis für den ollen Tanzschuppen aus. An die exakte Summe kann ich mich nicht mehr genau erinnern. Sie lag aber ungefähr zwischen 100 000 und 150 000 Euro für das ganze Projekt.

»Das ist zu viel Geld, in dem Ding steckt viel zu viel Arbeit drin, um es in ein ordentliches Haus Allahs zu verwandeln«, meinte ein Kritiker zu mir. Ich hielt mich mit einer Antwort zurück, obwohl jeder wusste, dass ich zur Gemeindespitze stand.

Die Gemeinschaft zerbrach in zwei Lager. Auf der einen Seite stand die Moscheeführung nebst ihren engsten Vertrauten und auf der anderen eine stetig größer werdende Gruppe Oppositioneller.

Letztere schien unversöhnlich. Seit längerer Zeit hatte sich Unmut in diesem Zirkel breitgemacht. Das Hauptproblem war, dass sie die Gemeindeführung um Lau nicht wirklich als

Vorbeter respektierten. »Uns fehlt eine Autoritätsperson«, hieß es immer wieder. Oft genug bekam ich zu hören, dass Lau & Co. keine richtigen Gelehrten seien, sondern einfach Brüder, die zur richtigen Zeit am richtigen Ort Videos hochluden. Nicht mehr und nicht weniger. Aber eine Moschee zu führen, »ist 'ne Nummer zu groß für die Jungs.«

Die Kritiker nörgelten meist über Belanglosigkeiten: Lau und seine beiden anderen Moscheevorstände, der Grieche und der Bosnier, beherrschten das Arabische natürlich nicht so perfekt wie viele der Marrokkaner, die zu unserer Gemeinde gehörten. Des Öfteren sprachen unsere Vorbeter die arabischen Gebetsphrasen ein wenig schief aus. Das war Wasser auf die Mühlen der Gruppe der Unzufriedenen: »Die können ja noch nicht mal ein arabisches Wort aussprechen und wollen uns die Religion beibringen?«

Das sah ich natürlich anders. Ich schätzte die Arbeit meiner Mentoren und deren Projekte. Ich war fester Bestandteil der Gemeinde, mein Wort hatte Gewicht. Den Status wollte ich mir nicht durch diese Besserwisser madig machen lassen. »Querulanten, die alles kaputtmachen wollen«, dachte ich bei mir.

In dieser Phase suchte die Moscheespitze händeringend nach einem neuen Vorstandsmitglied. Eines Tages kam Lau zu mir: »Musa, bei Allah bist du ein ganz Großer. Du bist unheimlich wichtig für uns.« Ich verstand nicht, was er mir sagen wollte; es klang völlig aus dem Zusammenhang gerissen, einfach wirr.

Später dann verstand ich seine Andeutung. Lau hatte mich als neues Führungsmitglied des Moscheevereins ausgeguckt, aber die anderen in der Leitung lehnten mich ab. Die genauen Gründe kenne ich bis heute nicht. Wahrscheinlich war ich ihnen zu vorlaut und zu jung. Denn auch vor den Älteren nahm ich mittlerweile kein Blatt mehr vor den Mund, wenn es um unsere Mission ging. Offen stellte ich mich auf die Seite der Disko-Befürworter, allen voran Sven Lau.

Das half aber alles nichts. Die beiden Lager standen sich unversöhnlich gegenüber. Das gegenseitige Misstrauen wuchs, die Tonlage wurde rauer. Schon sprachen die Disko-Gegner von Abspaltung. Die Opposition warf uns Größenwahn vor. »Ihr überzieht völlig«, lautete ihre Kritik.

Lau konterte: »Man muss sich hohe Ziele setzen. Wenn man immer nur kleine Brötchen backt, kommt man nie weiter.«

Im vertrauten Kreis lästerte er über seine Gegner: »Alles Idioten! Was wollen diese Leute denn? Wir geben uns so viel Mühe. Was haben die denn schon bisher gemacht? Die haben gar keinen Durchblick, was wir für Probleme haben.« Wütend strich er sich durch seinen Bart: »Die sind so schwierig, der Teufel ist zwischen uns gekommen. Alles Klugscheißer und Besserwisser.«

Nach außen hin versuchte er die Einheit wiederherzustellen. Eine große Versammlung wurde einberufen, um sich auszusprechen und wieder zusammenzufinden.

Es war an einem Freitag nach der Predigt. Der Gebetssaal füllte sich zunehmend. Ein aufgeregtes Stimmengewirr erhob sich. In Grüppchen standen die Männer zusammen, debattierten eifrig oder steckten die Köpfe enger zusammen, damit niemand mithören konnte.

Alsdann stieg Sven Lau auf das Vorbeter-Treppchen, hob die Hände und bat um Ruhe. In seiner bewährt gefühlsbetonten Art versuchte er die erregten Gemüter zu beruhigen: Er begann mit denselben Versatzstücken, die ich zuvor schon so oft in seinen Reden gehört hatte: »Wir sind doch eine *Umma*, warum streiten wir uns denn überhaupt?«

Er legte eine Pause ein und schaute mit bedeutsamer Miene durch den Raum. »Haben wir nicht zusammen angefangen?«. Wieder eine kurze Pause. »Und das alles wollen wir nun in Frage stellen?«

Mahnend hob er den Zeigefinger. Seine Tonlage verschärfte

sich: »Es gibt keine Brüderlichkeit. Du sagst zwar, du liebst im Namen Gottes, aber was ist das denn für eine Liebe?« Eindringlich mahnte er zu gegenseitigem Respekt, zu Vertrauen, zum Miteinander im Namen des Allmächtigen.

Ich schaute mich um. Seine Worte schienen zu wirken, die Mienen begannen sich zu entspannen, etliche Brüder nickten zustimmend. Lau hatte es geschafft, am Ende schlossen beide Seiten eine Art Burgfrieden – zumindest eine Zeitlang.

Beflügelt durch unseren Sieg, sammelten wir weitere Mittel für den Kauf der alten Disko. Lau schaffte es sogar mit einem seiner Videos auf den weltweit meistgeklickten islamischen YouTube-Kanal in Übersee. Der Clip lief nur einen Tag, doch dadurch kam ein Riesenhaufen an Spenden aus der ganzen islamischen Welt herein.

Bald aber brachen erneut Differenzen zwischen den unterschiedlichen Parteien in der Gemeinde auf. Der vermeintliche Friede hielt nur ein paar Wochen, dann meldeten sich wieder jene kritisch zu Wort, die das Wickrath-Projekt ablehnten.

Die Diskussionen zogen sich ergebnislos über Monate hin. Der Moscheeverein stand vor dem Aus.

»So kann es nicht weitergehen«, sagte ich während einer *Da'wa*-Sitzung zu Lau. Er nickte. In längeren Gesprächen suchten wir nach einem Ausweg. Im Jahr 2010 entstand dann der Plan für den Riesencoup, der die Spalter besänftigen sollte.

Muhamed Ciftci alias Abu Anas sollte mit seiner über die Landesgrenzen hinaus berühmten Islamschule von Braunschweig zu uns nach Mönchengladbach übersiedeln. Ich traute meinen Ohren nicht, als die Nachricht zu mir drang. Meine Freude kannte keine Grenzen: »Mein *Sheikh*? Zu uns? *Allahu akbar*. Wahnsinn!«

Mit Ciftci, der in der Fundamentalistenszene einen großen Namen als Gelehrter besaß, hätte man den Kritikern in unserer

Gemeinde den Wind aus den Segeln genommen. Ciftci galt in unseren Kreisen als unantastbare Autorität in allen Glaubensfragen.

Zum *Sheikh* hegte ich tiefes Vertrauen. Gleich zwei Mal hatte ich für jeweils eine Woche in Braunschweig bei ihm die Schulbank gedrückt. Es dauerte Jahre, bis man in seinen Islam-Kursen die Ausbildung zum Imam beendet hatte. Dutzende Schüler unterwies der heute 42-jährige Geistliche via Internet gegen entsprechende Schulgebühren. Seine Anstalt orientierte sich an den Lehrplänen der orthodoxen Islamischen Universität Medina.

Die Verfassungsschützer hielten ihn für einen gefährlichen salafistischen Hetzer. Ins Gerede brachten ihn vor allem seine Ansichten zu den archaischen Regeln der *Scharia*: »Alles, was im Koran bzw. der *Sunna* steht und uns vom Propheten überbracht wurde, ist gerecht und vernünftig. Es gibt auch keine Alternative oder bessere Lösung. Somit ist auch die Steinigung als Strafe für Ehebruch gerechtfertigt.« Solche Sätze wurden genüsslich in den Medien zitiert. Dass er aber immer wieder im Internet und in seinen Predigten die Gewalt gegen Muslime und Andersdenkende verurteilte, ging in dem ganzen Medienhype meist unter. Seine Schüler mussten zu Beginn ihrer Ausbildung sogar ein Dokument unterzeichnen, in dem sie sich von Terror und Gewalt distanzierten.

Das kam in etlichen Salafisten-Zirkeln nicht gut an: Die Hardliner waren längst auf dem Vormarsch. Schon die sogenannten Kofferbomber oder die Sauerland-Terrorgruppe, die in Deutschland mit einem Nagelbombenanschlag ein riesiges Blutbad anrichten wollte, hatten drei Jahre zuvor die fernen Konflikte in Afghanistan zu uns herüberschwappen lassen.

Plötzlich wurde der Krieg gegen die Taliban und befreundete Ableger wie die Islamische Dschihad Union zu unserem

Kampf hierzulande. Via Internet riefen etwa die Bonner Chouka-Brüder aus einem Terrorlager am Hindukusch unverhohlen zum Heiligen Krieg in Afghanistan oder daheim auf. Im Video »Sterben, um zu leben« glorifizieren sie den Märtyrertod mit einem *Naschid*: »Wir haben uns entschieden, wir haben uns schon längst entschieden für Allah und seinen Gesandten und das Leben nach dem Tod. Geschaffen, um zu dienen. Gekommen, um zu siegen. Sterben, um zu leben. *Haya ala al dschihad* ...«

Der Bonner Fanatiker Bekkay Harrach stieg in den Terror-Zentren im pakistanischen Mir Ali nahe der afghanischen Grenze zum Kommandoführer von Al-Qaida auf und rief via Internet zu Anschlägen gegen die Bundeskanzlerin auf. Ich habe Harrach zu Beginn meiner Salafisten-Karriere als Referent auf Islam-Seminaren erlebt. Da schien er noch gemäßigt zu sein. Das änderte sich binnen kurzer Zeit. Die Warnungen vor Attentaten hierzulande häuften sich.

Bundesinnenminister Thomas de Maizière (CDU) ließ im heißen Terrorherbst 2010 den Abwehrschirm hochfahren, weil deutsche Mudschaheddin aus Pakistan telefonisch mit Anschlägen gegen das Brandenburger Tor und den Reichstag drohten. Viele dieser Terroristen waren irgendwann einmal durch die Videos von Pierre Vogel oder Islam-Seminare anderer Prediger, darunter Ciftci, nachweislich angefixt worden. Das hatte nichts mehr mit der Religion zu tun, die ich zu Zeiten meines Wechsels kennengelernt hatte.

In Braunschweig etwa wuchs eine *Takfiri*-Szene heran. Salafistische Fanatiker, die ihren Imam Ciftci als »Weichei« verspotteten. Der Ton in Deutschland wurde härter – zuletzt auch bei uns in Mönchengladbach. Durch den religiös motivierten Mord an der ägyptischen Apothekerin Marwa el-Sherbini. Durch Hetz-Websites hüben wie drüben. Schließlich warteten etliche Beobachter-Blogs vom rechten Rand, wie z. B. »Politically Incorrect«, mit immer neuen Kampagnen gegen uns auf.

Leute wie Vogel nutzten die Gunst der Stunde und infizierten uns mit ihrem extremistischen Gedankengut: »Wir weichen keinen Millimeter zurück. Wir machen weiter, bis der Kopf fliegt!«, hieß es dann. Diese Sätze waren neu. Radikaler. Die Mentalität unserer Anführer veränderte sich. Die Videos strotzten nur so von negativen Aussagen und klug verklausulierten Attacken auf das deutsche Staatswesen und dessen Bürger.

Trotz meiner wachsenden Bedenken gab es auch eine Menge Positives: Für mich bedeutete die Nachricht vom Umzug der Islamschule Ciftcis nach Gladbach einen Umschwung zum Richtigen. Weg von den zunehmend radikalen Tönen zurück zu unseren alten Werten, zu unserem Sein. Ich wollte nicht immer über das Für und Wider des Dschihad und das große Übel debattieren, dass die westliche Welt angeblich die Muslime unterdrückte. Ich wollte einfach meine Ruhe, mein kleines, gottgefälliges Refugium, das da hieß: Al-Sunnah-Moschee. Und dieses Heim drohte zu wanken.

In Ciftci sah ich eine große Chance. Wir hätten endlich den langersehnten *Sheikh* bei uns, die geistige Koryphäe, die selbst die schlimmsten Zweifler in unserer Gemeinde in die Schranken weisen würde.

Ein weiterer Pluspunkt: Die Gladbacher und Braunschweiger *Da'wa* würden fusionieren. Zudem gäbe es auf einen Schlag Dutzende neuer Schüler bei uns. Unsere Anhängerschar würde sich vervielfachen.

Die Eickener Bürger aber wurden hellhörig. Die Ankündigung von Ciftcis Umzug machte ihnen Angst. In jener Zeit mehrten sich kritische Zeitungsberichte über unsere Gemeinde. Immer wieder rückten die Journalisten uns in die Nähe von Terror und Extremismus. In Interviews mit der *Rheinischen*

Post, RTL oder anderen Medien regten sich die Leute über die Kopftücher und die vollverschleierten Frauen mit ihrem *Niqab* auf. Sie konnten ja nicht ahnen, dass dies gar nicht durch unsere Gemeinde aufoktroyiert worden war, sondern dass fünfzehn Schwestern sich in Eigenregie gegenseitig dazu angestachelt hatten, nur noch mit Sehschlitz in der Öffentlichkeit aufzutreten.

Diese Super-Musliminnen waren ganz stolz auf ihren Auftritt. Nie werde ich vergessen, wie eine dieser Frauen eine Schülerin herunterputzte: »Du mit deinem Schüler-*Hidschab*.« Was für ein Nonsens! Da verspottete eine Frau – bis auf einen Augenschlitz das Gesicht verhüllt – ein Teenie-Mädchen, weil es sein Haar und seinen Hals nur mit einem Tuch bedeckt hatte. Da hörte es bei mir auf: »Was für ein Irrsinn ist das denn?«, mischte ich mich ein. Der Teenie tat mir leid. Das Mädchen weinte bitterlich. Und das nur, weil es nicht voll vermummt durch die Gegend lief. Erbärmlich. Und dann prahlten wir auch noch damit, die wahren Menschen Gottes zu sein.

Die Medienberichte und Bürgerproteste setzen uns immer mehr zu: Wenn jemand wieder einmal meldete, dass wir eine Brutstätte für Terroristen bildeten, sagte ich mir nur: »Typisch Lügenpresse, undifferenzierte Berichterstattung. Über Toleranz kann man streiten, aber Terroristen bilden wir nicht aus.« Damals hätte ich für Ciftci, Vogel und Lau meine Hand ins Feuer gelegt, heute nicht mehr.

Immer wieder mischten die Gazetten Stimmen von Nachbarn mit Einschätzungen der Sicherheitsdienste. Das Ergebnis fiel stets gleich aus: Wir waren die Radikalinskis, die Hetzer, die den Heiligen Krieg propagierten.

»Das ist doch völliger Blödsinn«, wehrte sich Muhamed Ciftci seinerzeit in einem Interview mit dem *Kölner Stadt-Anzeiger* gegen derartige Diffamierungen. »Dabei verurteilen wir doch Terror in jeglicher Form«, beteuerte Ciftci.

Seine Worte aber verhallten ungehört: einmal Salafist, immer Terrorist. Dass gerade Ciftci sich zu uns flüchten wollte, weil die gewaltbereiten Extremisten in Braunschweig überhandnahmen, spielte in der Öffentlichkeit keine Rolle. Dieser Umstand machte mich wütend. »Diese Drecksjournaille hat ja keine Ahnung«, schimpfte ich, wenn manche Brüder mich immer wieder auf die negativen Schlagzeilen ansprachen. »Musa, was wird denn jetzt?«

Dutzende dieser Fragen bestürmten mich. Aber ich wusste es doch auch nicht. Was sollte ich den anderen denn sagen?

Lau, Vogel und die anderen ergingen sich in Durchhalteparolen und Frontalangriffen. Auch unser *Sheikh* Muhamed Ciftci tauchte vermehrt in reißerischen Clips der EZP-Plattform auf.

Ciftci widmete der niedersächsische Verfassungsschutzbericht eine lange Passage. Und dort kam er beileibe nicht so zahm rüber, wie ich ihn kennengelernt hatte. In einem Video bekundete er, dass »für den Abfall vom Islam die Enthauptung die angemessene Strafe sei«. Und in einer Vorlesung soll er erklärt haben, dass ein Kopftuch nicht genüge, sondern dass Frauen außerhalb ihres Hauses auch Gesicht und Hände zu verhüllen hätten. Der Prediger mache Aussagen, die »unserem Verständnis von Demokratie und Gleichberechtigung völlig widersprechen«, resümierte Niedersachsens Innenminister Uwe Schünemann.

Da konnte Ciftci reden, was er wollte: »Alles, was ich sage, wird aus dem Zusammenhang gerissen«, behauptete der *Sheikh* gegenüber der *Kölner Zeitung*. Die »Hetze« führe dazu, dass »Muslime in Deutschland sich mittlerweile wie die Juden im Dritten Reich fühlen«. Dieser törichte Vergleich verschlimmerte nur noch die ablehnende Haltung der Bürger.

Eine Dynamik nahm ihren Lauf, die nicht mehr zu stoppen schien. Vermutlich war es einer der größten Fehler, als wir über die Plattform EZP auf YouTube die Namen von fünfzehn Journalisten veröffentlichen und sie als »Lügner« und »Hassprediger« beschimpften. Vogel als Wortführer des EZP gab im Film den Einpeitscher: »Wir wünschen jedem das Beste, und das Beste ist, dass er den Islam annimmt, denn ansonsten wird er für alle Ewigkeit in die Hölle gehen.« Eine unterschwellige Drohung, die einzig dazu führte, dass der Medienauflauf weiter zunahm.

Die Journalisten schlachteten das Szenario aus und erschienen nun öfter an unserer Tür als mancher Bruder.

In unseren Reihen kippte die Stimmung vollends. Sie wurde zunehmend aggressiver: »*Achi*, wir müssen jetzt Kampfsport machen, damit wir vorbereitet sind, falls etwas passiert«, war immer öfter zu hören. Häufig hetzten die Brüder über die *Kuffar*, die Kallis. »Manche brauchen halt auch mal eine Tracht Prügel«, so ihr Tenor. Das war eigentlich nicht mein Ding, aber auch ich geriet zusehends in Rage, wenn diese braven Städter wieder einmal ihre Protestplakate vor unsere Nase hielten.

Inzwischen hatte sich eine lokale Bürgerinitiative »Bürger für Mönchengladbach, Bürgerbewegung Eicken« gegründet, die durch Kundgebungen gegen uns Stimmung machte. Pierre Vogel, Lau und die anderen wollten sich nicht verstecken, sondern zogen ebenfalls auf die Straße. Gebetsstunden fanden draußen statt.

Ein Katz-und-Maus-Spiel begann. Immer wenn wir eine Demo oder ein Gebet auf dem Eickener Marktplatz angekündigt hatten, meldete die Gegenseite einen Protestmarsch an.

»Es geht uns nicht darum, irgendwem das Beten zu verbieten«, betonte eine Aktivistin gegenüber der *Rheinischen Post* seinerzeit. »Aber wenn der Verfassungsschutz die Islamschule beobachtet, dann kommt das gewiss nicht von ungefähr. Wir kämpfen nicht gegen den Islam an sich. Aber wir wollen nicht die Jugend gefährdet wissen, und wir sind für die Gleichberechtigung von Mann und Frau. Das ist ein ganz wichtiger Grundsatz in unserer Verfassung.«

Die Konfrontation nahm zu: Bezirksvorsteher Reinhold Schiffers, zuständig für den Norden der Stadt, schrieb einen offenen Brief an die Moscheeleitung: »Sehr geehrte Herren! Wir wollen Sie und die Islamschule nicht als Nachbarn. Wir wollen keine Nachbarn, die die Demokratie für eine falsche Religion halten. Wir wollen keine Nachbarn, die unter dem Deckmantel der Religionsfreiheit und Gesetzestreue antidemokratische Ziele verfolgen. Wir wollen keine Nachbarn, die Menschen dazu bewegen wollen, sich von der Demokratie abzuwenden, und die sie anleiten, für einen Gottesstaat zu kämpfen …«

Die CDU nutzte die Gunst der Stunde und machte Wahlkampf auf unserem Rücken. Im Oktober 2010 trat Deutschlands oberster Ordnungshüter Thomas de Maizière im proppenvollen Gründerhaus-Theater in Eicken auf. »Ein Stadtteil ist in höchster Erregung«, schrieb seinerzeit *Spiegel Online*. Man setze große Hoffnung in den Law-and-Order-Mann. »Sie sehen den Minister aus Berlin als einen Verbündeten, als einen Helfer, der die 600 Kilometer quer durchs Land auf sich genommen hat, um ihnen am Niederrhein beizustehen bei ihrem Kampf gegen die geplante Gründung einer Islamschule in ihrem Stadtviertel. Sie erwarten viel. Und der Minister liefert.«

Doch zunächst trat der Wortführer des »Eickener Widerstands« Wilfried Schultz auf die Bühne. In Eicken sei Schultz ein Star, notierte der *Spiegel Online*-Autor. Auch weil er so direkt sei. »Können Sie uns unsere Angst nehmen?«, fragte er den Innenminister.

De Maizière gab sich zunächst noch zurückhaltend. Nüchtern verwies er auf das Parteienverbot. »Aber eines steht fest, über Vereinsverbote redet man nicht vorher und wägt sie ab: Die macht man oder man lässt es bleiben.«

Tags darauf las ich diese Sätze und sie führten mir eindringlich Folgendes vor Augen: Der Innenminister will EZP vernichten.

Sven Lau bewies damals Mut. Noch am selben Nachmittag gab er zahlreiche Interviews. Vor einem Vereinsverbot habe er keine Angst: »Solange wir uns an Recht und Gesetze halten, müssen wir uns keine Sorgen machen«, erklärte er und fügte an: »Wir sind die Leidtragenden einer Medienkampagne.«

Intern sahen wir die Lage nicht ganz so rosig.

Die Konflikte häuften sich. Es kam zu ersten Auseinandersetzungen. Willi Schultz, Gründer der Bürgerinitiative, wurde von Brüdern bespuckt und getreten.

Andererseits mehrten sich auch die Attacken gegen unser Gemeindezentrum. Als ein britischer Tourist mit seinem Skateboard Fenster unserer Moschee zerbrach und die Polizei die Ermittlungen bald einstellte, bestärkte uns die Tatenlosigkeit der Behörden in unserem Opferstatus: »Alle sind gegen uns, deshalb müssen wir enger zusammenhalten«, sagten wir uns.

Zudem wurden Mitglieder der Moscheeleitung fortlaufend durch den Verfassungsschutz bespitzelt. So berichtete Lau, dass er beim Joggen verfolgt werde. »Mir folgt immer dasselbe Pärchen.« Eines Tages will er sie angesprochen haben: »Wenn ihr etwas von mir wollt, dann sprecht mich doch an.« Unangenehm überrascht hätten seine Verfolger nur noch ein »Wie? Wie?«, herausgebracht, woraufhin er ihnen auf den Kopf zugesagt habe: »Ich weiß, wer ihr seid.« Anschließend trabte er davon.

Häufiger sah man immer dieselben Autos nahe Moschee und Wohnung von Sven Lau. Darin saßen Leute, die uns permanent beobachteten. »Ich verstehe gar nicht, warum die nicht direkt mit uns reden«, spottete Lau mitunter.

Nie werde ich unsere Tour zu Brüdern in Pforzheim zu

einer »Wir vermissen dich«-Veranstaltung vergessen. Am Abend fuhren wir über die Autobahn nach Mönchengladbach zurück. Ein wunderschöner Sternenhimmel erhob sich über uns, während wir mit gemäßigtem Tempo gen Heimat rollten.

In die Idylle hinein bemerkte Lau plötzlich: »Da ist die ganze Zeit ein Auto hinter uns. Es fährt immer im selben Abstand.« Hektisch guckte ich in den Rückspiegel. Lau aber, die Ruhe selbst, schlug einen kleinen Stopp vor: »Es ist so ein schöner Sternenhimmel, lasst uns mal aussteigen und beten.«

Mitten auf der Autobahn hielten wir auf dem Seitenstreifen an – und unsere Verfolger ebenfalls. Wir stiegen aus und sprachen ein Gebet. Als Lau sich erhob, lief ein breites Grinsen über sein Gesicht: »Siehste, da sind sie wieder.«

In jener Zeit stellten die Behörden etlichen Leuten aus unseren Kreisen nach. Sie beobachteten, belauschten und versuchten auch manche gegen Geld als V-Männer anzuwerben. Die Höhe der Bestechungssumme richtete sich nach der Stellung in der Moschee. Die Erfolge fielen dürftig aus.

Amüsiert schilderten Brüder nach dem Gebet manche Anwerbungsversuche der deutschen Staatsmacht. Ein Konvertit prahlte immer wieder: »Ich gehe jetzt wieder mit dem Staatsschutz einen Kaffee trinken und erzähl denen irgendetwas.« Lau mahnte zur Vorsicht. »Ja, ja«, erwiderte der junge Mann, »Ich erzähl nicht viel, sondern nur ein kleines bisschen.«

Eines Abends wollten fünf Betrunkene Lau verdreschen. Der war gerade aus seinem Auto ausgestiegen, als die Typen grölten: »Hau ab hier!« Lau verschloss seinen Wagen, in dem seine Familie saß, und fragte die Angreifer: »Wo soll ich denn hin? Ich bin doch auch Deutscher.«

Ehe er eine Antwort erhielt, flüchtete Lau in unser Glaubenszentrum. Daraufhin schlugen die Angreifer gegen die

Scheibe der Moschee. Etliche Brüder bekamen die Randale mit, stürmten auf die Straße und verdroschen das Quintett. Vor Gericht aber kamen die fünf Schläger mit milden Strafen davon. Für uns ein weiteres Signal, dass es nicht gerecht zuging in der Welt der *Kuffar*.

Dass wir bereits fast fünf Jahre in Eicken lebten und beteten, dass es bis dato keine negativen Zwischenfälle gab, spielte keine Rolle mehr. Die Bürgerinitiative hatte ihr Feindbild entwickelt, daran ließ sich nichts ändern: In ihren Augen waren wir alle Terroristen, die ihre Frauen wie Sklaven hielten und junge Menschen in eine islamische Sekte lockten.

Wenn wir in der Stadt *Da'wa*-Broschüren verteilten, verteilten sie nicht weit entfernt von uns Anti-Salafisten-Broschüren. Einmal vollzogen diese wackeren Menschen vor der Moscheetüre einen »Schweine- und Bier-Marsch«. Die Fensterscheiben der Moschee waren täglich frisch vollgerotzt, auch Laus »Zam Zam Shop« wurde immer wieder aufs Neue verunstaltet.

Bitte nicht falsch verstehen, heute kann ich die Ängste der Bürger in dem Viertel nachvollziehen. Mit vielen Befürchtungen hatten sie ja auch recht. Die Salafisten-Bewegung um Lau und Vogel radikalisierte sich in den folgenden Jahren in eine Richtung, die sich immer mehr der militanten Dschihad-Ideologie annäherte. Sicher gab es auch schon im Jahr 2010 solche Tendenzen. Doch der konkrete Aufruf, an die Kriegsschauplätze in Afghanistan, Somalia oder im Irak zu eilen, um auf Seiten islamischer Terrorgarden zu kämpfen, oder hierzulande Anschläge zu verüben, den gab es nicht. Es war eher ein unterschwelliges Einflüstern, ein Drängen, ein Hinweis auf die Unterdrückung der muslimischen Welt durch die Westler, das die Gemüter vergiftete. Es gab nur ein Gut oder Böse, nur ein »Mit uns oder gegen uns«. Seinerzeit spürte ich zwar, dass irgendetwas ganz schieflief, dass wir trotz aller Anfeindungen auch etwas falsch machten. Mir war schon klar, dass unsere anfangs so friedliche Community durch äußere wie innere Kräfte in eine immer extremere Richtung abdriftete.

Die Attacken der Bürgerbewegung in Eicken übertünchten zeitweilig meine beginnenden Zweifel. »Diese Leute sind selber schuld«, bekamen wir immer wieder zu hören. »Wer uns so niedermacht, muss auch die Konsequenzen tragen.« Solche Sätze machten fortwährend die Runde.

Angeheizt durch Vogel und Lau, spitzte sich die Lage zu. Nachdem eine Fensterscheibe der Moschee eingeschlagen worden war, dachten viele jüngere Brüder an gewaltsame Gegenmaßnahmen: »Manche Kallis brauchen mal Schläge, damit sie zur Vernunft kommen.« Wenn ich entgegnete, dass Gewalt zum einen verboten war und zweitens sowieso nie die Lösung sein könne, konterten die Befürworter: »Ja, *Achi*, eigentlich hast du recht. Aber bei manchen Menschen braucht man keine *Hikma* (Weisheit), sondern Kickma, so hat es auch der zweite Kalif Omar ibn al Khattab gemacht.« Immer wenn man sein aggressives oder grobes Verhalten legitimieren wollte, berief man sich einfach auf den zweiten Kalifen, da ihm ein brutales Vorgehen gegen seine Widersacher nachgesagt wurde.

Übergriffe nahmen zu. Es entstand eine regelrechte Wechselwirkung. Das aggressive Verhalten des einen bestärkte den anderen in seiner Haltung und umgekehrt. Irgendwann schaltete sich die Politik ein.

Als die Stadtverwaltung mitbekam, dass wir das Disko-Projekt ad acta gelegt hatten und nun unser Moschee-Gelände kaufen wollten, trat die Baubehörde auf den Plan und sperrte das Gebäude wegen angeblicher Mängel. Fünf Jahre lang war alles in Ordnung, doch dann machten die Kommunalen unseren Versammlungsort unter einem Vorwand dicht.

Ein kluger Schachzug der Gegenpartei, den wir natürlich als weiteren Trick ansahen, um uns aus der Stadt zu verjagen.

Pierre Vogel war außer sich: »Die Moschee schließen?

Das lassen wir nicht mit uns machen! Wir sind nicht die Juden. Wehret den Anfängen!«, trichterte der Agitator uns ein. Nun verglichen wir uns mit den Juden in der Hitlerzeit – uns sollte nicht dasselbe Schicksal treffen, unter keinen Umständen. Die Devise lautete: »Wir gehen hier nicht weg. Das ist Unrecht.«

Nein, wir liefen nicht weg. Wir beteten zunächst auf dem Hinterhof der Moschee, der nur so vor Hundekot strotzte. Die Scheiße muss schon über Wochen gesammelt worden sein, um sie dann auf unseren Hof zu werfen. Alle waren stinksauer. Außer einem: Pierre Vogel. Er lächelte von einem Ohr zum anderen und befahl sofort: »*Achi*, aufnehmen, Video machen, jetzt!«

Er schaute in die Kamera und fing an: »*Allahu akbar*, liebe Geschwister, das ist ein Zeichen Allahs. Wir sind auf dem richtigen Weg. Der Prophet wurde vor 1400 Jahren mit Kamelkot beworfen und wir heute mit Hundekot. *Allahu akbar.*«

Siegessicher und motiviert bis in die Haarspitzen, das war Pierre. Natürlich konnte er auch schon immer die Welt so drehen, wie es ihm gerade passte, auch das gehört zu ihm wie ein zweites Ich. Aber im Gegensatz zu den anderen Leuten unserer Moscheeführung machte er aus der Not eine Tugend. Zumal er sich auf diese Weise bei uns als Retter aus all dem Übel, als Troubleshooter, als eine Art Messias aufspielen konnte. Vogel inszenierte auch den Gegenschlag.

Jedes Freitagsgebet fand nun mitten auf dem Eickener Marktplatz statt. Unsere Gegner skandierten: »Wir wollen euch hier nicht!« Daraufhin schmetterten wir den Konter: »Halt's Maul, du Lustobjekt!« Im Endeffekt erinnerte die Szenerie an einen Schlagabtausch pubertärer Schreihälse.

Ich für meinen Teil begann mich inzwischen abzusetzen. Langsam, aber sicher dämmerte mir, dass mein Traum von einer vertrauensvollen Gemeinde der Gläubigen, in der wir friedlich zusammenleben konnten, durch eine stete Politisierung unserer Religion verunmöglicht wurde. Es ging nicht mehr darum, ein gottgefälliges Leben zu führen. Vielmehr propagierten unsere Anführer nur noch einen »Kampf« gegen die *Kuffar*. Die Milde, die Einfühlsamkeit, die Toleranz unserer Religion rückte nunmehr völlig in den Hintergrund.

Der Gegner saß überall und musste attackiert werden. Vermehrt zogen unsere Prediger über die Schwächen der deutschen Demokratie her: »Frau Merkel, führen Sie doch mal ein halbes Jahr die *Scharia* in Berlin-Neukölln ein und dann gucken wa' ma'!«, rief Vogel, selbstsicher wie eh und je, öffentlich auf dem Eickener Markt.

Neukölln war bekannt durch seine muslimischen Parallelgesellschaften, aber auch durch die Macht krimineller Libanesen-Clans, die mit Schutzgelderpressung, Drogen- und Waffenhandel sowie Prostitution ganze Quartiere beherrschen. Mit der *Scharia* also wollte Vogel diesen Gangs den Kopf abschlagen.

Dieser Satz widerte mich extrem an. Zum ersten Mal begann ich mich inhaltlich von diesen Trommlern zu distanzieren. Was hier gerade ablief, hatte so gar nichts mehr mit meinen Vorstellungen vom Islam gemein.

Zu jener Zeit dämmerte mir, dass es schon längst nicht mehr um Gott ging, sondern um etwas anderes: Vogel und Lau nutzten die Querelen in Eicken dazu aus, um bundesweit die unumschränkten Stars der Islamisten-Szene zu werden.

Leben in zwei Welten

Bei einer Krebserkrankung verhält es sich oft so, dass man zuerst nichts von ihr bemerkt. Während sich die Metastasen ausbreiten, während der Tumor anfängt zu wuchern, wähnt sich der Patient noch kerngesund: Erst wenn Schmerzen auftreten, der Körper sich schlapp fühlt, wenn der Onkologe nach eingehender Untersuchung seinem Gegenüber eine niederschmetternde Diagnose verkündet – da erst spürt dieser, wie es tatsächlich um ihn steht.

Ich war wirklich krank. Keine Frage. Nicht körperlich, sondern geistig. Im Herbst 2010 fühlte ich mich wie ausgekotzt. Langsam begann ich zu begreifen, wie sehr ich mich an diese Steinzeit-Muslime um Lau verkauft hatte. Wie sehr sie mich mit ihrer Ideologie, die alles Menschliche ablehnte, vergiftet hatten. Wie sehr sie mich zu einem unduldsamen, intoleranten Zeitgenossen umgemodelt hatten. Ich war zu einem hypergläubigen Freak geworden, der jeden tadelte, der nicht eisern das komplexe Regelwerk der Salafisten einhielt. Ein enges Gerüst, das sich wie eine Fessel um Geist und Seele spann, um automatisch das Gute vom Schlechten zu trennen – so, wie es die salafistischen Prediger verlangten.

Das Jahr 2010 bedeutete eine Zäsur in unseren Kreisen: Lau und Vogel erhielten neue starke Konkurrenz durch andere Web-Imame. Denis Cuspert, alias Gangsta-Rapper Deso Dogg, begann damals seine ersten Videos mit Kampfgesängen ins Netz zu stellen. In Bonn agitierten längst extremistische Gruppen, die uns in Eicken als lasche Weicheier abtaten.

Je derber die Kritik an unseren Hauptprotagonisten Lau und Vogel ausfiel, desto härtere, radikalere Töne schlugen beide an. Ihr dritter Kombattant, der Prediger Muhamed Ciftci, hingegen warf das Handtuch und verließ den EZP-Verein.

So wie dem *Sheikh* ging es auch mir: Ich wähnte mich inzwischen in zwei Gefängnissen. In einem salafistischen und in dem meiner Ehe.

Mit Lena lief so ziemlich alles schief. Meine Unzufriedenheit wuchs mit jedem Tag, an dem ich abends wieder den Schlüssel im Schloss unserer Wohnungstür umdrehte. Denn ich wusste, was mich dahinter erwartete: das komplette Chaos. Unsere Konversation beschränkte sich meist auf das Nötigste – es sei denn, wir gerieten wieder einmal in Streit wegen irgendwelcher Kleinigkeiten. Ich wusste längst, dass sie nicht zu mir passte und umgekehrt. Es war einfach ein Fehler gewesen, dass wir nach zweimaligem Sehen und ein wenig Small Talk geheiratet hatten. Wir waren so verschieden, wie man nur sein konnte.

Zu meinem privaten Dilemma gesellte sich die merkliche Entfremdung von den einstigen Vorbildern unserer Bewegung. Die Bürgerproteste gegen unsere Gemeinde, die harschen Repliken durch Vogel und Lau, die Dschihad-Ideologie, die zunehmend unsere Kreise zu vergiften drohte, machten mir schwer zu schaffen. Die inzwischen offen vorgetragene Hetze gegen alle Ungläubigen begann mich zunehmend anzuwidern.

Schlimmer noch: Mittlerweile wetteiferten die Web-Prediger in ihren Clips um den Award des Monats für den extremsten Spruch. Je radikaler, umso besser für die Klickzahlen. Und je mehr Resonanz, desto größer der Einfluss in der wachsenden Salafisten-Bewegung. Wer das Netz beherrschte, besaß die Macht über Tausende Gläubige – und kassierte reichlich Spenden. Wer also im Geschäft bleiben wollte, musste mit den Wölfen heulen.

Januar 2010, Pierre Vogel sitzt im schwarzen Mantel auf einem Podium in Bremen. Er ist gut drauf, zieht Grimassen. Die Kamera springt an: »O.k.«, sagt er, »die wollen uns stoppen. Die haben angefangen, wir wollten nur unsere *Da'wa*-Arbeit machen ... haben uns hingestellt, wie die letzten Verbrecher, haben von Terrorismus geredet.« Dann hebt er besserwisserisch den Zeigefinger: »Übrigens, Terrorismus ist nicht der Freiheitskampf«, sondern Terrorismus sei das Synonym für Anschläge auf unschuldige Menschen. Wenn aber jemand ein Land angreife und man wehre sich dagegen, dann sei dies der Freiheitskampf. Dann macht Vogel klar, dass »wir so nicht weitermachen können«. Er zitiert einen Koranvers und betont, dass »Juden und Christen erst zufrieden sind, wenn wir ihrem Weg folgen«. Er redet frei, springt von einem Thema zum anderen, wie es ihm gerade einfällt. Vogel ergeht sich in langen Ausschweifungen über die Verfolgung der deutschen Salafisten durch die Medien. Selbst saudi-arabische Zeitungen würden ihn in die Terror-Ecke schreiben.

Geschickt wechselt Vogel zu den Anschlägen vom 11. September 2001 in den USA über. Es geht um die Verurteilung eines Helfers in Deutschland: Mounir al-Motassadeq wurde 2007 der Beihilfe zu den Todesflügen schuldig gesprochen. 15 Jahre Gefängnis, lautete das Urteil. »Woher willst du denn wissen, ob das überhaupt stimmt?«, brüllt Vogel seinem Auditorium zu. »Vielleicht haben sie ihm irgendetwas in die Schuhe geschoben.«

Wieder ein Wechsel: Vogel kündigt eine »rasante Islamisierung« an. Und schreit: »Halloo! Islam wird die Welt regieren.« Die Leute sollen Angst bekommen, dass sie morgen »krepieren und den Islam noch nicht angenommen haben«, denn dann müssten sie in die Hölle.

Er schlägt sich mit den massigen Händen immer wieder an die Brust, grinst, feixt, klopft an sein Mikro und wettert gegen den gemeinsamen Schwimmunterricht von Jungen und Mädchen in der Schule: »Man weiß ja nie, was passiert: Heute kann der Mann einen Mann heiraten, morgen der Mann einen Hund ... Es wird immer bekloppter.« Gelächter.

Vogel ist obenauf: »Wir machen Plan B, das heißt: Zellteilung. Aus einem, der *Da'wa* macht, werden Tausende. Und gehen von Tür zu Tür.«

Solche Tiraden häuften sich. Vogel schaltete voll in den Angriffsmodus.

Mir öffneten diese Ausbrüche endlich die Augen. Die Tonlage von Vogel und Lau hatte nichts mehr mit jener gemein, die ich noch fünf Jahre zuvor durch besagte Protagonisten kennengelernt hatte. Wir bewegten uns immer weiter weg von einem orthodoxen Leben für Allah hin zum reinen Kampf für die angeblich gute Sache: den islamischen Gottesstaat. Zunehmend wuchsen die Zweifel in mir, wie ein Krebsgeschwür begannen sie zu wuchern. Fragen häuften sich: »Musa, was machst du hier eigentlich? Was wollen die denn wirklich? Ist das noch der Islam?«

Auch wenn ich versuchte, solche Vorbehalte auszublenden, so gelang es mir nur bedingt. Ich schaute auf zu Lau, bewunderte und misstraute Vogel zugleich, hatte mich stark engagiert in der *Da'wa*-Arbeit unserer Gemeinde. Und nun stellte ich alles in Frage. Aber es half nichts.

Solche blasphemischen Gedankengänge setzten sich bei mir fest. Doch es sollten noch Monate vergehen, bis ich mich endgültig von meinen Lehrmeistern abgenabelt hatte.

Das strenge Reglement, dem ich mich jahrelang unterworfen hatte, erschien mir nach und nach in einem ganz anderen Licht: Vieles, was ich anfangs widerspruchslos als gottgegeben akzeptiert hatte, erregte nun meinen Argwohn. Kritisch begann ich zu hinterfragen, warum etwa Musik oder Bilder an den Wänden *haram* waren? Warum ich meinen Nachbarn, einen deutschen Normalbürger, als Feind betrachten sollte? Wieso gab es ein Paradies mit 72 Jungfrauen für Märtyrer, die im Dschihad gestorben waren? Wieso durfte es keine andere Religion neben dem Islam geben? Wer behauptete so etwas? Und warum? Und: Lebte es sich nicht durchaus komfortabel in diesem Staat, den wir so verteufelten, von dem wir aber gleichzeitig Hartz IV und Kindergeld einstrichen?

In mir herrschte völliger Aufruhr: Während ich immer noch die YouTube-Kanäle der Bewegung pflegte und auch meine eigenen Botschaften in den Äther schickte, fing ich an, alles zu hinterfragen.

Zusammengefasst trug meine Gemütsverfassung paradoxe Züge: Während meine Zweifel wuchsen, vertiefte ich mich förmlich in die *Da'wa*-Arbeit der Sunnah-Moschee in Eicken. Während ich längst über die Trennung von meiner Frau nachdachte, überredete ich Lena auch nach heftigen Szenen, bei mir zu bleiben. Schließlich fühlte ich mich verpflichtet, weiterzumachen und nicht die Familie zu entzweien, so wie es meine Eltern getan hatten.

Ich lebte quasi in einem emotionalen Ausnahmezustand: Zerrissen zwischen Vernunft und Gefühlen, zwischen meinem Glauben und der sich anbahnenden Gewissheit, dass der wahre Islam ein ganz anderer ist als jener, den ich kennengelernt hatte. Dass die Bauernfänger um Lau mir im übertragenen Sinne Ketten angelegt hatten, um mich hörig zu machen. Musa, ein willfähriger Diener eine Sekte, der jeden Stuss glaubte und immer aufs Neue die PR führender Salafisten-Prediger im World Wide Web ankurbelte. Nicht hören, nicht sehen, nicht sprechen. Das Symbol der drei Affen passte trefflich zu mir. Auch mein Frauenbild hatten die Salafisten so umgekrempelt, dass es ins Absurde lief. Weder reichte ich Frauen die Hand, noch grüßte ich sie groß. Keine Chats, keine Telefonate – gar nichts. Wenn ein weiblicher Fahrgast im Bus neben mir Platz nahm, stand ich auf und setzte mich woandershin. Mitunter fragte ich mich, wie sich diese Frau wohl fühlen mochte, verdrängte dies aber schnell, denn ich wollte weder sündigen noch auf »dumme Gedanken« kommen.

Frauen mit offenem Haar ließen in meinen Augen jegliche Scham vermissen. Unseren Regeln zufolge boten sie sich förmlich auf dem Silbertablett an. Selbst muslimische Schwestern ohne Kopftuch wurden von uns verflucht, so wie es bereits der Prophet Mohammed getan haben soll. Und hier sage ich ganz bewusst: »getan haben soll«. Denn die Belege für diese These sind eher dürftig. Unter den Salafis und konservativen Muslimen aber ist es ein ungeschriebenes Gesetz, dass sich das weibliche Geschlecht sittsam zu bedecken hat.

Obwohl ich mich Frauen gegenüber streng nach den Regeln der Salafisten verhielt, fand ich ihre Abwertung ungerecht. Irgendwann saß ich mit meinem Freund Rachid zusammen. Wir debattierten. Es ging um die Mehrehe.

»Rachid, wieso dürfen Männer im Islam eigentlich vier Frauen heiraten?«

»Das ist nicht so leicht zu verstehen. Es stecken mehrere Weisheiten dahinter.«

So leicht ließ ich mich nicht abspeisen: »Aber Frauen dürfen nicht vier Männer heiraten, oder?«

Rachid zögerte kurz: »Nein«, antwortete er mit einem Schmunzeln. Derlei sei unehrenhaft und abstoßend zugleich.

Ich bohrte weiter: »Das ist in meinen Augen schlichtweg ungerecht und frauenverachtend.«

Rachid wusste nicht so recht, was er erwidern sollte. Schließlich antwortete er seufzend: »Nein, das ist nicht ungerecht. Es ist absolut gerecht. Gott ist allwissend.«

Diese Antwort war mir zu dünn. Beinahe in Rage bestand ich darauf, dass dies einfach unsinnig sei: »Ich verstehe alles vom Islam, aber diese Sache geht nicht in meinen Schädel rein. Ich bleibe dabei, es ist unfair.« Sagte es, stand auf und ging. Rachid schaute mir nur kopfschüttelnd verwundert nach. So kannte er mich gar nicht.

Die Widersprüche im Verhältnis zwischen Mann und Frau setzten sich bei mir fest, sie gingen mir nicht mehr aus dem Sinn. Bald bat ich meinen Mentor um Rat. Sven Lau sagte nur: »Schau mal, selbst wenn du irgendwann mal vier Frauen hast, willst du irgendwann eine fünfte.« Er strich sich durch seinen Bart und fuhr dann lächelnd fort: »Und selbst wenn der Mann zehn Ehefrauen hat, will er eine elfte. Die ungläubigen Männer gehen fremd und wir betreiben Mehrehe. Wir handeln nach den Geboten Gottes. Das ist rein.«

Tja, so konnte man es auch sehen: Lieber Vielehe als eine richtige. Besser Polygamie als andersherum. Besser Mann als Frau. Meine Zweifel wuchsen.

Sogleich lag mir die nächste Frage auf der Zunge: »Wieso sind eigentlich in der Moschee die Männer von den Frauen getrennt?«

Lau erwiderte selbstbewusst: »Meinst du, wenn du hinter einer Frau betest und ihren Po siehst, kannst du dich noch auf Allah konzentrieren? Oder wenn dir bei einem Vortrag eine hübsche Schwester gegenübersitzt. Kannst du dann noch den Worten des Predigers folgen? Sicher nicht.«

Dabei ließ ich es bewenden. Vieles klang logisch – und doch irgendwie merkwürdig. Natürlich konnte ich beten, ohne den Hintern einer Frau anzuschauen. Was für ein Quatsch!

Und so schürfte ich tiefer, mein Wissensdurst verlangte nach einleuchtenden Erklärungen. Unser Imam versteifte sich auf die Regeln der Altvorderen: »Sieh mal, wenn der Mann vier Frauen hat, weiß man immer, wer Vater und wer Mutter ist. Wenn jedoch die Frau vier Männer hat, weiß man nicht, wer der Vater ist. Zumindest war es so vor 1400 Jahren, und

Allahs Gesetz ist und bleibt so für alle Zeiten.« Das war das übliche Totschlagsargument. Es war so, also ist es so.

Gekonnt spielen die Salafisten in diesem Kontext mit blumigen Metaphern: »Die bedeckte Frau ist wie eine Perle in einer Muschel, sie zeigt sich nicht jedem.« Mir schienen solche Vergleiche anfangs stimmig zu sein: »Klar, das ist so logisch, warum versteht das bloß so gut wie keiner? Warum verkaufen sich die Frauen im Westen so billig?« Unzählige Male wiederholten die Brüder diesen Nonsens, und ich tat es ihnen gleich.

Im Zusammenhang mit dem Salafismus ist oft von »Gehirnwäsche« die Rede. Unter diesem Begriff stelle ich mir einen an einem Stuhl gefesselten Menschen vor, der durch seinen Peiniger gequält und zielgenau abgerichtet wird.

In meinem Fall lief dies anders. Die Gehirnwäsche funktionierte viel subtiler. Sie erfolgte durch die Brüder in der Gemeinde und natürlich auch durch unsere geistigen Vordenker und Lenker um Sven Lau. »*Achi* mach hier, *Achi* tu das, *Achi*, das ist *haram*, das weißt du doch.« Es war wie bei einem Ballerspiel: Aus allen Ecken eröffneten die Brüder das Feuer auf meinen Geist, bis sie die letzte Bastion niedergeschossen hatten und ich genauso handelte und dachte wie sie auch: gleichförmig, unkritisch, willfährig. Und das alles unter dem Mäntelchen, dass es Allahs Wille sei. Wer wollte schon dagegen opponieren? Gegen Gottes Willen? Ein Sakrileg, eine Todsünde, also verboten.

Ich hatte keine andere Wahl, als die Regeln zu akzeptieren. Ich wollte dazugehören, zu der Gruppe der Salafis. Um nicht anzuecken, schob ich deshalb über Jahre meine Bedenken, die immer mal wieder aufkeimten, zur Seite.

Nie werde ich vergessen, wie sie mir immer wieder eintrichterten, dass die Frau den Mann erst um Erlaubnis fragen müsse, wenn sie das Haus verlassen will. Sie darf nicht alleine verreisen und unter keinen Umständen in der Öffentlichkeit Parfüm auflegen. Diese Gebote beziehen sich auf angebliche Aussagen des Propheten.

Auch wenn die theologische Herleitung umstritten ist, so fiel es uns Männern nicht schwer, diese zu akzeptieren. Wer wollte daheim nicht den Pascha mimen?

Oft zitierten wir folgende Überlieferung: Als Mu'ad ibn Jabal von einer Reise heimkehrte, warf er sich aus Freude darüber, den Propheten wiederzusehen, vor ihm nieder. Mohammed aber soll gesagt haben: »Oh Mu'ad, gäbe es eine Niederwerfung vor jemand anderem als Allah, so wäre es die Niederwerfung der Ehefrau vor ihrem Ehemann.«

Gerne kolportierten wir diesen *Hadith*. Auch ich zitierte ihn wie aus der Pistole geschossen, wenn meine Frau nicht spurte. Manchmal sagte ich nur: »Es gab mal einen weisen Mann namens Mu'ad ibn Jabal.« Darüber konnten wir beide lachen; dennoch benutzte ich diese Überlieferung zumindest unbewusst, um meinen Willen durchzusetzen.

Zu meinem Standard-Repertoire gehörte auch folgende Erzählung aus der *Sunna*: »Wenn der Ehemann die Ehefrau ins Ehebett ruft und sie dem Ruf nicht folgt, wird sie die ganze Nacht von den Engeln und den Paradiesfrauen verflucht.« Die Gleichung enthielt eine simple Drohung: Entweder du gehorchst oder du wirst verflucht. Wer wollte das schon? Ich nicht. Und meine Frau Lena auch nicht. Also gehorchte sie mir, wenn ich solche Sätze aufrief, um sie ins Bett zu bekommen.

Eine perfide Form, um seelischen Druck auszuüben. Wie ein Damoklesschwert hing stets die Gefahr über uns, in der Hölle zu enden. Das mag für den aufgeklärten Bürger wie ein düsteres Märchen klingen, für mich aber war diese schaurige Vorstellung real.

Irgendwann erhielt mein verzerrtes Bild, wie Frauen sich zu verhalten hätten, erste Risse. Dies habe ich einem Streit in unserer Gemeinde zu verdanken. Zum Opferfest ließ ich mit einem Moscheevorstand zusammen ein Schaf schlachten. Anschließend verteilten wir das Fleisch an Studenten oder ärmere Brüder. Der Vereinsobere wollte überdies der Ehefrau seines Freundes Fleisch nach Hause bringen, um ihr etwas Gutes zu tun. Sein Bekannter war gerade auf Pilgerreise nach Mekka.

Es hagelte Proteste: »Du kannst doch nicht einfach zu der Frau von dem Bruder gehen!«

Unwillig fragte der so Gescholtene: »Warum nicht?«

Der Kritiker entgegnete: »Dann klingele doch einfach und stell es ihr vor die Türe!«

Der Moscheevorstand lief rot an vor Zorn: »Vor die Türe? Ist das ein Mensch oder ein Hund, der sich sein Essen vom Boden nehmen muss? Mann, seid ihr verblendet. Frauen sind keine Aliens. Ihr braucht keinen Herzinfarkt zu bekommen, wenn mal eine Frau an euch vorbeiläuft!«

Unwillkürlich wurde es still. Niemand traute sich noch, etwas zu entgegnen. Mich hingegen beeindruckten seine Ausführungen, weil sie vollkommen aus dem Rahmen fielen.

Meine Vorbehalte nahmen zu. Wenn es nun im Sommer hieß: »Bah, diese ekelhaften Ungläubigen mit ihren Miniröcken verkaufen sich so billig«, gab ich Kontra: »Schon mal darüber nachgedacht, dass denen einfach nur heiß ist?« Die Brüder wussten darauf nichts zu erwidern.

Es war ja so einfach: Sobald man die ausgetretenen Pfade verließ, brachten nur die wenigsten noch ein sinnvolles Argumentationsmuster zustande. Wir hatten vieles auswendig gelernt, hatten uns die Suren zu Gemüte geführt, die Lehren salafistischer Theologen. Bewegte man sich aber weg aus der sicheren Glaubensecke, standen viele relativ hilflos da. Quasi nackt. Amüsiert stellte ich fest, dass etliche der Brüder auf manche meiner Einsprüche hin zu stammeln begannen.

Die eigentliche Initialzündung für meinen Absprung aus der Szene geht auf ein Gespräch auf dem Eickener Marktplatz im Frühjahr 2010 zurück. Als Zeichen unseres guten Willens hatten wir zu einem Austausch mit den Bürgern der Stadt aufgerufen.

Der Andrang übertraf unsere Erwartungen. Es war ein angenehmer Frühlingstag, die Sonne schien. Ein kräftiger Wind wirbelte meinen weißen Kaftan durcheinander. Mit der weißen Gebetsmütze und meinem blonden Bart erfüllte ich sicher jedes Klischee eines Weisen aus dem Morgenland.

Ehe ich mich versah, umringten mich fünf Damen mittleren Alters. Wir unterhielten uns über die Stellung der Frau im Islam. Ich sagte, dass ein Muslim keineswegs bevorzugt ist, sondern dass beide Geschlechter exakt die gleiche Stellung vor Gott einnehmen würden. Eine der Frauen konterte direkt: »Ja, schön und gut. Aber im Koran steht doch, dass der Mann die Frau schlagen soll, wenn sie nicht spurt.« Jesses, da kannte sich aber jemand aus.

Hastig fing ich an, diesen Vers zu relativieren. Hier zahlte sich die *Da'wa*-Schulung durch Pierre Vogel aus: »Ja, das steht im Koran, aber es müssen erst alle anderen Möglichkeiten ausgeschöpft werden. Und wenn man dann schlägt, ist es ein symbolisches Schlagen, das einfach nur den Zorn des Mannes zum Ausdruck bringen soll. Mir persönlich käme es aber nie in den Sinn, meine Frau zu verprügeln.«

Die Fragestellerin entspannte sich. Warm lächelnd fügte sie hinzu: »Du würdest keine Frau schlagen, das sehe ich in deinen schönen blauen Augen.«

Ihre anzüglichen Blicke ließen mich schmunzeln. Das Eis war gebrochen.

Ich geriet in Fahrt und redete mich zunehmend warm: »Man muss den Koran so verstehen wie der Prophet – und er schlug niemals seine Frau.«

Ich redete und redete – über das richtige Verständnis des Islam, über den wahren Glauben und über diejenigen, die in die Hölle kämen, wenn sie nicht rechtzeitig konvertierten.

Aufmerksam folgte die Frauenrunde meinen Schilderungen. Den Damen gefiel wohl meine Art. Und so räsonierte eine andere aus der Gruppe über ihre negativen Erfahrungen mit Muslimen: »Weißt du, ich war sehr oft in arabischen Ländern, ich komme viel herum. Und kaum wenn ich an den Flughäfen landete, hatte ich das Gefühl, von den arabischen Männern als ein Stück Fleisch angesehen zu werden. Als wertloses Stück Fleisch, weil ich für sie ungläubig bin und mich nicht bedecke. Aber bei dir habe ich nicht dieses Gefühl. Du betrachtest mich nicht als ein Stück Fleisch.« Ihr offener Blick sprach Bände.

Ein Kompliment, das mir guttat. Richtig verinnerlicht habe ich ihre Bemerkung erst auf dem Nachhauseweg, nachdem wir uns herzlich verabschiedet und uns gegenseitig alles Gute gewünscht hatten.

Vor meinem inneren Auge zogen die Bilder von meinem *Hadsch* herauf, auch etliche trübe Eindrücke von meinen Pilgerreisen. Wenn ich an manche Begebenheit zurückdachte, konnte ich die Kritik dieser Frau nachvollziehen.

In diesem Moment war ich zum ersten Mal seit meiner Konversion wieder froh, ein Deutscher zu sein, ein Europäer, aufgewachsen im ach so »bösen« Westen.

Als hätte ein Gong mich geweckt, schwanden bald meine Ressentiments gegen die Werte unserer Gesellschaft, mit denen ich groß geworden war. Jeder lebe nach seiner Fasson – das wurde bald mein neues Credo.

Im Zuge dieser Erkenntnis versank ich immer häufiger in einen Mix aus Kummer, Wut und Unzufriedenheit. Es ging nicht nur um die wachsende Distanz zu den Brüdern und der Gemeinde. Der Frust über meine Beziehung tat sein Übriges. Unsere Ehe hatte sich zur Hölle auf Erden entwickelt: Glaubte ich anfangs noch an das Schicksal, dass Gott mir diese Frau gesandt hatte, dass mir Lena vorbestimmt war, türmten sich bald die Zweifel auf. Liebe, Gefühle, das Verlangen, stets beisammen sein zu wollen, all dies war schnell verschwunden.

Wir begegneten uns wie Fremde in derselben Wohnung. Der Zwist zwischen uns verstärkte sich mit der Zeit: Wir schwiegen uns mehr an, als dass wir miteinander redeten.

Erschwerend kam hinzu, dass meine Frau zwar sehr interessiert meinen religiösen Ausführungen lauschte. Ihr eigenes Wissen um unsere Glaubensgrundlagen war aber bescheiden. Dabei hatte die Gemeindespitze mir meine Gattin bei den ersten kurzen Dates als Ausbund an Frömmigkeit angepriesen.

Irgendwann ertappte ich Lena dabei, wie sie sich einen Film auf dem PC anschaute. Konsterniert stellte ich sie zur Rede. Filme oder Fernsehen standen bei Salafisten auf der Verbotsliste. »Warum hast du das getan?«, wollte ich wissen. »Du weißt doch, das ist *haram*.« Sie schwieg verschämt.

Empört untersagte ich ihr, nochmals gegen die Regeln zu verstoßen. Meine Frau hatte gefälligst so sittenrein zu leben wie ich selbst. Fortan begann ich Lena wegen Kleinigkeiten zu maßregeln. Nichts konnte sie mir recht machen. Immer wieder drängte ich Lena dazu, sich mehr mit dem Islam zu befassen, mehr Bücher zu lesen. Wenn ich zu Hause war, musste sie mit mir beten. »Du betest immer so lang«, wehrte sie sich. Aber es half ihr nichts: Ich, der Musa, gab den Takt vor. Ich sagte ihr, wo es langging.

Nichts konnte Lena mir recht machen. Streng ermahnte ich sie immer aufs Neue: »Streng dich an! Gib dir mehr Mühe! Du musst mehr Suren auswendig lernen!« Ich wollte doch eine perfekte Frau haben, die alle Pflichten eines wahren Muslims beherrschte. Rückblickend gesehen, machte ich damit alles nur schlimmer. Ich war damals gerade mal 21 Jahre alt und fühlte mich mit allem allein gelassen und überfordert.

Bald setzte bei mir Ernüchterung ein. Ich begann mein Eheversprechen zu bereuen.

»Bist du glücklich?«, fragte mich seinerzeit einer der Brüder.

»Ja«, gab ich schnippisch zurück. Ich wusste selbst, dass es eine Lüge war.

Und so wandte ich mich der *Da'wa* zu – und zwar mehr denn je. Ich war voll im Film, lebte meinen Glauben intensiv aus, unterrichtete Jugendliche nach dem Gebet.

Nach Hause ging ich nur, wenn ich musste. Häufig zog ich es vor, bei meinen Brüdern zu übernachten. »Wir müssen noch neue Videos auf YouTube hochladen«, entschuldigte ich mein Fernbleiben und war froh, wenn Lena nickte.

Der Kontakt zu meiner Familie beschränkte sich auf ein paar wenige Höflichkeitsbesuche. Meine Mutter tat sich schwer, mit meiner Frau warm zu werden. Schon die Begrüßung fiel nüchtern aus: Steif gaben sie sich die Hand. Freundlich lächelnd saßen beide zusammen die Zeit ab. Die Konversation hatte mehr Pausen als Sätze. »Ist ja ganz nett«, rang sich meine Mutter im Nachhinein ein Kompliment ab. Viel mehr fiel ihr nicht zu Lena ein. Mein kleiner Bruder zog meine Frau derweil wegen ihrer korpulenten Figur auf.

Umgekehrt ging es mir mit meiner Schwiegermutter genauso. Familientreffs waren von jeher nicht mein Ding. Da trafen zwei Welten aufeinander. Ich habe diese Zusammenkünfte immer als Last empfunden.

Meinen Vater habe ich nur einmal angerufen, um ihm die Nachricht zu überbringen, dass wir Nachwuchs erwarteten. Ich erzählte ihm von meinem Werdegang. Er wirkte beeindruckt: »Wahnsinn, wie du dich verändert hast – keine Markenklamotten mehr. Und nun wirst du auch noch Vater!«

Tja, was nach außen hin wie das pure Glück aussah, entpuppte sich bei näherem Hinsehen als Alptraum. Genau betrachtet, lebten Lena und ich schon am Anfang unserer Ehe nebeneinanderher. Sie blieb meist zu Hause, litt an den Folgen ihrer Schwangerschaft, während ich mich meistens in der Moschee aufhielt. Das einzige Bindeglied, das uns zusammenhielt, war das Kind in ihrem Bauch.

Wenn wir dann mal einträchtig zusammensaßen, philosophierten wir über die Zukunft von unserem Sprössling. »Ich bring ihm den Islam bei – sei es Junge oder Mädchen«, rief ich aus.

Schließlich war es dann so weit: Per Kaiserschnit kam unser Junge zu Welt.

Eine halbe Stunde lang legte mir eine Krankenschwester meinen Sohn auf meine Brust. Es war ein unglaubliches Glück. So ein kleines Wesen. Von Gott gegeben. Ich fing an zu beten, Tränen rannen über mein Gesicht. Leise sang ich dem Jungen Suren ins Ohr. Von hinten nach vorne. Mit zittrigen Fingern umarmte ich meinen Sohn, liebkoste ihn und dankte Gott dafür, dass er gesund zur Welt gekommen war.

Die Geburt änderte nichts an der Tristesse meiner Ehe. Immerhin waren wir in eine größere Wohnung umgezogen. Während sich Lena noch im Krankenhaus von den Strapazen der Geburt erholte, renovierte ich unsere neue Bleibe und kaufte neue Möbel von meiner verbliebenen Zivi-Kohle.

Aber es half alles nichts. Kaum waren Kind und Mutter zu Hause, ging der Familienhorror von vorne los. Meine Nerven lagen mittlerweile blank. Ich war gerade mal 21 Jahre alt und sollte den treusorgenden Familienvater abgeben. Das war zu viel für mich.

Von der täglichen Hausarbeit blieb viel an mir hängen. Das fand ich zum Kotzen. Ich, Musa, der Mann mit einer Mission, der mit den großen Predigern durch die Gegend zog, sollte daheim den Putzeimer schwingen? So hatte ich mir das Familienleben wahrlich nicht vorgestellt.

Dasselbe galt anfangs für die Beziehung zu meinem Sohn. Natürlich habe ich ihn im Maxi-Cosi geschaukelt und ein bisschen geknuddelt, habe ihn gestreichelt und mit der Flasche gefüttert. Aber so richtig etwas anfangen konnte ich mit ihm in jener Zeit noch nicht. Er war so winzig und süß, zugleich aber krähte er aus Leibeskräften – und zwar gerade dann, wenn ich mich hinlegen wollte oder genervt versuchte, Ordnung in der Wohnung zu schaffen. Viele Menschen, die selbst kleine Kinder haben, werden vermutlich nur mitleidig den Kopf schütteln über mein Klagen. »Was für ein Rabenvater ...« Sie haben ja recht. Seinerzeit war ich einfach zu unreif für eine Familie. Zwischen meinen Wünschen und meinen Fähigkeiten lagen Welten.

Ich fühlte mich ständig überfordert, wollte nur noch meine Ruhe haben, flüchtete mich unter Vorwänden zu meinen Brüdern. Zu Hause schliefen wir mittlerweile getrennt. Sie mit dem Knaben im Schlafzimmer und ich auf einer Klappcouch im Wohnzimmer.

Irgendwann platzte mir der Kragen: »Mensch, wie sieht es denn hier wieder aus«, schrie ich eines Abends nach meiner Rückkehr. »Du wolltest doch hier saubermachen und was tun.« Ich rastete völlig aus: »Das kann ja wohl nicht sein, dass ich hier alles machen soll.«

Lena verteidigte sich nur leise und schaute mich hilflos an.

Missbilligend schaute ich auf meine Frau herab. Die richtete sich mit wütendem Blick auf und überhäufte mich mit Vorwürfen: »Nie kümmerst du dich um den Jungen, deine Familie kümmert dich nicht, was interessiert dich überhaupt?«

Achselzuckend wandte ich ein, dass ich viel unterwegs sei: »Die *Da'wa*-Arbeit kostet viel Kraft und Zeit.« Barsch unterbrach sie mich: »Das kann ja sein, aber andere Männer schaffen es auch, beides unter einen Hut zu bringen.«

Lena hatte meinen wunden Punkt getroffen: Tatsächlich tat ich mich schwer damit, eine echte Bindung zu unserem Baby aufzubauen. In der Moschee fragten die Brüder schon: »Was ist mit deinem Jungen? Warum bringst du ihn nicht mit?«

Genervt winkte ich ab: »Warum sollte ich ihn jetzt schon mitbringen? Was ist, wenn er anfängt zu weinen, wenn wir gerade beten?«

Erstaunte Blicke. Meine Freunde bedrängten mich gar: Es sei wichtig, die Kleinen so früh wie möglich mit dem Islam vertraut zu machen.

Beschwichtigend lenkte ich ein: »Wenn er größer ist, nehme ich ihn mit.«

Mein Ehedrama spitzte sich zu, und gleichzeitig begann ich mich zunehmend von der salafistischen Ideologie zu lösen. Zunächst einmal schob ich Lena und meinen Sohn immer öfter zu ihrer Mutter ab. So hatte ich wenigstens für ein paar Tage Ruhe. Bald aber durchschaute sie mein Spiel und sagte mir auf den Kopf zu, dass sie mich möglichst nicht mehr sehen wolle. »Das ist echt mies.«

Beredt versuchte ich, sie zu besänftigen: dass das doch alles Quatsch sei, dass sie viel besser bei ihrer Mutter aufgehoben sei, um nicht so allein zu sein, wenn ich im Namen Allahs für Lau & Co. im Internet missionierte. Es war ein Totschlagsargument, dagegen kam sie nicht an. Lena wusste ja nicht, dass mein Geschwafel nur der halben Wahrheit entsprach.

Inzwischen war ich längst ausgebrochen. Ich hatte mir meine eigene Freiheit wieder genommen.

Es war ein Samstag gewesen: Ein windiger Herbsttag im Jahr 2009. Wieder einmal haderte ich mit meiner Situation, wieder einmal verfluchte ich alle, die angeblich an meiner Lage Schuld trugen. Schließlich kam mir der Gedanke, der alles verändern sollte: »Komm! Du steigst jetzt in den Zug, fährst nach Holland und holst dir einen Joint.« Binnen weniger Stunden verwandelte sich der heilige Musa in Dominic, den alten Kiffer. Ein Zurück zu den alten, unbeschwerten Zeiten, so zumindest erschien es mir.

Um die Sache voll auszukosten, kaufte ich mir morgens einen MP3-Player. In einem CallShop lud ich mir die neuesten Rap-Songs drauf. Eine Stunde später lief ich durch die Straßen von Venlo auf der Suche nach einem Coffee-Shop. Danach suchte ich mir einen Park. Genüsslich zündete ich die Tüte an und nahm einen tiefen Zug. Anfangs beschlich mich noch ein wenig die Reue. »Das ist doch totale Scheiße, was du hier machst«, fuhr es mir durch den Kopf. Doch dann dröhnte der Stoff meine Bedenken weg. Jahrelang hatte ich keinen Shit mehr angerührt, die Wirkung war gewaltig. Ich setzte mir den Kopfhörer auf, stellte auf laut, drückte auf Play und schoss mich weg.

Die Dunkelheit senkte sich über den Park, als ich wieder halbwegs zu mir kam.

Im Zug fiel ich bei einer Polizeikontrolle auf, weil ich keinen Ausweis dabeihatte. 25 Euro kostete mich der Spaß. Ich war so zugedröhnt und durch den Wind, dass ich aus Versehen den Ausstieg in Mönchengladbach verpasste und noch weiter bis nach Düsseldorf fuhr. Stundenlang irrte ich durch die Landeshauptstadt. Dann wieder nachts zurück nach Rheydt – Lena sollte nichts merken. Mit schlechtem Gewissen legte ich mich auf die Couch im Wohnzimmer.

Am nächsten Morgen schalt ich mich einen Idioten. »Du machst das nie wieder«, redete ich mir ein: »Das war ein Ausrutscher – und fertig.« In den Wochen darauf spulte ich pflichtbewusst mein normales Programm ab: Moschee, Gebet, *Da'wa* mit den Predigern.

Sosehr ich mich aber auch anstrengte, wieder in die Rolle

des gottesfürchtigen Salafisten zu schlüpfen, so wenig erfüllte sie mich. Manchmal schweiften meine Gedanken völlig ab, während ich meinem Gesprächspartner auf der Straße die Vorzüge des Islam nach salafistischer Lesart nahezubringen suchte. Das Leben mit den Brüdern begann mich anzuöden, ihr steifes Korsett aus Vorschriften, Verboten und Buße, schnürte mir den Atem ab.

Zu allem Überfluss kam auch mein frustrierendes Privatleben hinzu. Mit Lena lag ich fast nur noch im Clinch.

Somit suchte ich immer häufiger Zuflucht in meiner alten Welt: Kiffen, Musik hören, abhängen. Anfangs nahm Lena mir noch meine Lügen ab – von wegen Moschee und *Da'wa*, obwohl ich dort seit geraumer Zeit nicht mehr aufkreuzte.

Wenn die Brüder mich trafen, erkundigten sie sich besorgt nach meinem Befinden. Sven Lau fragte: »Wo bist du, *Achi*? Was ist los mit dir? Bist du wieder schwach geworden? Geht's dir gut?« Ich sagte nichts dazu, sondern ging einfach weiter.

Es war mir scheißegal, was die anderen dachten. Beinahe trotzig wie ein Kind zog ich mein Ding durch, weg von jeglicher Pflicht, weg von meiner Frau, raus aus der religiösen Enge.

Zu Hause wurde es immer lauter: kaum ein Tag ohne Streit. Ich brüllte, schimpfte und machte sie nieder. Das waren schlimme Zeiten, und ich führte mich richtig mies auf. Manches ging voll unter die Gürtellinie. Wir beide waren todunglücklich und verbittert. Wenn es gar zu arg wurde, fuhr ich über die Grenze und ballerte mir die Birne zu.

Weit über ein Jahr hinweg wechselte ich die Milieus: Mitunter ließ ich mich wochenlang nicht mehr in Eicken in der Moschee sehen, dann übernahm ich wieder für einige Monate meine alten Aufgaben als Handlanger der Gemeindeführung.

Von manchen Brüdern wusste ich, dass sie selbst auch gerne mal einen durchzogen: Nach einem Freitagsgebet haute ich einen Bekannten an. »Willst du mit nach Holland?«

Er grinste verschwörerisch: »Du willst mich doch nur testen, oder?«

Ich schüttelte den Kopf: »Nee, laber mich nicht voll, komm einfach mit!«

Wir stiegen in sein Auto und düsten über die Autobahn. Die Musik hatte er volle Kanne aufgedreht. Am Ziel angekommen, kauften wir für 40 Euro Gras. Während die Maas langsam unter uns dahinplätscherte, drehten wir die erste Tüte.

Auf dem Rückweg setzten sich Grenzschützer an unser Heck. Hastig warfen wir den Stoff aus dem Fenster, ehe sie uns herauswinkten. Erst nach einer Stunde durften wir weiterfahren. Zum Glück hatten die Bundespolizisten das Päckchen Marihuana nicht gefunden.

Meinen Lebenswandel konnte ich vor Lena kaum noch verheimlichen. Irgendwann sagte sie zu mir: »Du siehst so müde aus.«

Abwesend entgegnete ich nur: »Ja, ja.«

Anderntags sind mein Kumpel und ich nach der *Da'wa*-Sitzung mit Lau wieder nach Holland gefahren, um uns einzudecken.

So ging das eine Weile, bis Lena irgendwann Tabak in meiner Tasche fand. Sie stellte mich zur Rede. Nach kurzem Leugnen straffte ich mich und sah sie herausfordernd an.

»Ja, ich kiffe wieder – und jetzt?«

Entsetzt schlug sie die Hände vors Gesicht: »Was soll das? Warum machst du das?« Ich müsse doch wissen, dass mein Verhalten Konsequenzen habe.

Besänftigend hob ich die Hände: »Du bist meine Ehefrau, sei geduldig! Jeder macht mal einen Fehler. Eigentlich will ich das ja gar nicht.«

Dann folgte eine längere Litanei über meine Schwäche und dass ich mich ändern würde – wieder hin zu einem gottesfürchtigen Leben. »Der Herr ist gütig und wird mir verzeihen.«

Wenn ich mich so reden hörte, wurde mir schlecht von meinem Gefasel. Ich wusste es besser. Tief in meinem Herzen fochten zwei Dämonen einen Kampf aus, der mich zu zerreißen drohte.

Zumal ich auch selbst immer wieder versuchte, den Weg zurück zur Religion zu finden.

Bald war es mir aber so egal, wer oder was an meinem Drogenkonsum Anstoß nehmen könnte, dass ich mir auch zu Hause ungeniert Joints anzündete. Lena schaute mich nur noch angewidert an und überhäufte mich mit Vorwürfen.

Irgendwann nahm mich unser Imam beiseite. »Du bist nicht mehr oft zu Hause. Deiner Frau geht's nicht gut in dieser Situation, was soll das? Hast du Probleme?«

Entgeistert starrte ich ihn an: Hatte sich etwa Lena bei ihm über mich beschwert? Das konnte ja wohl nicht wahr sein, was ging den Mann denn meine Ehe an? Mit einigen Floskeln beruhigte ich den Vorbeter.

Mit der Zeit betete ich auch bekifft, später dann nur noch drei Mal am Tag. Lena vertröstete ich mit immer neuen Versprechungen: dass ich mich ändern würde, den ganzen Schmonz eben. »O.k., wir versuchen es noch mal«, sagte sie beruhigt. »Gut, dass du ehrlich bist.«

Und ich versuchte tatsächlich, Wort zu halten: Von einem auf den anderen Tag hörte ich auf, ging wieder in die Moschee, gab wieder den alten ehrpuzzeligen Musa. Ich war wieder voll straight.

Erst mit den lautstarken, zunehmend aggressiven und offensiven Parolen, die Vogel und Lau auf dem Eickener Markt schrien, begann mein endgültiger Ausstieg. Neben durch Bürgerproteste von außen erzeugtem Druck verstärkte die Opposition innerhalb des Moscheevereins den Druck auf unsere Anführer.

Die ständigen Querelen gingen mir gegen den Strich. Fassungslos musste ich mitansehen, wie beide Seiten unser Projekt zunichtemachten. »Ob das wirklich Gottes Wille ist?« Das wagte ich zu bezweifeln. Wo war denn plötzlich all die Brüderlichkeit der einen *Umma* der Muslime geblieben?

Umso mehr störten mich die radikalen Ausfälle unserer Anführer, die sich immer entschiedener gegen das hiesige Establishment wandten. Sie wollten einen anderen Staat, eine Theokratie zwischen Berlin und München. Gemäß ihren Regeln und Gesetzen.

Die Indoktrination begann schon bei den Kindern. Mit großem Befremden berichtete meine Frau mir, wie manche Schwestern ihren Sprösslingen Bilder aus Palästina mit den Worten präsentierten: »Schau mal, wie es dort zugeht. Das machen die *Kuffar* mit deinen Geschwistern.« Von kleinauf wurde dem Nachwuchs eine antiwestliche Haltung eingebläut. Immer wieder hieß es, die Muslime seien »die Armen, die weltweit viel Unrecht erleiden müssen«.

Intoleranz und Ignoranz werden in salafistischen Haushalten groß geschrieben. So gehörte es bei uns zum guten Ton, den Kleinen zu untersagen, mit Puppen zu spielen. Der Grund: Puppen besäßen Augen. Kein Witz, das verbot sich.

Dasselbe galt für Familienfeste: Wenn unsere Verwandten oder Eltern Weihnachten oder Ostern begingen, mussten wir uns fernhalten. Selbst Geburtstagsfeiern hatten die salafistischen Gelehrten verboten. In dem Punkt waren Lena und ich uns zumindest einig: Unser Nachwuchs sollte einen weicheren Islam kennenlernen. Noch war ich nicht so weit, meinen Leuten endgültig den Rücken zu kehren, aber das war nur noch eine Frage der Zeit.

Privat schien für eine gewisse Phase Frieden in unser Haus eingekehrt zu sein. Lena erwartete wieder ein Kind. Die Nachricht löste bei mir gemischte Gefühle aus. Einerseits freute ich mich darüber, andererseits aber ließen mich die Zweifel nicht mehr los.

Ich besorgte uns eine neue Wohnung mit zwei Badezimmern, groß und geräumig – für eine vierköpfige Familie genau passend. Dieses Mal verlief die Schwangerschaft nicht so kompliziert wie die erste. Es änderte aber nichts an meinem widersprüchlichen Lebenswandel. Erneut begann ich zwischen Holland und der Moschee zu pendeln. Mal sauber, mal anders. So richtig kam keiner mehr an mich ran. Und ich wollte es auch gar nicht.

In der Gemeinde begannen die Brüder, sich das Maul über mich zu zerreißen: »Allah leitet recht, wen er will.« Das hieß, dass er mich, den Musa, wohl in die Irre führte. Fortan nahmen die Seitenhiebe zu. »Guck mal, der Musa. Früher machte er einen auf gelehrt und gläubig, und jetzt kifft der Bruder.« Alsbald verlor ich jegliches Standing in der Gemeinde, mein Status ging gegen null. Aber das war mir zu jener Zeit völlig schnurz.

Im März 2010 kam meine Tochter zur Welt, ich war während der Geburt dabei. Ein tolles Gefühl: Aufmunternd drückte ich Lenas Hand. Als das Köpfchen des Säuglings erschien, war ich selig. Lena hatte eine Tochter geboren. Wie in Trance durchtrennte ich die Nabelschnur.

Gegen drei Uhr in der Nacht schloss ich unsere Wohnungstür auf. Auf dem Balkon zündete ich mir einen Joint an. »Jetzt bist du noch mal Papa geworden«, flüsterte ich vor mich hin. »Noch mal Papa.« Was für ein Horror! Eine unbeschreibliche Furcht vor der Zukunft übermannte mich. Wie sollte ich mit der Situation fertig werden? Mir wurde bewusst, dass nun die Probleme größer werden würden. Mit zittriger Hand wischte ich mir immer wieder durchs Gesicht, während ich den nächsten Zug nahm: »Oh Mann, was wird jetzt?«

Die Frage sollte sich in den kommenden Monaten klären. Im Sommer 2010 knallte es endgültig zwischen uns. Bald nach ihrer Heimkehr aus dem Krankenhaus waren die alten Differenzen zwischen Lena und mir wieder aufgebrochen. Immer öfter redeten wir von Trennung.

An einem Augusttag kam Lena zu mir und sagte mit belegter Stimme: »Ich will, dass du auszieshst!«

Ich versuchte sie zu überzeugen, dass sie einen Fehler mache. Es war paradox: Eigentlich hätte ich jubelnd meine Sachen packen müssen, weil ich endlich wegkonnte, aber ich tat es nicht. Eindringlich redete ich auf sie ein. So als müsse ich mir selbst weismachen, alles getan zu haben, um unsere Familie zu retten. Dabei wollte ich es eigentlich gar nicht. Schizophren, nicht wahr?

Aber dieses Mal fruchteten all meine rhetorischen Künste nicht.

»Wir versuchen es erst einmal mit einer räumliche Trennung«, sagte Lena bestimmt. »Such dir ein neues Quartier, wo du so viel kiffen kannst, wie du willst.«

Von jetzt auf gleich gab ich es auf. Nun machte sich Erleichterung in mir breit. Es war vorbei, endlich. »Jackpot«, dachte ich nur, während ich meine Sachen zusammensuchte. Lena war mein Gemütswechsel nicht entgangen: »Man sieht deinem Gesicht an, dass du nicht hierbleiben willst.«

Wie recht sie hatte. Eine Woche später schon hatte ich eine neue Bleibe gefunden. Ich fühlte mich wieder frei, lebte so wie früher: chillte, schrieb Texte zu eigenen Hip-Hop-Songs, ließ die Pflichten eines salafistischen Frömmlers Pflichten sein.

Mit meinen alten Brüdern hatte ich nun keinen Kontakt mehr. Ich bekam immer wieder SMS, dass ich wieder umkehren möge. Sie ließen mich aber vollkommen kalt. Ich habe mich einfach zum ersten Mal wieder frei gefühlt. Zwar betrachtete ich mich noch als Salafist, setzte aber nicht mehr jeden Tag eine Gebetsmütze auf. Bald schmierte ich mir wieder Gel ins Haar und begann mich nach und nach zu verändern. Nicht, dass ich meinen Glauben aufgegeben hätte. Immer mehr relativierte sich jedoch mein Eifer, und aus Musa, al-Almani, dem Salafisten, entwickelte sich ein ganz normaler Muslim, der nicht um sein Seelenheil fürchtet, wenn er seinen Glauben so praktiziert, wie er es für richtig hält.

Ein paar Monate später lernte ich in einem Waschsalon eine neue Frau kennen und lieben.

Lena ließ sich dann von mir scheiden.

Eines sei an dieser Stelle noch gesagt. Meine anfängliche Scheu im Umgang mit meinen Kindern hat sich längst gelegt: Heute haben wir ein tolles Verhältnis. Ich liebe meinen Sohn und meine Tochter. Und es ist mir völlig gleich, ob sie jemals Muslim, Christ oder Atheist werden.

Schlüsselerlebnisse zum Ausstieg

Jobcenter. Die Besuche bei meinem Berater vom Arbeitsamt verliefen normalerweise immer nach demselben Muster. Er befragte mich kurz nach meinen Zukunftsplänen, ermahnte mich, langsam mal etwas Sinnvolles anzustellen, um mich dann wieder in die Beschäftigungslosigkeit zu entlassen. Als sogenannter Langzeitarbeitsloser konnte ich mich immer wieder vor Maßnahmen oder Jobangeboten drücken. Irgendwann im Frühjahr 2010 aber fand ich eine Mitteilung im Briefkasten: Ich sollte mich einem sechswöchigen Bewerbungstraining durch das Jobcenter unterziehen. Es gab kein Wenn und Aber. Ich musste an diesem Kurs teilnehmen, ob ich wollte oder nicht.

Schon mein erster Schultag hatte es in sich: Ein Raunen ging durch die Klasse, als ich eintrat.

Durch meine Gebetsmütze, meinen Bart und meine weiten arabischen Pumphosen stach ich unwillkürlich heraus. Die Lehrerin fragte mich gleich, ob ich konvertiert sei, und bat darum, mich kurz vorstellen.

»Mein Name ist Dominic, ich bin 22 Jahre alt, habe 2004 meine mittlere Reife gemacht und bin im Sommer 2005 zum Islam übergetreten«, referierte ich stolz.

Die Lehrerin brummelte nur: »Hmm, trotz einer mittleren Reife hier zu sitzen ist eigentlich eine Schande.«

Ich war der Einzige mit Fachoberschulreife in dieser Klasse. Die anderen hatten meist die Schule abgebrochen oder sprachen kaum Deutsch.

Mein orientalisches Outfit sorgte gleich für Diskussionsstoff. Einer meiner Klassenkameraden, ein irakischer Christ, machte mir Vorwürfe: »Warum tötet ihr euch gegenseitig? Warum dürft ihr vier Frauen heiraten, warum, warum, warum?«

Ein wenig überfallen, antwortete ich barsch: »Bleib mal locker!«

Im Laufe der nächsten Tage musste ich mir hier und da einige dumme Sprüche anhören. Da ich aber immer gut mitarbeitete und meinen Mitschülern mit dem Stoff half, wurde ich nach kurzer Zeit von allen gemocht und respektiert.

Mit der Lehrerin verhielt es sich anders. Eines Tages stand sie hinter mir und sagte: »Die Moslems haben keinen Respekt vor Frauen.«

Ich erwiderte prompt: »Ich bin auch Moslem und respektiere Frauen.«

Sie rollte überrascht die Augen: »Du bist ja auch Deutscher. Weißt du, Dominic, mein Sohn und ein anderer Junge sind in ihrer Klasse die einzigen Deutschen. Ansonsten besteht die Klasse nur aus Ausländern, wovon der größte Teil muslimischer Konfession ist. Meinem Sohn werden die Schulbücher geklaut, er wird gehänselt und verprügelt.«

Ich ließ das so stehen, weil ich ein bisschen schockiert darüber war, dass eine Sozialpädagogin solche diskriminierende Töne von sich gab. Ihre Seitenhiebe mir und meiner Religion gegenüber rührten aus den negativen Erfahrungen, die ihr Sohn leider machen musste. Den Satz: »Du bist ja auch Deutscher« von einer pädagogischen Fachkraft zu hören, enttäuschte mich sehr.

In den letzten drei Wochen des Seminars drehte sich der Wind in der Klasse. Wir bekamen einen neuen Lehrer, ebenfalls ein Sozialpädagoge, allerdings ein ganz anderer Typ. Er war Texaner, hatte diesen Südstaatenakzent, sprach fünf Sprachen, war viel herumgekommen und hatte in verschiedenen Ländern studiert.

Sam, so wollen wir ihn nennen, betrat montagmorgens die Klasse, gekleidet mit einer blauen Jeans und einem dunkelblauen Jackett, stellte sich kurz vor, trat ans Lehrerpult und legte los. »Ihr seid noch jung und habt das ganze Leben vor euch. Ihr müsst wachsen, wachsen, wachsen!«

Um seine Worte zu untermalen, streckte er seine Arme aufwärts in Richtung Decke. Skeptisch verfolgte ich seine Verrenkungen und begann mich zu fragen: »Oh mein Gott, wo bin ich denn jetzt gelandet?«

Als Sam jedoch am zweiten Tag mit demselben Elan vor uns stand und versuchte, uns zu motivieren, wurde mir klar, dass er es tatsächlich ernst meinte. Er wollte uns wachrütteln.

Sam und ich verstanden uns auf Anhieb. Nach der Schule lud er mich sogar auf einen Kaffee ein. An diesem Tag habe ich ihm noch eine DVD mit dem Titel »Der wahre Sinn des Lebens« geschenkt. Einer dieser Salafisten-Clips mit dem kölschen Imam Pierre Vogel als Referent. Ich gab sie ihm mit den Worten, dass er sich einfach mal über meine Religion informieren könne. »Das ist mein Leben«, fügte ich lächelnd hinzu. Selbstverständlich verfolgte ich mit dem Geschenk damals noch die Absicht, ihn zu missionieren. Ganz der *Da'wa*-Jünger, der ich noch war.

Mein Lehrer nahm die DVD freundlich entgegen. Bald aber drehte er den Spieß um. Sam überzeugte mich, ein anderer zu werden. Im Laufe der drei Wochen gab er mir einen Satz mit auf den Weg, der mich enorm prägte: »Schau mal, du bist einerseits Deutscher, kennst die Denkweise und Mentalität deiner Landsleute. Andererseits bist du Anhänger der Religion, die so in Verruf steht. Sei die Brücke! Sei die Brücke zwischen diesen beiden Seiten!«

Seine Ausführungen haben tatsächlich mein Leben verändert. Diese Worte bewegten mich dazu, meine Missionsarbeit endgültig niederzulegen. Von da an machte ich es mir zur Aufgabe, Vorurteile wechselseitig abzubauen.

Ich wollte Andersgläubigen zeigen, dass es auch friedliche, tolerante und offene Muslime gibt, mit denen man auf sachliche Art und Weise in einen Dialog treten konnte. Zur gleichen Zeit habe ich es mir zur Aufgabe gemacht, meinen Brüdern zu beweisen, dass wahrlich nicht alle Christen, Juden und Atheisten den Islam hassen und nicht jede Kritik an unserer Religion automatisch ein Sakrileg bedeutet oder tiefe Ablehnung ausdrückt.

Mein erstes Video unter dieser Devise lautete: »Einverstanden, nicht einverstanden zu sein«.

Im grünen Reebok-T-Shirt und mit Flaumbart warb ich für Verständnis: »Viele Muslime haben ganz unterschiedliche Einstellungen. Viele meiner Nachbarn sind Christen oder Atheisten. Doch wir kommen bestens miteinander aus. Es gibt keinen gegenseitigen Hass, und wir versuchen nicht, uns irgendwelche Schlechtigkeiten anzutun.« Die Basis dieser Beziehung bestehe aus Respekt, fuhr ich fort. »Wenn wir debattieren, dann geht es nicht nach dem Motto: Mein Glaube gegen deinen Glauben. Wenn man debattiert, bringt es nichts, ignorant zu sein.« Die Kamera zoomte nahe heran: »Mittlerweile habe ich gelernt: einverstanden, nicht einverstanden zu sein.« Das bedeutete sich einzumischen, Dinge kritisch zu hinterfragen, sich nicht gängeln zu lassen durch irgendwelche halbgaren Weisheiten vermeintlicher Religionsgelehrter.

Zugleich warb ich in dem Clip um Verständnis: »Ich appelliere an dich, einfach einmal den Fernseher und die Medien beiseitezulassen und einen Muslim zu fragen, an was er eigentlich glaubt. Nicht jeder Araber ist Muslim, und nicht jeder Muslim ist Araber. Der Islam basiert auf keiner Hautfarbe.« Deswegen finde man in jedem Land der Welt Muslime unterschiedlichster Hautfarbe. »Kein Muslim repräsentiert den Islam, es ist wie bei allen anderen Glaubensrichtungen auch: Es gibt gute und schlechte Anhänger. Ich bin als deutscher Muslim hier geboren, das ist meine Heimat. Und hier möchte ich in Frieden leben.« Zum Abschluss entspann ich das Credo von einem friedlichen Miteinander der Religionen. »Hört auf, ignorant zu sein. Und sei einverstanden, nicht einverstanden zu sein.«

Es war einer meiner ersten Befreiungsschläge via Internet. Fortan teilte ich die Menschen nicht mehr nach ihrem Glauben ein. Es wurde mir egal, wen die Leute anbeteten oder ob sie überhaupt an Gott glaubten. Ich wollte nicht mehr getrennt von anderen Konfessionen leben, mich nach außen hin abschotten, mit Häme und Verachtung auf Andersgläubige hinabschauen. Als wären die Muslime das einzig auserwählte Volk.

An einem friedlichen Miteinander sind Salafisten jedoch nicht interessiert. Ihnen geht es einfach nur darum, den Menschen weltweit ihren Stempel aufzudrücken. Freundschaft zu einem Andersdenkenden kommt für die meisten nicht in Frage. Denn sonst würde man ja einem der Grundpfeiler der Altvorderen widersprechen: »Loyalität zu den Muslimen und Abneigung zu den *Kuffar*« (arabisch *Al Wala wal Bara*).

Es waren solche Schlüsselerlebnisse, die meinen Ausstieg beflügelten. Nicht, dass ich mich von heute auf morgen von allem freimachen konnte. Es dauerte mindestens noch drei Jahre, bis ich mich völlig vom Salafismus gelöst hatte. Es war wie bei einem Alkoholiker. Immer wieder drohen Rückfälle, bis er trocken ist.

In dieser Phase gab es viele Aha-Momente, die mich immer mehr erwachen ließen. Menschen wie jener texanische Lehrer Sam, die mich veränderten. Ja, die mich bekehrten.

Mittlerweile bekam ich wieder Kontakt zu meinem ehemaligen Klassenkameraden Dennis. Mitunter trafen wir uns beinahe jeden Tag. Wir hatten sehr viel Spaß, verlebten die Stunden völlig unbeschwert. Dennis bewertete mich weder nach meinen Reden noch nach meinem Tun. Er achtete nicht darauf, ob ich eine Sünde beging oder nicht. Nach Jahren unter der Fuchtel der Sittenwächter um Sven Lau ein ungewohntes, ein gutes Gefühl. Ich konnte ich sein – einfach frei sein.

Eines Abends bekannte er: »Dominic, du bist echt ein guter Freund.« Ich freute mich sehr darüber. Schnell aber erhielt dieses Kompliment einen faden Beigeschmack. Ich begann zu grübeln: »Du darfst doch gar nicht mit einem *Kafir* (Singular von *Kuffar*) befreundet sein.« Meine Gedanken flitzten hin und her. These, Gegenthese, Für und Wider. Schließlich entschloss ich mich dazu, diese Freundschaft einfach zu akzeptieren.

»Dennis ist loyal, immer für mich da, hat immer ein offenes Ohr. Er ist vertrauenswürdig, stiftet mich nie zum Schlechten an«, kam ich zum Schluss. »Er freut sich mit mir und ist ehrlich. Genau das macht für mich eine Freundschaft aus. Wem soll ich also etwas vormachen? Ob ich ihn nun Freund, Kumpel oder einen Bekannten nenne, das sind nur Worte. Im Herzen ist es eine Freundschaft. Dennis ist mein Freund, vielleicht sogar mein bester.«

Zum ersten Mal seit meiner Konversion stand ich zu meinen Gefühlen. Auch wenn diese nicht zu all den salafistischen Traktaten passten, die mich einst so stark beeinflusst hatten.

Ich begriff, dass man seine Emotionen nicht einfach ausblenden konnte, so wie es die Überlieferungen suggerierten: Der zweite Kalif Omar soll zum Propheten gesagt haben: »Ich liebe dich mehr als alles andere, mit Ausnahme meiner Seele, die zwischen meinen beiden Seiten ist.« Der Prophet soll geantwortet haben: »Keiner von euch hat *Iman*, bis ich ihm nicht lieber bin als seine eigene Seele.« Omar soll erwidert haben:

»Bei demjenigen, der das Buch auf dich herab sandte – ich liebe dich mehr als meine Seele, die zwischen meinen beiden Seiten ist.« Mohammed beendete das Gespräch mit dem Satz: »Omar, jetzt hast du es!«

Jedes Mal, wenn ich diesen *Hadith* hörte, habe ich mich gewundert, wie leicht Omar auf Kommando seine Gunst neu ausrichtete. Genau das aber wird von einem Salafisten verlangt: »Liebe die einen und hasse die anderen, liebe dies, hasse jenes.«

Das fängt schon bei trivialen Dingen an. Bis heute kann ich nicht verstehen, wie etwa deutsche Konvertite den Verzehr von Schweinefleisch verurteilen können, obwohl es jahrelang auf ihrem Speisezettel stand.

Oder jene Muslime, die nun die *Kuffar* hassten, mit denen sie einst befreundet waren. Viele von uns genossen Bildung, Sozialleistungen, die Menschenrechte des Westens, aber verachteten das System als solches.

Mit dem Wandel zum Salafisten wechselte man seine Gesinnung, seine Lebensauffassung, sein Streben – als wären Hemd oder Hose schmutzig geworden und es bräuchte neue Kleidung. Man tauschte auf Knopfdruck seine Persönlichkeit aus. Der Hass auf alles andere stellte sich dann ganz von selbst ein. Auch wenn die Intoleranz gegen das Anderssein oft nur verbal ihren Ausdruck fand, so stellte sie durchaus eine Gefahr für die Gesellschaft dar. Wie sich zeigte, waren die Worte nämlich nur der Beginn einer zunehmenden Radikalisierung der Salafisten-Szene in Mönchengladbach-Eicken.

Ablehnung heißt Ausgrenzen. Und wer stets unter diesem Paradigma lebt, muss sich nicht wundern, dass er selbst zum Außenseiter wird. So wie bei mir geschehen.

Um das Feuer zu schüren, machten uns die Prediger weis, »die Muslime werden weltweit unterdrückt«. Ressentiments erlebte ich auf der Straße in Mönchengladbach zuhauf. Dass ich es mit meinem orientalischen Aufzug ein Stück weit darauf angelegt hatte, spielte für mich keine Rolle. Angesichts der offenen Ablehnung mancher Bürger drängte es mich geradezu in die radikale Ecke. Dort fand ich mein Zuhause, meinen Unterschlupf. Dort lebte ich in unter Gleichgesinnten.

Und natürlich vergötterte ich unsere Anführer, nahm jedes ihrer Worte für bare Münze. Manches deckte sich ja mit meinen eigenen Erfahrungen: »Hey, Mufti, hau ab«, riefen sie mir oft hinterher. Wer wollte da nicht in Wut geraten? Es war wie ein Strudel, der mich immer tiefer zum extremistischen Grund gezogen hatte, von dem sich aber nur unter großen Mühen ein Weg zurück zur Oberfläche fand.

Doch es gelang mir, dort wieder herauszukommen. So labil ich als junger Mann auch gewesen bin, sosehr sie mich auch zu einem willigen Werkzeug geformt hatten. Eines hatten mir die Salafisten nicht nehmen können: meinen Freiheitsdrang. Über Jahre hatte ich ihn versenkt unter meinem religiösen Eifer.

Letztlich aber schimmerte dieser Drang immer wieder hervor, bis der Funke erneut das alte Feuer entzündete. Musa al-Almani begann sich wieder in Dominic Schmitz zurückzuverwandeln.

Ich hörte auf, mir selbst etwas vorzumachen. So wie die Brüder um Sven Lau wollte ich nicht leben. Es gab noch etwas anderes als Gut und Böse, als Feind und Freund. All die Grauzonen des Lebens, all das, was man Zivilgesellschaft nennt, wo die oberste Regel sich aus der Erkenntnis speist: Frieden zu halten, ihn zu stärken. Ja, für ihn zu werben.

Mehr und mehr durchbrachen solche Denkanstöße meine salafistische Denke. Koran und *Sunna* waren nicht mehr das Maß aller Dinge. Vielmehr brach ich auf zu neuen Ufern. Mehr und mehr streifte ich die hinderlichen Muster ab – und folgte dem, was mein Herz mir sagte.

Mitunter förderten banale Begebenheiten diesen Prozess:

Auf der Suche nach einem Bild stieß ich im Internet auf eine Aufnahme, die mir sehr gefiel. Das Bild zeigte einen Basketballspieler vor grün-weißem Hintergrund. Zugleich aber schaltete sich gedanklich die salafistische Zensur ein: »Nee, Bilder von Seelen darf ich ja nicht aufhängen, das hat der Prophet verboten.« Früher hätte ich einfach weitergeklickt und mir irgendein sittenreines Emblem oder einen Spruch aus dem Koran aufgehängt. Dieses Mal aber ließ ich mich nicht beirren: »Das bin doch ich. Und ich liebe Basketball. DAS BIN ICH! Warum sollte ich mir dieses Bild nicht aufhängen?«

Es wurde ein längeres Selbstgespräch. Im Alter von 22 Jahren stellte ich mir zum ersten Mal die Frage: »Wer bin ich eigentlich?« Daran schloss sich ein ganzer Wust von Fragen an: »Will ich ein gläubiges Schaf sein, das widerspruchslos seinem Hirten folgt? Wozu besitze ich denn einen Verstand?«

Ketzerische Bemerkungen, die bei den Brüdern gar nicht gut ankamen: »*Achi*, du darfst ja selber denken, solange es nicht dem Koran und der *Sunna* widerspricht.« Die Floskel habe ich schon ein paar Mal in dem Buch zitiert. Sie bildet das Fundament salafistischer Hirnwäsche. Mit zunehmender Renitenz aber wagte ich mich weiter vor.

»Dein Ernst?«, wandte ich ein. »Sag doch einfach, dass man nicht denken darf. Dann wärest du wenigstens ehrlich zu dir selbst.«

Mit entwaffnender Offenheit entgegnete ein anderer Konvertit: »Warum denn denken? Es steht doch alles im Koran.«

In diesen Momenten fragte ich mich frustriert: »Wie konnte ich es so viele Jahre zwischen all diesen Einfaltspinseln aushalten?«

Ganz sachte setzte ich mich gedanklich ab. Ein langwieriger Prozess, in dessen Verlauf ich begann, mir auch Vorträge sufistischer oder schiitischer Prediger zu Gemüte zu führen. Dabei stellte ich fest, dass auch diese Geistlichen kein wirres

Zeug herunterdeklamierten, sondern stimmige Argumente anführten.

All das war mir neu. Bisher hatten sie uns immer eingetrichtert: »Bruder, du hast noch nicht viel Wissen, beschäftige dich nicht mit den irregegangenen Sekten. Nachher verwirren sie dich.« Heute ist mir klargeworden, dass man uns bewusst den Blick über den Tellerrand hinaus verwehrte. Ein Mensch, der felsenfest seine Sicht der Dinge vertritt, scheut keine anderen Meinungen. Er setzt sich mit ihnen auseinander, um daran zu wachsen und daraus zu lernen.

Die tumbe salafistische Ideologie wächst nicht, sie verändert sich auch nicht. Seit Jahrhunderten bleibt sich diese Doktrin gleich: vorsintflutlich, eindimensional, unflexibel und unproduktiv.

Gäbe es nur Salafisten auf der Welt, wäre eine katastrophale Hungersnot die Folge, weil die Menschen vor lauter Gebetseifer und Koranstudien gar keine Zeit mehr hätten, genug Nahrung zu produzieren, um die Weltbevölkerung am Leben zu halten. Das Know-how würde verkümmern, weil die Frauen nichts anderes tun dürften, als zu Hause zu bleiben und Kinder zu gebären. Ganze Industrien würden vor die Hunde gehen, weil der salafistische Verbotskatalog ihre Produkte verteufelt. Das Finanzsystem würde zurückgeworfen auf ein archaisches Wechselsystem. Und all jene über Jahrhunderte erkämpften Werte wie Meinungsfreiheit, freie Religionsausübung, Wahlrecht, eine gesetzlich garantierte Menschenwürde etc. würden ersetzt durch einen Büttelstaat aus längst vergessenen Zeiten.

Ein Alptraum, aus dem es sich wahrlich aufzuwachen lohnte.

Nach der Trennung von meiner Frau bezog ich im September 2010 meine erste eigene Wohnung. Ich besaß nichts außer einer Matratze und einem PC. Weder hatte ich Möbel noch eine Idee, wie es weitergehen sollte.

Und dennoch fühlte ich mich endlich frei. Zum ersten Mal nach langer Zeit. Keine Mutter, keine Frau und keine Brüder im Nacken. Ich schöpfte Luft, vermochte wieder zu atmen. So musste sich wohl ein Gefangener fühlen, der seine Zelle hinter sich lassen durfte.

Daniel, heute wohl Kommandant bei den Terrormilizen »Islamischer Staat« (IS), übernachtete einige Wochen bei mir. Seinerzeit dachte er noch nicht ernsthaft an den Dschihad. Vielmehr zogen wir uns von morgens bis abends einen Joint nach dem anderen rein. Die Religion, der Islam waren in dieser Zeit kein Thema.

Täglich düsten wir nach Holland. Während mich zu dieser Zeit noch leichte Hemmungen plagten, spazierte Daniel mit seinem langen rötlich-blonden Bart frech in den Coffee-Shop in Venlo und holte unsere Tagesration »Haze« oder »White Widow«.

Alsbald kürzte ich nach fünf Jahren erstmals wieder meinen Bart. Daniel traf fast der Schlag, als ich lachend aus dem Bad trat. Leicht konsterniert bemerkte mein Kumpel: »Ich packe meinen Bart nie an. Denn wenn ich endlich weg von den Drogen bin, brauche ich den nicht extra wieder wachsen zu lassen.« Damals wusste ich noch nicht, wie ernst es ihm damit war.

Zwei Tage vor Silvester 2010 machte ich mich auf in den Waschsalon. Wie so vieles andere auch besaß ich natürlich keine eigene Waschmaschine.

Während ich da so stand und in die rotierende Trommel stierte, rauschte plötzlich eine äußerst attraktive Frau an mir vorüber. Unsere Blicke kreuzten sich, als sie auf den Ausgang zusteuerte. Spontan lief ich ihr hinterher und landete den wohl dämlichsten Anmachspruch der Welt: »Entschuldigung, hast du vielleicht mal Feuer?«, fragte ich, worauf sie mir ein Feuerzeug hinhielt. Dankbar nickend zündete ich mir eine Zigarette an. Auf diese Tour kamen wir tatsächlich ins Gespräch.

Gabriela verzauberte mich von Beginn an: schwarze Haare, ein sinnlicher Mund, gute Figur – eine echte Traumfrau. Nach dem üblichen Smalltalk bat ich um ihre Handynummer. Amüsiert tippte sie im Gegenzug die meine ein.

Am Spätnachmittag des 31. Dezember gab auf einmal mein Handy laut. Es war Gabriela. Per SMS erkundigte sie sich: »Hi, hast du Lust, den Silvesterabend mit mir zu verbringen?« Oh ja, und wie ich das hatte …!

Wie feierten die ganze Nacht durch, obschon Muslime Silvester gar nicht kennen. Der Jahreswechsel im Islam ist jener Tag, an dem der Prophet Mohammed mit seinen Getreuen im Jahr 622 aus Mekka gen Medina auszog. Aber derlei erzählte ich Gabriela erst einmal nicht.

Sie kennengelernt zu haben glich einem Lottogewinn. Gabriela befand sich in einer ähnlichen Lebenssituation wie ich. Sie war neu in der Stadt, kannte keinen Menschen und fühlte sich alleine. So konnten wir uns gegenseitig etwas Halt geben. Die folgenden Abende vergingen wie im Fluge. Sie und ich – das passte.

Nach einigen Wochen outete ich mich als Muslim. Gabriela reagierte ein wenig schockiert.

Sie war Italienerin, war in einem Kloster aufgewachsen und streng katholisch erzogen worden. Wir redeten viel über meine und ihre Welt, suchten Gemeinsamkeiten, aber auch Unterschiede.

Beredt wie eh und je erklärte ich ihr, warum der Katholizismus nichts für mich war. Zunächst empfand sie meine Ausführungen als Affront, dann aber begann sie mich zu verstehen. Hin und wieder ließ ich mich auch mal zu einem belehrenden Monolog hinreißen: »Im Islam dürfen wir nicht lügen und nicht lästern, wir müssen unsere Familie und unsere Nachbarn ehren«, woraufhin sie ganz lässig antwortete: »Ganz ehrlich? Dafür brauche ich keine Religion. Das sind Selbstverständlichkeiten.« Eins zu null für sie. Ich wäre am liebsten im Erdboden versunken vor Scham. Sie hatte ja recht.

Bis heute bleibt mir dieser Satz im Ohr hängen. Er stachelte mich an, sie eines Besseren zu belehren. Insofern verfiel ich ein wenig in meinen alten *Da'wa*-Modus, obschon ich ja selbst nicht mehr so dran hing und meine drogenbedingten Auszeiten sich zunehmend häuften.

Nächtelang versuchte ich, Gabriela die Vorzüge des Islam nahezubringen. Ich spulte das ganze Programm ab, das ich in den Missionierungs-Kursen von Sven Lau und Pierre Vogel gelernt hatte.

Letzterer meldete sich dann auch irgendwann am Telefon: »Hey«, brüllte er mir in seinem rheinischen Slang in den Hörer, »weißte, wer ich bin?« Klar wusste ich das, wer sonst als Vogel benahm sich so brachial? »Ich hab jehört«, fuhr er fort, »dass es dir nich jutjeht, dass du ein bisschen neben der Spur läufst.« Seufzend erklärte ich ihm, dass ich ein wenig vom Weg abgekommen sei. »Mein *Iman* ist gerade ein wenig zum Teufel.« Ein kurzes Schnaufen drang vom anderen Ende durch die Leitung: »Dann sieh zu, dass der Teufel dir nicht das letzte Hemd auszieht!« Danach hängte er ein. Das war typisch Vogel. Glaubte er tatsächlich, dass er mit seinem Anruf irgendetwas änderte?

Durch Gabriela fand ich hingegen neuen Halt. Klar haben wir oft gemeinsam einen durchgezogen. Die Initiative ging jedoch meistens von mir aus.

Gabriela schien viel besser gerüstet für das Leben. Sie war stark, ruhte in sich selbst und kiffte nur, wenn es ihr gefiel. Bei mir trug der Drogenkonsum Züge einer Sucht. Umso besser, dass meine neue Freundin mich bremste. Fortlaufend verwickelte sie mich in Widersprüche, führte mir vor Augen, wie sehr mein Lebenswandel zwischen Moschee und Joint meine Glaubwürdigkeit untergrub.

Wir redeten viel, sprachen über unsere Zukunft, über unser Werden. Ich befand mich mittendrin im Umbruch: zwischen Glauben, einer stetig wachsenden Entfremdung von diesem, gepaart mit der Flucht in Rauschzustände, um mich diesem Zwiespalt nicht aussetzen zu müssen.

Gabriela half mir einfach durch ihre offene Art. Sie lehrte mich, mir selbst mehr zu vertrauen. Bald entwickelte sich ein Geben und Nehmen zwischen uns. Eine Zweisamkeit, die ich vorher nie so erlebt hatte.

Im Gegenzug brachte ich meiner Freundin den Islam näher. Streng katholisch aufgewachsen, begann sie alsbald ihre Scheu und ihre Vorbehalte gegen den Islam abzulegen. Aufmerksam hörte sie mir zu, wenn ich Suren aus dem Koran aufsagte und sie anschließend interpretierte. Die Überlieferungen aus der *Sunna*, die ganzen Geschichten über Dämonen und Engel faszinierten sie genauso, wie es einst bei mir gewesen war.

Im Spätsommer 2011 stand meine Freundin morgens plötzlich vor mir: »Ich möchte dieses Leben nicht mehr, ich will den Islam annehmen. Ich bezeuge, dass es keine Gottheit gibt außer Allah und dass Mohammed sein Gesandter ist.« Wow, das kam selbst für mich überraschend. Meinetwegen hätte sie nicht konvertieren müssen, aber ich freute mich natürlich über ihren Schritt.

Zumal mich dieser Akt motivierte, erneut mein Leben umzukrempeln. Gabrielas Religionswechsel erschien mir als Zeichen Gottes, als eine zweite Chance, endlich den Kiffer-Alltag zu beenden und in ein sauberes, reines, islamisches Leben zurückzukehren.

Von heute auf morgen hörten wir auf zu rauchen. Wir beteten wie verrückt. Nicht nur die fünf Pflichtgebete am Tag, sondern auch noch die zwölf freiwilligen Einheiten. Kaum hatten wir unsere Gewänder für die Niederwerfung ausgezogen, legten wir sie auch schon wieder an.

Es tat gut, wieder in die Moschee zu gehen, eine Frau zu haben, die sich so viel Mühe gab, mit mir den Glauben zu leben – und endlich wieder clean zu sein.

Nach meinem ersten Freitagsgebet weinte ich Tränen der Reue. Die Brüder jubelten über meine Rückkehr: »*Mascha Allah*, Bruder, du hast so viel Licht im Gesicht.«

Auch mein Freund Daniel versuchte, den Absprung hinzubekommen. Doch er schaffte es immer nur für einige Tage. Am Montag beteten und fasteten wir zusammen, und dienstags stand er schon wieder im Coffee-Shop. So war Daniel – immer hundert Prozent in die eine Richtung, anderntags hundert Prozent in die andere.

In jener Phase erlebte ich einen kurzen Rückfall in die alten salafistischen Verhaltensmuster. Kaum vom Marihuana weg, beschloss ich mit Daniel die alte Mönchengladbacher *Da'wa*-Arbeit wiederzubeleben. Zwar hatten wir uns beide verändert, dennoch suchten wir wieder unser Seelenheil im Missionierungsgeschäft für die salafistische Sache.

Bald schon drängte ich Gabriela dazu, ein Kopftuch anzuziehen. Ich wollte meine »zweite Chance« unbedingt nutzen, musste mir aber selbst eingestehen, dass es sich nicht mehr so anfühlte wie damals mit 17 oder 18. Eher im Gegenteil.

Nach einiger Zeit kehrten dieselben Symptome zurück, die bereits im Jahr zuvor meine Zweifel an dem Sinn der salafistischen Bewegung geschürt hatten. Nüchtern stellte ich fest: Ein freiheitsliebender Mensch wie ich hatte nichts bei Leuten wie Sven Lau oder Pierre Vogel zu suchen. Das war nicht mehr meine Art des Islam.

Als Gabriela mir eines Tages offenbarte, sie trage das Kopftuch nur mir zuliebe, wurde mir schlagartig klar, dass ich wieder dabei gewesen war, denselben Fehler zu begehen wie schon in meiner ersten Beziehung. Umgehend bat ich Gabriela: »Dann zieh es aus!« In diesem Augenblick fiel eine riesige Last von mir ab. Endgültig hatte ich mein krampfhaftes Streben aufgegeben, ein perfekter Salafi zu werden.

Diese Erkenntnis passte in die Zeit. Nicht nur ich hatte mich verändert, sondern auch die gesamte Islamisten-Szene in Deutschland. Von gemäßigten Salafisten-Predigern wie Dabbagh oder Ciftci war überhaupt nichts mehr zu hören.

Dafür beherrschte jetzt der salafistische Hetzer Abu Usama al-Gharib die islamische YouTube-Gemeinde. Sein richtiger Name lautet Mohamed Mahmoud. Nachdem der gebürtige Österreicher in seinem Heimatland im März 2008 wegen Mitgliedschaft in einer Terrororganisation zu vier Jahren Haft verurteilt worden war, zog er nach seiner Entlassung im Herbst 2011 nach Berlin.

Im Jahr darauf gründete er mit seinem Mitstreiter Denis Cuspert, alias Gangsta-Rapper Deso Dogg, in Solingen einen neuen extremistischen Moscheeverein namens Millatu Ibrahim. Unter seinem Kampfnamen Abu Usama al-Gharib verbreitete der Austro-Imam über die gleichnamige Internet-Plattform übelste Dschihad-Propaganda. »Wir werden diesen Weg weitergehen, egal wer damit zufrieden ist und wer nicht! Ich schwöre bei Allah: Allahs Sieg ist nahe!«, brüllte Mahmoud in die Kamera.

Und sein Kumpel Cuspert erklärte in einem Videobeitrag: »Ich bin kein Staatsdiener, ich bin ein Muslim. Ich bin gegen die Gesetze dieser Regierung, ich bin gegen Demokratie, ich bin gegen Integration, ich bin für die *Scharia*.« Im Juni 2012 verbot der damalige Bundesinnenminister Hans-Peter Friedrich (CSU) nach gewaltsamen Ausschreitungen in Solingen und Bonn die Radikalen-Organisation.

Zu dem Zeitpunkt hatten sich deren Anführer bereits nach Ägypten abgesetzt. In einer Abschiedsbotschaft in Videoform drohte Ex-Rapper Cuspert, alias Abu Talha al-Almani, mit Terroranschlägen in Deutschland. »Ihr werdet nicht mehr in Sicherheit leben. Ihr setzt Millionen und Milliarden ein für den Krieg gegen den Islam«, so Cuspert.

Sein Emir Mahmoud setzte noch einen drauf: »Ich werde Deutschland nur in einem einzigen Fall betreten«, sagte der Islamist in einer Tonbandbotschaft aus Ägypten. »Als Eroberer, um die *Scharia* in Deutschland einzuführen.« Inzwischen suchen ihn die Behörden als Kriegsverbrecher, weil er vor laufender Kamera einen Gefangenen per Kopfschuss liquidierte.

Mit ihren Videos trafen die Islamistenführer über Jahre den Nerv in der stetig wachsenden Salafisten-Szene hierzulande. Das galt auch für meine Brüder in Mönchengladbach: »*Achi*, wir müssen ja die Demokratie hassen«, hieß es jetzt allenthalben. Ich kannte diese Sätze bereits, allerdings nur von unverbesserlichen Hardlinern, nicht von unseren Gladbacher Jungs.

Seit 2011/2012 wehte ein neuer Wind in Deutschland – und meine Brüder nahmen ihn kritiklos auf.

Jahre zuvor noch hatte sich Lau an meiner Haustür über die Dschihadisten und ihre Irrlehre aufgeregt: »Musa, letztens habe ich einen Vortrag gehört, in dem jemand den *Sheikh* gefragt hat, wie man während des Dschihad auf dem Kriegsfeld die Gebetswaschung verrichtet. Wie ekelhaft ist dieses Islamverständnis? Wie ekelhaft sind diese Menschen, die nur Aggression und Hass in sich haben?« Da waren wir uns hundertprozentig einig. Wenn ich etwas verabscheute, dann war es Gewalt. Bei allen damaligen Vorurteilen gegen Andersgläubige, kam es mir nie in den Sinn, gegen diese Leute einen Heiligen Krieg anzuzetteln. Warum auch? Wem war denn damit gedient?

Lau aber knüpfte nach seiner Rückkehr von Sprachreisen in

Ägypten Kontakte zu Protagonisten einschlägiger Hardcore-Islamisten-Vereinigungen wie »Independent Journalists« und »Ansarul Aseer«. Letztere feierten einen salafistischen Amokläufer, der bei Krawallen in Bonn 2012 Polizisten niedergestochen hatte, als Märtyrer.

Lau und Vogel verloren mit dem »friedlichen« Islam und ihrer *Da'wa*-Arbeit in der deutschen Szene an Renommee und Einfluss. Die Kundgebungen zogen nicht mehr so wie früher. Ende 2011 löste sich ihr Verein »Einladung zum Paradies« selbst auf.

Zudem hatte Vogels ehemaliger Helfer Ibrahim Abou Nagie den beiden Matadoren mit seinem Internet-Projekt »Die wahre Religion« den Rang abgelaufen. Mit seiner bundesweiten Koran-Verschenk-Aktion »Lies!« verschaffte er sich eine unglaubliche Resonanz. Beinahe jedes Wochenende standen Salafisten irgendwo in deutschen Innenstädten mit ihren Ständen und verteilten kostenlos das heilige Buch.

Über diese Kampagne rekrutierten sie nicht nur neue Gläubige. Abou Nagie nahm Spenden in sechsstelliger Höhe ein, die er übrigens teils für private Zwecke verwendet haben soll. Dies geht aus der Anklage der Kölner Staatsanwaltschaft gegen den Deutsch-Palästinenser hervor. Darin muss sich Abou Nagie unter anderem wegen des Verdachts von Hartz-IV-Betrügereien in Höhe von gut 50 000 Euro verantworten. Das Verfahren tat seiner wachsenden Bedeutung in der Salafisten-Bewegung jedoch keinen Abbruch. Nach heftigen juristischen Scharmützeln mit den Verteidigern des Angeklagten vertagte ein Kölner Amtsrichter den Betrugsprozess gegen den Salafistenprediger im April 2015 um etliche Monate. Kurz vor Erscheinen dieses Buches sollte die Neuauflage der Verhandlung im größten Sitzungssaal des Kölner Justizzentrums beginnen. Die Anwälte des Angeklagten, Mutlu Günal und Carsten Rubarth, gaben sich zuversichtlich, die Anklagepunkte zerstreuen zu können. »Die Vorwürfe entbehren jeder Grundlage. Sie sind schlicht falsch«, betonten die Verteidiger im Vorfeld des Prozesses. Man rechne mit einem Freispruch, zeigten sich die Juristen siegesgewiss.

Abou Nagie baute seit seiner Trennung von Vogel mit großer Akribie seine Web-Plattform aus, während sein einstiger Lehrmeister abschmierte. Und so kam es, wie es kommen musste: Vogel, einst der Superstar, der seinem Assistenten Abou Nagie den Laufpass gab, zelebrierte im April 2011 mit großem Brimborium die Versöhnung. Vor laufenden Kameras fielen sich die beiden Web-Imame in die Arme, als hätte es nie auch nur den leisesten Knatsch gegeben.

Auch Sven Lau verschärfte seine Tonart: »Wir sind nicht wie die Christen. Haut ihr uns auf die eine Wange, halten wir nicht die andere hin, dann gibt's einen Kieferbruch!« Und das aus dem Munde des heiligen Sven, der noch vor wenigen Jahren zu mir gesagt hatte: »Wie ekelhaft sind diese Menschen, die nur Aggression und Hass in sich haben?«

Zu guter Letzt berichtete mir ein Bruder auf dem Weg zum Freitagsgebet, dass mein Freund Daniel nach Syrien in den Dschihad gezogen sei. »Daniel ist ein richtiger Mann«, schwärmte der junge Mann voller Stolz. Mir zerriss es das Herz. In meinen Augen war Daniel einfach nur vor sich selbst geflüchtet.

In einer Nacht-und-Nebel-Aktion hatte er sich von einem Ägypten-Rückkehrer dazu überreden lassen, nach Alexandria abzuhauen, um dort die arabische Sprache zu erlernen. Daniel war immer leicht zu begeistern gewesen – auch, wenn es sich um den größten Blödsinn handelte.

Sogleich hatte er sein gesamtes Mobiliar für einen Appel und ein Ei verkauft, hatte seine Wohnung gekündigt und den Flieger in ein neues Abenteuer bestiegen. Alexandria, Sprachschule. So war er – immer hundert Prozent.

Was sollte er auch noch hier? Zwei Scheidungen lagen hinter ihm. Selten kam er von den Drogen weg, und sein Glaube hing meist im Keller. Da kam das ferne Ägypten, in dem der Islam Staatsreligion war und die Muslimbrüder trotz Unterdrückung durch das Militär eine große Rolle spielen, gerade recht.

Vom Nil hat Daniel sich noch drei Mal bei mir gemeldet. Die ersten beiden Male schwärmte er, dass alles bestens sei. In seiner letzten Nachricht schrieb er mir per E-Mail, dass er sich alleine fühle. Auch das war Daniel: heute ganz oben und morgen ganz unten. Kurz darauf muss er nach Syrien weitergezogen sein.

Im Jahr 2013 taucht er in den Ermittlungsakten der Bundesanwaltschaft als Kommandant des IS auf. Den Schilderungen von Rückkehrern zufolge befehligte er eine zehnköpfige deutsche Kampfeinheit in Hraytan nahe Aleppo.

Im September 2013 weilte sein alter Mentor Sven Lau bei ihm zum Truppenbesuch. Inzwischen hatten sich auch einige andere aus der Mönchengladbacher Szene dort eingefunden. Manche aus dem deutschen Kampfverband ließen bei Gefechten ihr Leben.

Daniel aber scheint beim IS Karriere gemacht zu haben. Am 28. Januar 2014 erließ er unter seinem Kampfnamen Abu Muhammed al-Almani als Verantwortlicher für die Stromversorgung der syrischen Stadt Manbidsch (Distrikt Aleppo) im Namen des IS einen Aufruf, die Einwohner sollten ihre Stromrechnungen bezahlen. Wie absurd: Daniel, der einstige Hallodri, als penibler Geldeintreiber.

Der Gedanke an Daniels Schicksal machte mich krank. Meine Abneigung gegen die Salafisten-Szene wuchs von Tag zu Tag. Sätze wie »Der schlechteste Muslim ist besser als der beste Ungläubige« erinnerten meiner Ansicht nach an jene furchtbare antisemitische Rassenlehre der Nazis, der letztlich sechs Millionen Juden in den Konzentrationslagern zum Opfer fielen.

In meiner Jugend hatte ich jegliches faschistisches Gedankengut abgelehnt. Leider merkte ich nun, dass ich nach meiner Konversion in ähnliche Denkmuster verfallen war. Allerdings mit dem Unterschied, dass Salafisten ihre menschenverachtende Ideologie religiös verbrämen.

Die gesamte Verantwortung für unser Tun traten wir an Gott ab. »Nicht ich sage, dass ihr in die Hölle kommt, sondern Allah tut es.« Dieser Satz gehört zum Standardrepertoire eines Salafisten. Auch ich habe diese Phrase immer wieder verwendet. Er stellt aber zugleich die Basis für die Ermordung vieler Andersgläubiger durch den IS dar.

Es dauerte lange, bis mir klarwurde, dass unser Handeln allein in unserer Verantwortung liegt. Nicht mehr, nicht weniger. Niemand kommt in die Hölle einzig wegen seines Glaubens.

Es war ein langer Weg bis zu dieser Erkenntnis. Noch länger währte der Prozess hin zu meinem endgültigen Bruch mit meinen Leuten. Es kostete mich viel Mut, meine salafistische Überzeugung, die man mir jahrelang eingeimpft hatte, öffentlich in Frage zu stellen.

Während ich mich insgeheim aus der Salafisten-Schar verabschiedete, fehlte mir lange Zeit das Zutrauen, meine geänderte Sichtweise des Islam per Video meiner Web-Gemeinde zu offenbaren. Über meinen YouTube-Kanal »MusaAlmani« hatte ich mittlerweile eine große Anhängerschaft von mehreren Tausend Abonnenten angesammelt.

In kleinen Schritten näherte ich mich einer etwas anderen Art des religiösen Bloggers. Es ging los damit, auf witzige Art und Weise den Usern quasi eine geänderte Einführung in den Islam zu vermitteln – weniger streng, weniger ignorant, dennoch gedeckt mittels entsprechender Fundstellen in Koran und *Sunna*. Das war noch nicht der große Bruch, sondern eher ein fröhliches Sticheln, das nachdenklich machen sollte.

Mitunter aber verfiel ich noch in die tradierten salafistischen Tiraden. »Eigentlich glaubst du doch selber nicht mehr so wirklich an einiges, was du da erzählst«, schalt ich mich. Am liebsten hätte ich meine Beiträge frei nach Schnauze gestaltet. Dazu aber fehlte mir noch die Kraft.

So ging ich etwa in einer der »Frag den Musa«-Episoden auf das Thema Musik ein, weil sich die Fragen danach häuften. Ganz auf der Salafisten-Linie bekundete ich, dass Musik *haram* sei, obwohl ich selbst längst wieder Hip-Hop-Songs rauf und runter hörte.

Stück für Stück musste ich in meine neue Rolle hineinwachsen. Es dauerte nicht lange, dass ich für die Clips meinen Kaftan ablegte. Mit Baseball-Cap und T-Shirt fabrizierte ich mittlerweile auch völlig unreligiöse Streifen, veröffentlichte ein paar Gedichte von mir, anfangs noch ohne musikalische Untermalung.

Das änderte sich bald. So wie auch meine Kritik am Salafismus in meinen Clips stetig zunahm, nahm ich immer mehr die Hassprediger aufs Korn. Der Knackpunkt begann mit einem Post des salafistischen Lautsprechers Sabri ben Abda über ein misshandeltes Pferd mit der großen Überschrift: »Wollt ihr noch mehr Demokratie?« Nicht nur, dass ich um seinen Verstand fürchtete, mehr noch brachte mich dieser Schwachsinn in Rage. Ich musste mich einfach dazu äußern. Länger zu schweigen wäre fahrlässig gewesen.

Also antwortete ich dem Poster per YouTube-Clip, zeigte ihm auf, was für einen unzulässige Verquickung der Tatsachen er verbrochen hatte, und fragte ihn am Ende: »Wozu soll dies gut sein?«

Meine anfängliche Zurückhaltung wich einem Aufklärungseifer. Über meinen YouTube-Kanal kanzelte ich den

Berliner IS-Schergen Denis Cuspert als Terroristen ab. Ein Unruhestifter, Mörder und Kriegsverbrecher. Mein Beitrag erntete den ersten heftigen Shitstorm. Das Video zählte binnen zwei Tagen 7000 Klicks. Ich kam kaum nach, die ganzen Beleidigungen zu lesen. »Du Heuchler, du Hund«, hinterließen meine einst so von mir eingenommenen Abonnenten als Kommentar. »Irgendwann schneiden sie dir den Kopf ab und legen ihn dir auf den Rücken.« Es war ein wenig beängstigend. Dennoch war ich mir sicher, richtig gehandelt zu haben. Musa hatte zu sich selbst gefunden.

Ungefähr zu dieser Zeit kaufte ich eines Mittags auf dem Markt Gemüse ein und begegnete meinem Zahnarzt. Der Mann, ein syrischer Christ, kalauerte: »Na, du Salafist.« Ich antwortete energisch: »Ich bin kein Salafist«, woraufhin er trocken erwiderte: »Du siehst aber wie einer aus.«

Ich weiß, dass er es nicht böse meinte, aber er hatte recht. Äußerlich ähnelte ich immer noch Lau und Konsorten, obwohl ich mich längst von ihnen abgewandt hatte. Wenige Tage später betrachtete ich mich im Spiegel und sagte mir: »Das bist doch gar nicht mehr du, wenn du es überhaupt jemals warst.« Ich legte meine orientalischen Gewänder beiseite und rasierte meinen Bart.

Das Resultat konnte sich sehen lassen. Ich hatte das Gefühl, wieder normal auszusehen und nicht mehr überall mit meinem Aufzug anzuecken. Keine schlechte Sache. So machte ich mich im Jahr 2013 auf und kaufte mir meine erste Jeans nach knapp zehn Jahren meiner Pumphosen-Ära. Ich fühlte mich wie neu geboren, federleicht. Mein erstes bartloses YouTube-Video sorgte für zahlreiche Kommentare: »Warum hast du deinen Bart rasiert?«

Daraufhin stellte ich extra ein neues Video ein, das mein neues Outfit erklären sollte: »Weil ich meinen Glauben auch leben kann, ohne Bart, ohne ein Salafi zu sein, ohne den Ungläubigen mit der Hölle zu drohen.« Nun war es endlich raus: mein neues Glaubensbekenntnis, die Abkehr von allem, was mich unfrei machte.

Zum ersten Mal in meinem Leben war ich mit mir völlig im Reinen. Ich hatte mich endlich gefunden. Bis heute fühlt es sich großartig an, niemandem mehr etwas beweisen zu müssen – und frei zu sein.

Frag den Musa

Die Bilder wirken verstörend: Die Frau wirft sich vor dem Schaufenster eines Pariser Cafés zu Boden. Die Überwachungskamera in der Kneipe nimmt durch die Fensterscheibe die Silhouette eines Mannes auf, der den Lauf seines Sturmgewehrs auf die wehrlose Französin auf dem Bürgersteig richtet. Wiederholt drückt er den Abzug durch, eine Kugel will sich aber nicht lösen. Das Gewehr klemmt. Missmutig wendet sich der Attentäter ab und sucht sich neue Opfer.

Die Bilder von den Attentaten in Paris am 13. November 2015 mit mindestens 130 Toten gehen mir nicht aus dem Kopf. Nie werde ich vergessen, wie hilflose Menschen schreiend aus dem Konzertsaal Bataclan gelaufen sind, verfolgt durch die Häscher der Terrormiliz »Islamischer Staat« (IS). Gleichzeitig sprengte sich am Stade de France während des Länderspiels Frankreich gegen Deutschland ein weiteres Kommando in die Luft. Der Drahtzieher der Attacke und seine Komplizen starben vier Tage später beim Sturm von Spezialeinheiten auf eine Wohnung im Pariser Vorort Saint-Denis.

Pierre Vogel machte sich gleich an die Arbeit. Noch in der gleichen Nacht setzte er eine Videobotschaft bei YouTube ab. Typisch Vogel. Solche Gelegenheiten lässt er sich nicht entgehen. Rhetorisch geschickt rückte der Salafisten-Prediger den Westen aufgrund seines Engagements bei der Anti-IS-Allianz in Syrien und im Irak in die Rolle des Kriegstreibers, der die Muslime unterdrückt. In dem Clip distanzierte sich

Deutschlands bekanntester Web-Imam zwar von den Terroranschlägen, schränkte allerdings sogleich ein: »Bisher ist noch nicht klar, wer dafür verantwortlich ist.« Dann fuhr der Rheinländer fort: »Falls Muslime dafür verantwortlich sind, ist es besonders bedauerlich. Ich bin der Überzeugung, dass solche Anschläge Sünde sind. Der Islam verdammt den Terrorismus.«

Die Videobotschaft wurde binnen einer Woche gut hunderttausend Mal angeklickt und rund 1000 Mal geliked. Vogel hatte wieder die für ihn so wichtige Resonanz im Netz.

Auch wenn er selbst beteuert: »Ich mache dieses Statement nicht, um irgendjemandem zu gefallen.« Es gehe ihm »einzig und allein darum, Solidarität mit den Muslimen zu haben, die den größten Schaden durch solche Terroranschläge bekommen«.

Denn wer glaube, dass französische Soldaten nicht mehr an einem Krieg gegen Muslime teilnähmen, weil es Anschläge in ihrem Land gebe, sei »absolut ignorant gegenüber der europäischen Mentalität«. Niemand werde einen Nutzen von den Attentaten haben – »außer diejenigen, die den Islam bekämpfen wollen. Deshalb bitte ich euch, die ihr mit solchen Anschlägen sympathisiert: Schließt euch unserer Karawane an und lasst solche Anschläge sein.«

Claudia Dantschke von der in Berlin ansässigen Hayat-Beratungsstelle für De-Radikalisierung zitiert der *Kölner Stadt-Anzeiger* mit den Worten: »Man darf sich von dem Video nicht täuschen lassen. Das ist eine strategische Distanzierung.« Eigentlich müsse sich Vogel »bei allen seinen Auftritten von den Leuten distanzieren, die für die Jugendlichen, die nach Syrien gehen, die ideologische Basis legen«. Doch das tue er nicht. »Er tritt zusammen mit den Typen auf« – wohl wissend, dass seine Anhängerschaft ihn glorifiziere. Überhaupt gebe es hierzulande keinen salafistischen

Prediger, der die jüngsten Anschläge gutheiße, so die Islamexpertin zu dem Kölner Blatt.

Kein Wunder. Mit einer öffentlichen Sympathiebekundung würden die führenden Protagonisten der Radikalen-Szene eine Grenze überschreiten, die unser liberales Grundrecht zieht: Das Recht auf freie Meinungsäußerung bietet vor einem religiösen Hintergrund hierzulande viel Spielraum für fundamentalistische Propaganda im Netz. Peinlich genau achten Prediger wie Vogel darauf, die Balance zu wahren. Ansonsten drohen Verfahren wegen Volksverhetzung oder anderer Staatsschutzdelikte. Um solche verbalen Grenzüberschreitungen in ihren Videos zu vermeiden, lassen sich salafistische Agitatoren von Anwälten beraten.

In den einschlägigen Chatforen der Salafisten-Milieus kannte der Jubel über das Blutbad kein Halten mehr. Mal wieder hatte es der IS den Kreuzzüglern gezeigt, so der Tenor.

Dazu passt, dass die Zahl der deutschen IS-Kämpfer stetig wächst. Ende 2015 zählte das Bundesamt für Verfassungsschutz knapp 800, davon starben mindestens 120 im Namen Allahs einen sinnlosen Tod auf den Schlachtfeldern der Levante, gut 20 von ihnen als Selbstmordattentäter.

Ich habe in den vorherigen Kapiteln Beispiele aufgezeigt, dass selbst enge Freunde von mir, manche Brüder aus der Moschee, in den Dschihad gezogen sind. Es sind junge Männer, die daran glaubten, dass nur der Islam allein selig macht. Ihre Biographien gleichen der meinen haargenau. Fanatisiert durch salafistische Prediger, führte für viele der Weg letztlich in den Tod – oder in den Knast. Wenn ich nicht irgendwann wieder mein Gehirn eingeschaltet hätte, hätte mir womöglich ein ähnliches Schicksal geblüht.

Zumal sich mein einstiger Mentor Sven Lau in den vergangenen Jahren zusehends radikalisierte: Nicht nur seine obskuren Aktionen mit der *Scharia*-Polizei brachten die Sicherheitsbehörden auf den Plan, sondern auch seine Kontakte zu den Terrorgruppen in Syrien. Offiziell engagierte sich Lau für salafistische Hilfsorganisationen. Er bat über YouTube um Spenden für die muslimischen Opfer des Bürgerkriegs. Daneben aber, so der Verdacht der Staatsschützer, verfolgte mein einstiger Lehrmeister auch ganz andere Zwecke:

Im Februar 2014 ließ die Stuttgarter Staatsanwaltschaft ihn verhaften und fertigte eine Anklage. Monatelang hatten die Ermittler etliche Indizien zusammengetragen, die das Bild eines fanatischen Islamisten zeichneten. Auf Videos zeigte sich Lau als Anhänger des »Heiligen Krieges« in Syrien. Fotos zeigen den Ideologen im Oktober 2013 bei islamistischen Terrorbrigaden im syrischen Aleppo auf einem Panzer, die Maschinenpistole in der Hand. Ein anderer Kombattant hielt zwei Finger in die Luft – das Siegeszeichen im Kampf gegen das Regime des syrischen Diktators Baschar al-Assad und gegen gemäßigte Rebellentruppen. Später tat Lau im Gespräch mit dem Nachrichtenmagazin *Focus* diese Geste als »Scherz« ab.

Bis ins Detail schilderten die Staatsschützer in ihrer 22-seitigen Anklage, wie der Salafist Syrien-Kämpfer mit 12 000 Euro habe unterstützen wollen. Als ein mutmaßlicher Jünger im Herbst 2013 nach Syrien zu einer Unterabteilung der Terrororganisation »IS« reisen wollte, soll Lau offenbar im Bilde gewesen sein. Über WhatsApp vereinbarten die beiden noch ein Treffen, bei dem mein Mentor dem »Bruder« einen Hunderter zusteckte: nicht für ihn, sondern für diese Sache. Reicht das aber für eine Verurteilung? »Wohl kaum, das sind Peanuts, daran ist auch nichts strafbar«, sagte Laus Anwalt Mutlu Günal damals dem *Focus*. Und er sollte recht behalten. Drei Monate später kam Lau auf freien Fuß, die Anklage musste fallengelassen werden. Die Ermittlungen gegen ihn laufen indes weiter.

Die Stuttgarter Nachforschungen im Fall Lau gewähren brisante Einblicke in die Salafisten-Szene. Im Zuge seiner Nachforschungen ermittelte das baden-württembergische Landeskriminalamt (LKA), dass Sven Lau Ende Oktober 2013 einer islamischen Terroreinheit im syrischen Field Hospital »M 10« einen Besuch abgestattet haben soll. Nach seiner Rückkehr aus dem Kriegsgebiet startete Lau über die Internetplattform »Help4Ummah« eine Sammelaktion für das Lazarett der »Gotteskrieger«.

Am 13. Februar 2014 fasste die Polizei zwei Männer in einem gebrauchten Notarztwagen. Die Beamten konfiszierten 6000 Euro. Das Geld, so der Verdacht der Ermittler, soll für syrische Terrorgruppen gedacht gewesen sein. Die Boten soll Lau in Marsch gesetzt haben. Indizien für mögliche kriminelle Umtriebe, die sich im Dezember 2015 erhärteten. Da ließ die Bundesanwaltschaft Sven Lau wegen Verdachts der Unterstützung der ausländischen terroristischen Vereinigung Jamwa, die eng mit dem IS kooperiert, festnehmen. Demnach soll Lau eine Anlaufstelle für Kampf- und Ausreisewillige der salafistischen Szene im Großraum Düsseldorf gewesen sein und Nachtsichtgeräte für die Jamwa beschafft haben. Sven Lau und auch Pierre Vogel bestreiten sämtliche Bezüge zu Terror-Organisatoren vehement.

Ich habe Sven Lau das letzte Mal vor gut vier Jahren in der Moschee in Rheydt getroffen. Zu mehr als einem kurzen Smalltalk reichte es nicht. Freundlich erkundigte sich mein früheres Vorbild nach meiner neuen Partnerin. Anschließend drückte er mir ein paar religiöse Abhandlungen in die Hand. Lächelnd fügte er zu: »Genau wie früher.« Skeptisch guckte ich ihn an. Schließlich rang ich mich zu einem kurzen Gruß durch: »Danke, dass du an mich gedacht hast.« Doch Lau begann auf mich einzureden. Nach dem Motto: »Komm zurück zu uns ...« Aber selbst ihm schien es bald zu blöd zu werden. Schnell gab er es auf, verabschiedete sich und schritt von dannen. In seinem Kaftan.

Es war der Tag, an dem sich unsere Wege endgültig trennten.

Er wirbt immer noch für den islamischen Gottesstaat in Deutschland, schart nach wie vor junge Männer mit gescheiterten Lebensläufen um sich, um ihnen denselben Mist einzutrichtern, den er schon mir erzählt hat.

Ich hingegen habe dann angefangen, mir ein neues Leben aufzubauen. Weg von den beiden Extremen. Weg vom Hin und Her zwischen manischer Frömmelei und einem drogenvernebelten Abhängen, das ich im Rausch zu einer Art Freiheitzustand verklärte.

Der Anstoß dazu erfolgte kurioserweise durch meinen Berater beim Jobcenter. Zuerst schlug er mir vor, erneut einen Ein-Euro-Job zu übernehmen. Die Auswahl war eher dürftig.

Zu guter Letzt hatte ich mich dann bei einem Radverleih am Bahnhof in Mönchengladbach-Rheydt vorgestellt. Ich sollte kleine Reparaturen ausführen oder Schläuche auswechseln. Die Aufgabe sagte mir gar nicht zu. Irgendwie, so fand ich, steckte mehr Potential in mir.

Da war guter Rat teuer.

Und so kam mir die Idee, mich auf eigene Füße zu stellen. Ich wollte Düfte und Parfüms auf eigene Rechnung verkaufen. Unter den Brüdern gilt es seit jeher als schick, sich mit wohlriechenden Ingredienzien zu parfümieren. Neben Religion und Frauen stand das Thema Düfte ganz oben auf der Agenda. Seit längerer Zeit spielte ich mit dem Gedanken, mich selbständig zu machen, aber bisher hatte ich mich nicht dazu durchringen können.

Das Jobcenter machte Druck – sicher zu Recht. Mich aber schreckte der Gedanke, in den kommenden Monaten in einem

Radverleih Schläuche auszuwechseln und kaputte Bremsen zu richten. Nein, das war nichts für mich. Ich wollte etwas aus mir machen, endlich mein eigener Herr werden. Das bedeutete: keinen Kampf mehr mit der ARGE austragen zu müssen und irgendwann völlig unabhängig von der Staatsknete zu sein. Also ein eigenes Geschäft mit Düften: »Versuch es doch einmal«, machte ich mir Mut.

Als ich dem Berater im Jobcenter von meiner Idee erzählte, schaute er mich zunächst etwas skeptisch an. Doch dann nickte er. Er verwies mich an einen Spezialisten für Selbständige im Hause. Der fand den Vorschlag gar nicht mal so schlecht: »Wissen Sie, die Zeiten haben sich geändert«, begann er. »Es wäre besser, wenn Sie erst einmal einen Online-Vertrieb aufbauen. Einfach mal gucken, ob so etwas funktioniert, ob Sie es können. In dem Fall bleibt der Kostenapparat gering, das Risiko ebenso. Fangen Sie mal an. Wir lassen Sie erst einmal in Ruhe, und dann schauen wir mal.«

Am 1. September 2012 meldete ich mein Gewerbe als Kleinunternehmer an. Mann, ich war stolz wie Bolle, auch wenn es im Kleinen begann. Ich hatte das Glück, dass ein muslimischer Parfüm-Händler mich unterstützte und mir fünfzig Düfte auf Kommission überließ.

Meine Werbestrategie war simpel: Ich rührte dort die PR-Trommel, wo ich früher für die Salafisten-Truppe um Lau & Co. aktiv gewesen war. Ich stellte meine Produkte überall ins Netz, in einschlägige islamische Foren und auf Facebook. Es war noch kein richtiger digitaler Shop mit Website, sondern ich machte über die Muslim-Schiene im Internet Reklame für meinen virtuellen Bauchladen.

Seinerzeit verfügte ich noch über einen großen Abonnenten-Kreis in der Szene. Mindestens 1000 Facebook-Freunde hatte ich. Zumal meine Videos noch nicht diesen harten Anti-Salafisten-Kurs fuhren wie in den Folgejahren.

Das Geschäft lief prächtig an. Zum Jahresende hin hatte ich meine ersten Margen erzielt, um mir einen größeren Vorrat anschaffen zu können. Ich kaufte zwanzig Parfüms in großen Mengen von je 100 Millilitern, füllte sie in kleine Flakons ab, beschriftete die Fläschchen und versandte sie an die Kundschaft. Die Käufer waren überwiegend Muslime.

Das Geschäft lief so gut, dass ich am 1. Januar 2014 meinen eigenen Online-Shop eröffnen konnte. Somit war ich nicht mehr abhängig von den sozialen Netzwerken. Und das war auch gut so. Denn die Stimmung unter meinen Facebook-Freunden und in der YouTube-Gemeinde war längst gekippt. Das lag an meinen Filmen: Mit meinem ideologischen Wandel veränderten sich auch die Aussagen in meinem »Frag den Musa«-Blog. Nach und nach kehrten sich meine Statements ins Gegenteil um.

Als ich mit der Reihe gestartet war, hatte ich zuvor die Videos der großen YouTuber studiert. Die einen machten Comedy, die anderen brachten Sport-Clips heraus. Ich orientierte mich an ihnen, kopierte ihre Kameraeinstellungen, die Schnittfolgen und versuchte meinen Texten einen witzig-spritzigen Touch zu verleihen. Vor allem aber rückten religiöse Inhalte in den Hintergrund. Ich ließ mich über alle möglichen Dinge aus, sprach über Ereignisse oder Gedankengänge, die mich gerade beschäftigten. Viele der Web-Stars richteten eine Art Frage-und-Antwort-Rubrik ein, um die Bindung mit den Usern zu verstärken. Dasselbe machte ich auch. Und so entstand »Frag den Musa«.

Ursprünglich hatte ich den Video-Blog als eine Art Ratgeber konzipiert. Ich hatte geglaubt, anderen Menschen eine Lebenshilfe sein zu können, und wollte zugleich durch ihre Fragen meinen Horizont erweitern.

Strikt wehrte ich mich dagegen, den religiösen Weisen zu spielen, der jedem erzählt, was im Islam erlaubt oder verboten ist. Ich bin kein Prediger und kein *Sheikh*, sondern einfach ein normaler Typ, der gerne seine Meinung sagt und sich für die Ansichten anderer interessiert. Mein Antrieb war reine Neugier auf die Debatte mit meinen Zuschauern, eine Mischung aus Input und dem Herumexperimentieren mit Videoideen. Es ging mir wahrlich nicht darum, mit dem erhobenen Zeigefinger herumzuwedeln. Durch die Musa-Rubrik sollten die Zuschauer mich besser kennenlernen, die Person hinter der Kamera.

Vielleicht war ich zu blauäugig zu glauben, dass die Rubrik in einen tiefgründigen Exkurs über Sinnfragen des Lebens münden würde. Denn die meisten Zuschauer kamen mit immer demselben Themen: Was hältst du von Pierre Vogel? Wie stehst du zur Koran-verschenk-Aktion »Lies« von Ibrahim Abou-Nagie? Was sagst du zu den Sprüchen des Hardcore-Islamisten Denis Cuspert, alias Deso Dogg? Genau diese Entwicklung aber hatte ich nicht beabsichtigt, damals wollte ich nicht zwischen die religiösen Fronten geraten.

Zunächst ignorierte ich denn auch entsprechende Fragen: Schließlich aber gab ich mir einen Stoß und bezog Stellung. Der Clip zog 30 000 Klicks, ein kleiner Renner. Der Film fiel noch ein wenig unentschlossen aus. Zwar ging ich spürbar auf Distanz zu den Salafisten-Stars und empfahl andere Geistliche. Zugleich aber warb ich um Verständnis mit dem Hinweis, es seien immer noch meine Brüder.

Schrittweise versuchte ich mein Netz-Blogging auszuweiten, den Verbreitungsgrad nach und nach zu erhöhen. Dieses Unterfangen gestaltete sich zunehmend schwierig. Je kritischer meine Betrachtungsweise der Islamisten-Kreise wurde, desto mehr Widerspruch, Häme und Ablehnung bekam ich zu spüren. Eine Zeitlang lud ich jede Woche mindestens einen neuen Beitrag ins Netz. Inzwischen ist die Frequenz deutlich zurückgegangen. Das liegt zum einen an der gesunkenen Resonanz und den wütenden Protesten muslimischer Fanatiker.

Zum anderen aber auch daran, dass ich mich nur noch zu Wort melde, wenn mir aktuelle Geschehnisse Sorge bereiten oder mir etwas im Kopf herumschwirrt, das ich unbedingt loswerden möchte.

Mitunter erzielen meine Filme immer noch Erfolge: So etwa nach den Pariser Anschlägen auf das Satiremagazin *Charlie Hebdo* im Januar 2015.

Am Tag nach den Attentaten ging ich auf Sendung: »Ich verabscheue diese Tat und will mit diesem Video ein Zeichen setzen, weil ich finde, dass zu wenig Muslime sich kritisch mit der muslimischen Welt auseinandersetzen.« Im nächsten Atemzug kam ich auf das Stichwort Selbstkritik zu sprechen: »Nach meiner Meinung gehen viel zu viele Muslime nicht selbstkritisch genug mit ihrer Religion um. Teilweise folgen sie nur den Gelehrten ihres Vertrauens, ohne sich eingehend, gründlich und tiefsinnig mit dem Koran auseinandergesetzt zu haben. Und alles, was ihrem Weltbild widerspricht, wird als Angriff aufgenommen.«

Dann räsonierte ich über den Sinn und Unsinn von Karikaturen. Ich fragte kritisch, warum sich Muslime durch Mohammed-Karikaturen derart schnell provozieren ließen, anstatt sie einfach zu ignorieren. »Ich persönlich setze mich mit jedem noch so kontroversen Thema auseinander. Und ich bin der festen Überzeugung, dass jeder das Recht haben sollte, seine freie Meinung zu äußern, ohne direkt mit Gewalt rechnen zu müssen.« In diesem Zusammenhang zitierte ich den 256. Koranvers der zweiten Sure, wonach es keinen Zwang in der Religion gebe. Mein Fazit lautete: »Alles, was durch Gewalt erobert wird, kann nur durch Gewalt gehalten werden. Kann das wirklich der Wille Gottes sein? Obwohl es heißt, dass es keinen Zwang im Glauben gibt?«

Als der jordanische Kampfpilot Muaz al-Kasaesbeh im Februar 2015 durch IS-Schergen lebendig in einem Käfig verbrannt wurde, war ich auf 180 und nannte den IS »skrupellos. Als Muslim stelle ich mich absolut gegen den ›Islamischen Staat‹, der mit meiner Interpretation der Religion überhaupt nichts zu tun hat. Und ich würde mir wünschen, dass noch mehr Muslime aufstehen und sich gegen den IS stellen. Die breite Masse soll sehen, wie viele Muslime sich gegen den IS stellen, weil er dem Islam schadet. (…) Vielen Kämpfern geht es gar nicht um Gott. Ich hoffe, dass nun nicht alle Menschen den sogenannten ›Islamischen Staat‹ auf die Muslime projizieren.« Binnen Tagen registrierte der Streifen 90 000 Klicks.

Allerdings fielen die Kommentare durchwachsen aus. Seit ich mich öffentlich gegen den Salafismus bekenne, ernten meine Videos mitunter mehr Daumen runter als hoch. Ein großer Teil der Salafisten-Community wandte sich von mir ab und mit ihr auch meine alten Abonnenten. Umso mehr häufen sich Shitstorms, wüste Drohgebärden und persönliche Anfeindungen.

Bei jeder neuen »Frag den Musa«-Ausgabe heißt es schnell in den Foren: »Guckt euch mal den Heuchler an, macht den kaputt, gebt dem einen Daumen runter.« Der salafistische Netz-Mob überschwemmte mich geradezu mit Pöbeleien: »Möge Allah dich vernichten, möge er dir Krebs bringen, deine Zunge verstummen lassen.« Für diese Leute bin ich »der Abtrünnige«. Ich bin derjenige, der der *Umma* in den Rücken gefallen ist. Sie behandeln mich wie ein Stück Dreck.

Über tausend Mal schon musste ich in Kommentaren das Wort Heuchler lesen. Beliebt ist auch: »du Hund« oder »dein Kopf wird auch noch mal auf deinem Rücken liegen, das wird der IS schon mit dir machen«. Intelligente Diffamierungen sind Mangelware. Manche verfallen in eine wirre Frömmelei: »Du Irregegangener hast kein Wissen, das wahre Wissen ist der Salafismus und nichts anderes.«

Ihr Ziel ist klar: Diese Typen wollen mich einschüchtern, damit ich aufhöre, die Wahrheit zu sagen. Sie wollen mich kaputtmachen. Sie hassen mich als Mensch, sie hassen mich für all jene Werte, für die ich stehe.

Es war nicht immer einfach, all diese Häme auszuhalten. Zumal ich nie wusste, ob es nur dabei blieb. Nach einer gewissen Zeit begann ich mich umzusehen, wenn ich auf die Straße ging. Mönchengladbach ist nicht gerade eine Riesenmetropole, in der man jedem aus dem Weg gehen kann. Fortan scannte ich meine Umgebung. Ich bin nicht unbedingt ängstlich, aber wachsam. Seit zweieinhalb Jahren geht das so. Mitunter führen manche Begegnungen zu heiklen Situationen.

Da war etwa jener Halbsalafist, mit dem ich einst gen Mekka gepilgert bin. »Halb« deswegen, weil er auch nach seiner Rückkehr einem äußerst lockeren Lebenswandel frönte. Zuweilen ging er ins Bordell, konsumierte Drogen. In der Moschee sah man ihn eher selten, geschweige denn, dass er Suren auswendig rezitieren konnte.

Nach meiner Abkehr von der radikal-islamischen Welt liefen wir uns eines Tages zufällig über den Weg. Ich weiß auch nicht warum, aber bald drehte sich das Gespräch um den IS und schließlich um den Palästinenserkonflikt mit den Israelis.

»Ich würde auch kämpfen gehen, wenn die *Umma* mich braucht.«

Die Augen meines Gegenübers glühten so, als würde er sich im nächsten Augenblick als vermeintlicher Märtyrer in die Luft sprengen.

Ich musste beinahe lachen: »Wie, kämpfen?«, erwiderte ich höhnisch. »Hör doch erst einmal auf mit den Drogen.«

Davon wollte er natürlich nichts wissen. Verärgert faselte er weiter über den Dschihad und die Pflicht eines jeden Muslims, die Ungläubigen wegzufegen.

Da wurde es mir zu bunt: »Was redest du denn da? Du laberst was vom Kämpfen, kannst aber noch nicht mal deinen Joint beiseitelassen. Das passt nicht zusammen. Das ist Quatsch.«

Das saß.

Seine Miene verfinsterte sich, ehe er losbrüllte: »Halt deine Fresse! Bevor ich dich vor allen Leute zusammenhaue, bevor ich dich ficke.« Wütend trottete er von dannen.

Sein Ausbruch überraschte mich. Und er machte mir Angst. Hier wurde mir klar, dass mit ihm und seinesgleichen nicht zu spaßen war. In seinen Augen gab es nur eine Meinung. Und jede andere bedeutete *shirk*, Götzendienerei, Irrglaube.

Mit dieser Ansicht steht er beileibe nicht allein. Ich finde es traurig, dass man mit Muslimen aus dem fundamentalistischen Umfeld weder normal sprechen, geschweige denn debattieren oder streiten kann.

Wie Roboter rattern Salafisten die immer gleichen Wendungen herunter. Stets bewegen sie sich nach denselben, vorgegebenen Mustern. »Das hat Gott doch so gesagt, willst du es besser wissen als Gott?«, bekommen Kritiker stets zu hören. Gottes Wort als Totschlagsargument, um jegliche Diskussionen und Zweifel im Keim zu ersticken.

Dabei handelt es sich nicht um das Wort des Allmächtigen, sondern um die verquere Philosophie radikaler Gelehrter und ihrer heutigen Interpreten.

Gewissermaßen ähnelt ihre kompromisslose Haltung den Zeiten der römisch-katholischen Inquisition im Spätmittelalter und in der Neuzeit: Jeder, der die Glaubenslinie der geistlichen Obrigkeit in Frage stellte, war ein Ketzer, ein Häretiker, der im Feuer landete. Widerspruch gegen die kirchlichen Dogmatiker, allen voran dem Papst gegenüber, war verboten.

Die christliche Welt erlebte dann jedoch einen Martin Luther, den Protestantismus, die Zeit der Aufklärung, der technischen Revolution, den Marxismus, die furchtbaren Zeiten des Faschismus, das Aufblühen der Demokratien bis hin zu einem modernen Diskurs der Religionen.

Ich denke, dass nur noch ein kleiner Teil der Katholiken wirklich noch daran glaubt, dass der Papst unfehlbar sei. Auch die Zeiten der grausamen Inquisition liegen weit zurück. Bis auf einige erzkonservative Gruppierungen kommt wohl heutzutage kein normaler Christ mehr auf die Idee, dass er die einzig selig machende Religion ausübt. Geschweige denn, dass er Andersgläubige zur Konversion zwingen oder einen Gottesstaat errichten will.

Bei Salafisten ist das anders. Ihr ganzes Streben läuft genau darauf hinaus, den Islam allen Menschen aufzuoktroyieren – sei es mit dem Gewehr, sei es durch Gehirnwäsche oder via YouTube.

Dabei befinden sich die Islamisten in der Minderheit: Die Mehrheit der Muslime in unserem Land vertritt ganz andere religiöse Vorstellungen. Leider gibt es immer noch zu wenige von ihnen, die öffentlich gegen die Salafisten auftreten. Dabei wäre genau dies so wichtig. Gerade in den Zeiten, in denen Mörder den Namen Allahs missbrauchen und Anschläge verüben.

Jede weitere Kugel, jede weitere Bombe, jeder weitere Mensch, der diesen IS-Killern zum Opfer fällt, schürt Ressentiments gegen Millionen Muslime, die friedlich im westlichen Europa leben wollen.

Massive Kritik aus dem eigenen Lager wäre die beste Antwort auf die salafistische Hetze und deren Intoleranz, auf die schwachsinnige Dschihad-Propaganda, die viele junge Menschen dem IS als Kanonenfutter zuführt. Mit Widerspruch aus den eigenen Reihen kommen die Kalifats-Irrlichter am wenigsten klar. Und genau deshalb rufe ich immer wieder in meinen Videos dazu auf: »Stellt euch offen gegen den IS und seine krude Ideologie. Er verrät den Islam.«

Solche Äußerungen schaffen mir viele Feinde, und das nicht nur im Netz: Wenn ich den Brüdern auf der Straße begegne und ihnen freundlich den arabischen Friedensgruß entbiete, schauen die meisten demonstrativ weg. Mehr als ein frostiges Nicken kommt da nicht zurück.

Das aber sind Kleinigkeiten im Vergleich zu den subtilen Drohungen, die ich nach einem Interview als Aussteiger mit der Boulevard-Zeitung *Express* empfing. Per WhatsApp schrieb mir ein ehemaliger Bekannter: »Wir wissen, wo du Sport machst, pass gut auf! Wir wissen, dass du dich immer am Basketballplatz herumtreibst. Pass auf, was du sagst, du Schweinefresse!« Der Typ, der mir dies schrieb, zählt zu den salafistischen Hardlinern. Ursprünglich kommt er aus unserer Stadt. Er lebt zwar heute in Bremen, besucht aber häufig seine Familie in Mönchengladbach.

Einen Tag nach der ominösen SMS stand ein anderer Salafist unten vor meiner Tür. Über die Sprechanlage brüllte er: »Dominic, komm runter!« Ich telefonierte gerade mit einer Journalistin und reagierte verärgert: »Warum?«.

Ein wütendes Schnaufen klang herauf: »Los, komm aus deiner Wohnung!« Die Stimme nahm einen bedrohlichen Klang an: »Dominic, komm jetzt runter und sag mir das mal alles ins Gesicht«, schrie der Mann.

Ich kannte ihn. Ismail arbeitete auf der Straßenseite gegenüber. Und nun? Was wollte er denn von mir? Mir eine reinhauen? Mich abstechen? Ein diffuses Gefühl der Angst überkam mich. Natürlich ging ich nicht hinunter.

Irgendwann, nach einem weiteren Schwall Flüche, zog Ismail dann ab. Was aber nun tun? Wie mit dieser Situation umgehen? Wer wusste denn, ob der Wüterich nicht irgendwo um die Ecke auf mich lauerte, wenn ich hinausging? Ich schaltete die Polizei ein. Die Beamten führten mit den Betroffenen sogenannte Gefährderansprachen.

Seither blieb es vergleichsweise friedlich. Bis auf meine Unruhe, wenn ich nach draußen gehe. Zuletzt schlenderten einige ehemalige Brüder am Basketballplatz vorbei, während ich einige Körbe warf. Prompt fiel mir die Droh-SMS wieder ein. Vielleicht war es ja nur Zufall, dass die Typen hier entlangkamen, vielleicht aber wollten sie mir auch Furcht einflößen: »Wir wissen, wo du bist.«

Ganz gleich, wie es ist. Eines werden sie nie schaffen: dass ich mich eingeschüchtert zurückziehe. Diese Leute können mir drohen, wie sie wollen. Ich werde nicht schweigen. Da können sie sich auf den Kopf stellen.

Vielmehr spornten mich diese Erlebnisse dazu an, dieses Buch zu schreiben. Ich denke, es ist ein wichtiger Beitrag, um hierzulande über die negativen Auswirkungen des Salafismus aufzuklären. Ich bin ein Insider, der sich offen äußert. Der Erste, der erzählt, wie Lau, Vogel und die anderen hinter den YouTube-Kulissen wirken. Welche Heuchler sie sind, wie sie den Islam zum eigenen Vorteil pervertieren. Wie sie junge Menschen in die Irre führen, sie mit ihren kruden Parolen vergiften und so letzlich den Nährboden schaffen für den angeblich so »Heiligen Krieg« gegen die Ungläubigen. Ich kenne diese falschen Prediger aus dem Effeff: einmal Salafismus und zurück. Vom eifrigen *Da'wa*-Menschenfischer zum Antimissionar, vom ultraorthodoxen Gläubigen zum weltoffenen Muslim – das ist meine Geschichte.

Mit meinem Buch möchte ich auch ganz viele Brüder nachdenklich stimmen. Vielleicht reflektiert der eine oder andere ähnlich, wie ich es getan habe, und kommt zu dem gleichen Schluss. Dann wäre viel geschafft.

Ich weiß, wenn das Buch herauskommt, dann werden einige meiner einstigen Brüder auf die Barrikaden gehen. Ich kann mir vorstellen, dass die Salafisten-Szene in Videos, Kommentaren etc. gegen mich mobil macht. Sie werden mich Verräter schimpfen, einen Lügner. Per Facebook wird es neue Drohungen geben. Möglich, dass der eine oder andere auch Schlimmeres im Schilde führt. Aber es schreckt mich nicht. Mit solchen Bedrohungsszenarien muss ich leben. Ich mache mir zwar so meine Gedanken, aber Angst verspüre ich keine. Und eines kommt für mich überhaupt nicht in Frage: den Mund zu halten.

Die Moschee in Eicken ist längst Geschichte. Einige Brüder besuchen wieder das Gebetshaus der Marokkaner in Rheydt, andere sind weggezogen. Lau & Co. agitieren nun von Wuppertal und Düsseldorf aus. Die Mönchengladbacher Salafisten sind untereinander schwer zerstritten.

Neben meinem Parfüm-Shop baue ich mir inzwischen ein zweites Standbein auf: Ich halte Vorträge an Schulen und anderen Institutionen, um meine Mitmenschen für die Gefahren des Salafismus zu sensibilisieren.

Oft werde ich auch vom Salafisten-Aussteiger-Programm »Wegweiser« kontaktiert. Leider reicht meine mittlere Reife nicht für eine Festanstellung. Deshalb werde ich mit 28 noch mal die Schulbank drücken und mein Abitur nachmachen. Ich würde gerne richtig in die Projektarbeit einsteigen und anderen Salafisten helfen, diesem Alptraum zu entfliehen.

Derzeit trete ich häufig als Gast bei Podiumsdiskussionen auf. Zuletzt war ich auf einem Aussteigersymposium zum Thema Extremismus: Zu den Referenten zählten ein Ex-Nazi, ein ehemaliges Mitglied der türkischen Faschistenorganisation »Graue Wölfe« und ich als früherer Salafist.

An jenem Abend beeindruckte mich vor allen Dingen die Tatsache, dass wir drei ähnliche Lebensläufe hatten: labil, unerfahren, Probleme in der Familie. Stets auf der Suche nach einer festen Struktur, nach Ordnung, nach Halt in einer sehr komplexen, individualistisch geprägten Welt.

Irgendwie fühlte ich mich an das Schicksal des deutschen Terroristen Eric Breininger erinnert. Er wuchs in Neunkirchen auf. Nach der Trennung der Eltern lebte Breininger bei seiner Mutter. Er war ein mäßiger Schüler. Zuletzt besuchte er die Handelsschule, um die mittlere Reife nachzuholen.

Der junge Saarländer galt als eitler Bursche mit einem Faible für Markenklamotten. Einer, der seine Figur im Fitnessstudio trimmte. Er jobbte nebenbei, konnte aber nicht mit Geld umgehen und war oft pleite. Ein Hallodri, der gern um die Häuser zog, in Kneipen Dart spielte und häufig in die Disko ging. Einmal erwischte die Polizei ihn beim Kiffen. Ein anderes Mal kassierte er 60 Sozialstunden, weil er 20-Cent-Stücke breit schlug, um so Zigarettenautomaten auszuplündern – Jugendsünden.

Für die Kirche hatte Breininger nie viel übrig. Schon als Junge boykottierte er den evangelischen Unterricht. Die sonntäglichen Kirchgänge der Familie waren ihm zuwider. Lautstark störte er den Gottesdienst und sträubte sich erfolgreich gegen seine Konfirmation.

Im Freundeskreis galt er als lustiger Vogel, allerdings auch als leicht steuerbar. Ein Mitläufer, der sich seiner Schwester zufolge an anderen orientierte: »Wenn Eric in die rechte Szene geraten wäre, würde er jetzt durch die Straßen ziehen und Ausländer verprügeln, hätte er Kontakt zu Linken gehabt, würde er gegen die Rechten ziehen.« Zeitweilig hat er sich mit notorischen Schulschwänzern abgegeben. Später eiferte er einem Kreis von Strebern nach. »Eric passt sich denen an, die einen Einfluss auf ihn haben«, so die Schwester.

2006 lernte Breininger während eines Jobs bei einem Paketdienst einen Muslim kennen, der ihm den Islam näherbrachte. Breininger besorgte sich einen Koran auf Deutsch. Anfangs redete er offen über seine neue Leidenschaft. Die Religion gebe ihm Halt, bekannte der junge Mann. Mit der Zeit legte sich seine Mitteilsamkeit. Er kapselte sich ab, betete jetzt fünfmal am Tag.

Sein Äußeres interessierte ihn nicht mehr. Der junge Eiferer ließ sich einen Vollbart wachsen, verzichtete auf Sport, Schweinefleisch, Alkohol und die üblichen Besuche bei McDonald's. Eines Tages überraschte er die Familie mit der Nachricht, dass er von nun an Abdul Rafar heiße. Wenn Breininger allein in der Wohnung war, hängte er alle Bilder ab oder drehte sie zur Wand. Nach seinem Empfinden handelte es sich um »tote Materie« ohne »Seele«. Seinen einst so geliebten Hund mied er, weil der Speichel des Tieres die Kleidung verunreinigen könnte und dieser Kontakt eine neue Gebetswaschung erfordern würde. Er begann sich seine Zähne mit einem Wurzelzweig zu putzen und driftete in salafistische Kreise in einer Moschee in Dudweiler ab.

Na? Erkennen Sie da jemanden wieder? Richtig. Breiningers Vita weist erhebliche Parallelen zu meiner Biographie auf. Sein Lebenslauf passt quasi als Blaupause auf einen Großteil junger salafistischer Konvertiten in Deutschland und Westeuropa.

Oft muss ich daran denken, wie viel wir gemein hatten. Nur in einem unterschied sich unser Schicksal dann doch: Im Jahr 2010 starb Breininger, der damals zu den Web-Ikonen der dschihadistischen Propaganda gehörte, bei Gefechten in den Terrorcamps im pakistanischen Mir Ali nahe der afghanischen Grenze.

Ich weiß nicht, ob ich ebenfalls irgendwann mit einer Kalaschnikow in der Hand für eine Terrorgruppe ins Feld gezogen wäre, wenn ich nicht rechtzeitig den Absprung aus der salafistischen Szene geschafft hätte. Ich bin aber froh, dass der Alptraum vorbei ist und sich diese Frage nicht mehr stellt.

Danksagung

Zunächst möchte ich mich an dieser Stelle bei all denjenigen bedanken, die mich während meines langen Weges unterstützt und mir bei der Anfertigung dieses Buches in jedweder Form geholfen haben.

Ich danke ganz besonders Michela Russo, W.S. und C.P., die in den entscheidenden Momenten für mich da waren, mich inspirierten und immer hinter mir stehen, sowie meinem guten Freund Dennis P. und Nicole V.

Des Weiteren danke ich Claudia Dantschke, Hanna L. und dem ECON-Verlag, ohne die dieses Projekt nicht möglich gewesen wäre.

Nicht zuletzt bedanke ich mich bei E.H. und besonders bei C.H., die mir in meinem Leben so oft geholfen hat wie kein anderer Mensch.

Dominic Musa Schmitz im Januar 2016

Peter Neumann

Die neuen Dschihadisten
ISIS, Europa und die nächste Welle des Terrorismus

Klappenbroschur.
Auch als E-Book erhältlich.
www.econ.de

»*Ein außergewöhnlich kluges Buch*« Georg Mascolo

Wir stehen am Anfang einer neuen Terrorismuswelle. Ihre Wurzel ist die Krise in Syrien und dem Irak. Dort hat der »Islamische Staat« eine totalitäre Utopie verwirklicht. Aus Europa sind Tausende in den Konflikt gezogen, sie drohen mit Anschlägen. Aber mehr noch: Sie kämpfen mit allen Mitteln gegen das europäische Gesellschaftsmodell – das friedliche Zusammenleben von Menschen unterschiedlicher Herkunft und Religionen.

Peter Neumann ordnet die neue Bewegung ein und zeigt, wie wir der Bedrohung begegnen können.

»*Peter Neumann gilt als einer der weltweit profiliertesten Terrorexperten.*«
Zeit online

Econ

Bruno Schirra

ISIS – Der globale Dschihad

Wie der »Islamische Staat« den Terror nach Europa trägt

Klappenbroschur.
Auch als E-Book erhältlich.
www.econ.de

Wie uns der heilige Krieg überrollt

ISIS hat binnen weniger Wochen das erreicht, wovon Al-Qaida immer geträumt hat. Er verfügt über Land, enorme Finanzressourcen, Zehntausende Kämpfer und hat Zugang zu chemischen und biologischen Massenvernichtungswaffen. Der Nahost-Experte Bruno Schirra beleuchtet den Ursprung und die neue Qualität des Terrors und zeigt die Verbindungen zur deutschen und europäischen Salafisten-Szene auf. Spätestens seit den Anschlägen in Paris steht fest: Der globale Dschihad ist in Europa angekommen.

»*Bruno Schirra liefert in seinem Buch erschütternde Reportagen und kenntnisreiche Analysen.*«
titel thesen temperamente

Econ